das Gladbach-Lexikon

Dr. Holger Jenrich,
geboren 1959, leitet die Redaktion einer Fachzeitschrift in Hannover.
Von ihm erschienen im Verlag Die Werkstatt: „Borussia Mönchengladbach: Tore, Tränen und Triumphe“ (1995) und „Pfostenbruch und Fohlenfieber – Szenen aus 100 Jahren Borussia Mönchengladbach“ (mit Zeichner Burkh, 2000).

Die Deutsche Bibliothek - CIP-Einheitsaufnahme

Ein Titeldatensatz für diese Publikation ist bei Der Deutschen Bibliothek erhältlich

D-37083 Göttingen, Lotzestraße 24a
www.werkstatt-verlag.de

Fotos: Agentur Horst Müller, Archiv
Gesamtherstellung: Verlag Die Werkstatt

ISBN 3-89533-334-4

Holger Jenrich

das Borussia Mönchengladbach Lexikon

VERLAG DIE WERKSTATT

Vorwort

Selbst ein zweijähriger Abstecher in die zweite Bundesliga hat die Liebe der Deutschen zu Borussia Mönchengladbach nicht erkalten lassen. Obwohl die letzte Deutsche Meisterschaft stolze 24 Jahre her, Hennes Weisweiler lange verstorben und Günter Netzer heute in Zürich statt am Niederrhein zu Hause ist, ist der kleine Club von der holländischen Grenze noch immer Fußball-Deutschlands zweitliebster Verein. Das haben kluge Marktforscher kürzlich erst ermittelt. Die Gladbacher Borussen haben Popularität und Sympathie nicht nur durch sportliche Höhenflüge, sondern ebenso durch tragische Niederlagen erlangt. Ich sage nur: Büchsenwurf! Ich sage nur: Pfostenbruch! Ich sage nur: Van der Kroft!

Kenner der Materie werden verständnisvoll mit dem Kopf nicken. Unwissende lesen einfach weiter. Auf den folgenden Seiten sind sie alle versammelt: die besten Spieler und die größten Nieten, die tollsten Siege und die peinlichsten Pannen, die hellsten Momente und die dunkelsten Stunden. Dazu Statistisches und Stenografisches, Obskures und Originelles. Hübsch übersichtlich gegliedert in Hunderte Stichwörter – von A wie Abstieg bis Z wie Zwilling.

Dazu gibt es im Zeitraffer über 100 Jahre Vereinsgeschichte in Wort und Bild. Beginnend mit der Clubgründung im Jahr 1899 über die goldenen siebziger Jahre bis hin zum Wiederaufstieg in die Bundesliga im Jahr 2001.

Große Momente der Vereinsgeschichte: 1975 gewinnt Borussia Meisterschale und UEFA-Cup, Wimmer, Danner, Kleff, Weisweiler und Del'Haye jubeln (Foto links).
1973 machte Netzer mit seiner berühmten Selbsteinwechslung den DFB-Pokalsieg perfekt. Wimmer und Vogts feiern mit ihm.
1995 holt die Borussia den DFB-Pokal – und die Fans bedanken sich mit einem Küsschen bei Torwart-Idol Kamps (Foto unten).

GLADBACH

Im Mai 2001 gelingt der Wiederaufstieg in die erste Bundesliga. Am Alten Markt jubeln die Fans; vor allem Trainer Hans Meyer wird gefeiert.

Die Geschichte der Borussia

Das Gründungsteam des „Fussball Club Borussia 1900".

Der „Alte Markt" um 1900.

1900 bis 1910 Gründerjahre

Nach offizieller Lesart soll Borussia Mönchengladbach am 1. August 1900 das Licht der Welt erblickt haben. Allein: In den Akten, Annalen und Archiven sucht man dieses Datum vergeblich. Vielmehr stößt man beim Stöbern und Wühlen immer wieder auf den 17. November 1899. Aus dem örtlichen Kick-Club „Germania" waren an diesem Tag einige Freunde des Fußballspiels unzufrieden und verärgert ausgetreten, um im Lokal „Anton Schmitz" an der Alsstraße so etwas wie einen eigenen Verein zu gründen. Da die 14 Herren aber auf Satzungen, Vermögen und sogar einen Vorsitzenden verzichteten, firmierte die Schar junger Männer aus Gladbachs Nordosten unter der Bezeichnung „lose Spielgemeinschaft". Einen Namen hatten sie sich allerdings gegeben: „Borussia" lautete er, der lateinische Name für Preußen.

Ein richtiger „Verein" sollte aus der Ansammlung fußballbegeisterter Jünglinge erst einige Monate später werden. Im Frühjahr des Jahres 1900 traten die Borussen geschlossen der bereits existierenden Spielabteilung der „Marianischen Jünglings-Congregation" im Stadtteil Eicken bei. Als zusammenwuchs, was eigentlich nicht zusammengehörte, war – mit dem offiziellen „Geburtstermin" des 1. August 1900 – der „FC Borussia 1900 Mönchengladbach" endgültig ins Leben gerufen. Die Generalversammlung des Vereins beschloss am 16. Februar 1903, sich dem bereits 1898 gegründeten „Rheinisch-Westfälischen Spielverband" anzuschließen. Eine Woche später bestätigte der Verband die offizielle Aufnahme. Die Borussia wurde dem 2. Verbandsbezirk mit Vereinen aus den Städten Düsseldorf, Solingen und M. Gladbach zugeteilt. Ein Vierteljahr später verließen die Borussen die Congregation und machten sich endgültig selbstständig.

Der geschäftsführende Ausschuss der Borussia im Jahre 1910.

Auch sportlich ging´s voran. Die Borussen stiegen 1906 in die II. Klasse des 2. Bezirks auf und belegten als Neulinge am Ende der Saison prompt Tabellenplatz 1. Der Durchmarsch in die 1. Klasse schien ausgemachte Sache. Doch die Gladbacher Himmelsstürmer hatten die Rechnung ohne den „Rheinisch-Westfälischen Spielverband“ gemacht. Der hatte inzwischen nämlich nicht nur seinen Namen in „Westdeutscher Spielverband“ geändert, sondern auch gleich eine neue Organisationsstruktur geschaffen. Nach umfänglichen Gebietserweiterungen gab es nunmehr die neuen Klassen A, B und C. Und die Borussia wurde für die souverän errungene Meisterschaft keineswegs mit einem neuerlichen Höherrücken in die nächste Liga belohnt, sondern – es galt die Klassenzugehörigkeit zum Zeitpunkt der Neugliederung – mit der Eingruppierung in die B-Klasse bestraft.

Doch auch die Saison dieser Klasse beendete die Borussia als Erster. Das Rennen im anderen Teilbezirk hatte der FC Kleve 06 gemacht, gegen den es für die Borussen nun um den Titel des Bezirksmeisters anzutreten galt. Das Hinspiel im heimischen Mönchengladbach gewannen die Borussen mit 5:1, das Rückspiel in Kleve ging mit 3:4 verloren. Da der Fußball seinerzeit noch in den Kinderschuhen steckte und solche Finessen wie „Tordifferenz“ oder „Zahl der geschossenen Auswärtstore“ noch nicht erfunden worden waren, musste ein Entscheidungsspiel auf neutralem Platze her. Es fand auf dem Gelände des FC Krefeld 95 statt – und bescherte der Borussia einen souveränen 4:1-Sieg. Borussia Mönchengladbach war am Ende der Saison 1908/09 Meister der B-Klasse geworden.

Highlight: Bezirksmeister 1909

Die 1. Mannschaft der Borussia im Jahre 1910.

1919 eröffnete das „West-

1910 bis 1920 Im Endspiel

Am Ende ihres ersten Jahrzehnts hatte die Borussia allen Grund, stolz und hoffnungsfroh zu sein. Sie hatte binnen zehn Jahren die Vormachtstellung des lokalen Konkurrenten FC Mönchengladbach gebrochen. Sie hatte die Vorurteile der Bevölkerung gegenüber der noch relativ neuen Sportart abgebaut. Sie war Mitglied des Westdeutschen Spielverbandes und damit auch des inzwischen als Dachorganisation aller Kicker in Deutschland gegründeten „Deutschen Fußball-Bundes". Und jetzt wurde sie auch noch offiziell ins Vereinsregister aufgenommen – vom 23. März 1910 an durfte sich „Borussia 1900 M.gladbach" mit den beiden Buchstaben „e.V." für „eingetragener Verein" schmücken.

Zwei Jahre später stellte sich auch der nächste sportliche Erfolg ein. In den Spielzeiten 1909/10 und 1910/11 war die Borussia in ihrem Bestreben, die Meisterschaft der A-Klasse zu erringen, jeweils knapp gescheitert. Doch aller guten Dinge sind bekanntlich drei. 1912 wurde die Borussia nach einer imposanten Siegesserie Meister der A-Klasse und stieg in die „Zehnerliga" auf. Doch sie gab sich mit dem Erreichten nicht zufrieden. Nun wollte man auch die Meisterschaft des Westdeutschen Spielverbandes erringen – was auch beinahe gelungen wäre. Nach Siegen u.a. über den Essener Spielverein oder Jugend Düren stand die Borussia plötzlich im Endspiel um die Westdeutsche Meisterschaft. Am 28. April 1912 ging es im Finale gegen die erfahrene Mannschaft des Kölner Ballspielclub. Beim Wettkampf um den Titel des Besten im Westen musste Borussia sich am Ende mit 2:4 geschlagen geben.

Weitere sportliche Großtaten machte kurz darauf der Weltkrieg zunichte. Dafür stellte der Verein noch vor Ausbruch des Gemetzels eine entscheidende Weiche für spätere Zeiten. Im März 1914 erwarb die Borussia,

deutsche Stadion". Rechts die Steh- und Sitzplatzränge des so genannten „Eintrachtshügels".

die bis dahin noch nicht über ein eigenes Sportgelände verfügt hatte und stets auf den Plätzen der Gladbacher Rivalen spielen musste, in der Nähe der Eickener Höhe eine ausgebaute Sandkuhle. Nach Beendigung des Krieges wurde „dä Kull", wie die Einheimischen den heutigen Bökelberg seither nennen, in Eigenleistung der Mitglieder zu einem schmucken Stadion mit hohen Stehrängen, einer Entwässerungsanlage, Wasch- und Baderäumen sowie einer Erfrischungshalle ausgebaut.

Am 20. September 1919 übergab Oberbürgermeister Hermann Piecq die Arena, die offiziell „Westdeutsches Stadion" getauft wurde, seiner Bestimmung. Tausende neugieriger Bürger strömten an jenem Tag ins neue Borussen-Stadion, bestaunten die hochmoderne Anlage und beklatschten die Eröffnungsfeierlichkeiten mit ihrem Prunk und ihren Pannen. Als nämlich die Turnabteilung des Vereins zur Feier des Tages eine Pyramide bauen wollte, fiel von dessen Spitze Vorturner Karl Vander kopfüber in die Tiefe. Der fehlerhafte Akrobat überstand seinen Fauxpas ohne größere Verletzungen. Und Borussia obsiegte im Eröffnungsspiel gegen die lokale Eintracht-Konkurrenz.

Schon 1906 ist mit der Raute das bis heute gültige Vereinswappen geschaffen.

Highlight: Stadion-Eröffnung 1919

Die Geschichte der Borussia

Die Westdeutschen Meister von 1920.

Spielszene aus den zwanziger Jahren.

1920 bis 1930 Auf dem Weg nach oben

Die Mannschaft der Borussia spielte in ihrer „Kull“ und auch auf des Gegners Platz so überzeugend, dass sie schon im Jahr 1920 den bis dato größten Erfolg der Vereinsgeschichte erringen sollte – sie wurde Westdeutscher Meister! Nachdem sie in der ersten Spielzeit nach Kriegsende erst einmal die lokalen Nebenbuhler Sportclub Mönchengladbach, Eintracht Mönchengladbach und Rheydter SV und dann noch die regionale Konkurrenz leistungsmäßig hinter sich gelassen hatte, wurde sie am 21. März 1920 Meister des Rheinischen Westkreises und qualifizierte sich damit für die Kämpfe um den Titel des Westdeutschen Meisters, an dem sie acht Jahre zuvor ja schon einmal knapp vorbeigeschrammt war. 1912 war es im Finale bekanntlich zum Duell mit dem Kölner Ballspielclub gekommen – nun sollte die Revanche folgen.

Am 25. April 1920 trafen die beiden Mannschaften auf neutralem Boden in der Kampfbahn von Neuss erneut aufeinander. 12.000 Zuschauer sahen nach einer Viertelstunde die Führung der favorisierten Kölner – und acht Minuten vor Ende der regulären Spielzeit den 1:1-Ausgleich für die Borussia durch Mittelstürmer Pohl. Gewohnt souverän verwandelte der Torjäger einen Strafstoß – beziehungsweise mehrere.

Ein Chronist beschrieb das Geschehen folgendermaßen: „In der 82. Minute hielten Zuschauer und Spieler den Atem an. Paul Pohl, Spezialist der Borussen, stand zur Exekution eines Elfmeters bereit. Anlauf, Schuss, Tor! Aber der Unparteiische winkte ab. Wiederholung. Torhüter Göbler hatte zu früh die Linie verlassen. Paul Pohl nahm es gelassen hin. Er setzte sich das Leder erneut zurecht, lief an und wieder hatte Göbler das Nachsehen. Aber der Schiedsrichter war abermals nicht zufrieden. Viermal ließ er den Strafstoß wiederholen, viermal zappelte die Kugel im

Die 1. Mannschaft 1928 bei einer Ehrung für Spielführer Paul Pohl.

Netz. Der Mann besaß Nerven wie Drahtseile. Er zeigte jedesmal Torhüter Göbler mit ausgestrecktem Finger sogar die Ecke, in die er schießen würde.“

Nach Ablauf von 90 Minuten ging es in die Verlängerung, in der den Gladbachern zwei Treffer gelangen und den Kölnern keiner mehr. Borussia Mönchengladbach war 20 Jahre nach der Vereinsgründung Westdeutscher Meister. Dank einer funktionierenden Moral und dank eines herausragenden Paul Pohl. Er war es auch, der maßgeblich beteiligt war am nächsten sportlichen Triumph der Borussia. Nachdem sie dreimal nur den inoffiziellen Titel eines Vizemeisters erringen konnten, gewannen die Borussen 1929 die Meisterschaft des in den zwanziger Jahren neu geschaffenen Rheinbezirks. In Düren besiegten sie die Titelverteidiger und amtierenden Westdeutschen Meister aus Köln-Sülz mit 1:0. Dabei galten die Gladbacher in diesem Endspiel als krasse Außenseiter, gegenüber Kölns Wiener Künstlern wie Swatosch oder Pottpirra hielt man Borussias Gladbacher Handwerker wie Pulheim oder Schipperges für nahezu chancenlos. Doch David besiegte einmal mehr Goliath: Nach einem weiten Pass von Paul Pohl erzielte Karl Berkele mit einem Schuss aus 16 Metern den entscheidenden Treffer.

Borussia war Rheinbezirksmeister geworden und durfte folgerichtig zum Wettbewerb um die Westdeutsche Meisterschaft antreten. Großer Erfolg war ihr dabei nicht beschieden – dem neuen Starensemble des FC Schalke 04 mit Tibulski, Szepan und Kuzorra mussten sich die Borussen chancenlos mit 0:4 beugen.

Highlight: Westdeutscher Meister 1920

1930 bis 1950 Nazizeit und Neubeginn

Die folgenden Jahre begannen für die Borussia mit einem Skandal – und endeten im Fiasko. 1930 nämlich schloss der Westdeutsche Spielverband die Mannschaft vom Spielbetrieb aus – etliche Kicker hatten, wie auch die meisterlichen Spieler des FC Schalke 04, entgegen den Statuten unerlaubterweise Zuwendungen für ihre Balltreterei erhalten. Schlimmer indes traf den Verein, was sich politisch in Deutschland tat. Nach der Weltwirtschaftskrise nämlich erlebte 1930 die Nationalsozialistische Deutsche Arbeiterpartei (NSDAP) einen rasanten Aufschwung, drei Jahre später war ihr Vorsitzender Adolf Hitler Reichskanzler. Dem Sport, auch dem Fußball, stülpten die Nationalsozialisten neue Strukturen über.

Die besten Fußballclubs sammelte man in so genannten Gauligen, jede Staffel mit zehn Vereinen bestückt. In der Gauliga X (Niederrhein) fand sich 1933 auch die Borussia wieder – allerdings nicht unter ihrem eigenen Namen. Um überhaupt einen Platz in der höchsten Spielklasse im Rheinland ergattern zu können, musste der Verein mit der Konkurrenz vom SC Mönchengladbach eine „Zwangsspielgemeinschaft“ bilden. Das ging nicht lange gut. Nach einem Jahr war die „Zweckehe“ mit dem SC, nach zwei weiteren Borussias Aufenthalt in der Gauliga beendet. Der vor wenigen Jahren noch so erfolgreiche Verein musste 1935 in die zweitklassige Bezirksklasse absteigen. Und durfte doch ein Jahr später miterleben, wie bei den Olympischen Spielen 1936 in Berlin, bei Hitlers großer Propagandaschau, der erste Borussenkicker deutscher Nationalspieler werden sollte: Heinz Ditgens. Der Abwehrspieler, dessen Vater Hermann den Verein einst mit aus der Taufe gehoben hatte, debütierte am 4. August 1936 im Trikot mit dem Reichsadler. Er absolvierte insgesamt drei Partien im Nationaltrikot. Dann machte der Zweite Weltkrieg seiner Karriere und dem Leben von Millionen Menschen ein jähes Ende.

Nach der Kapitulation Deutschlands erlaubten die vier Siegermächte den deutschen Fußballvereinen erst nach umfänglichen Entnazifizierungsverfahren einen allmählichen Wiederaufbau. Im Frühjahr 1946 genehmigten die Briten den Sportvereinen im Raum Mönchengladbach, sich wieder mit Clubs aus anderen Städten im Wettkampf zu messen. Die Borussia war natürlich mit von der Partie und empfing am 7. April 1946 zum ersten Spiel in der wieder hergestellten heimatlichen „Kull“ den Rheydter Spielverein.

Die erste reguläre Saison erlebte die Borussia als Bezirksligist. Sie tat dies mit großem Erfolg: Die Mannschaft belegte im Sommer 1947 vor Union Krefeld und dem Homberger SV Platz 1 ihrer Liga. Zum Sprung in die neu gegründete Oberliga West reichte es dennoch nicht. Statt in Westdeutschlands höchster Spielklasse mitmischen zu können, musste sie mit der neu geschaffenen Verbandsliga des Niederrheins vorlieb nehmen.

Bild links: Heinz Ditgens, erster Nationalspieler der Borussia. Das rechte Foto zeigt ihn (ganz rechts) als Trainer der Aufstiegsmannschaft von 1950. Ganz links Trainerkollege Pohl.

Am Ende der Saison 1947/48 war für die Borussia nicht mehr als Rang 5 in der kleinen Zehnerliga herausgesprungen – ein eher ernüchterndes Resultat. Im Folgejahr wurde es nur unwesentlich besser: Unter zwölf Vereinen reichte es nur zu Platz 4.

Die Borussia, die einst so rosigen Zeiten entgegengesehen hatte, schien im Jahr 1949 auf der Stelle zu treten. Doch die neue Vereinsführung mit dem einstigen Kick-Idol Edmund Pulheim an der Spitze erkannte die Zeichen der Zeit und ging aufs Ganze. Der Club trat im Sommer 1949 der soeben geschaffenen Gemeinschaft der Vertragsspieler-Clubs bei. Und leistete sich zudem ein Trainergespann, das sich mit Stadt und Mannschaft besonders innig verbunden fühlte. Paul Pohl, Star der Westdeutschen Meisterelf von 1920, und Heinz Ditgens übernahmen fortan die sportliche Leitung.

In Gruppe 2 der neu eingeführten, zweigleisigen zweiten Liga West absolvierten die bisherigen Verbandsliga-Kicker in der Saison 1949/50 teils gute, teils sensationelle Spiele. Das spektakulärste fand wohl am 30. und letzten Spieltag statt: Nachdem die Spielvereinigung Röhlinghausen am 14. Mai 1950 in der „Kull" mit 7:1 geschlagen worden war, stand die Borussia auf Rang 2 der Abschlusstabelle. 79 Tore, so viele wie keine andere Mannschaft, hatten die mit kaum mehr als hundert Mark entlohnten „Vertragsspieler" im abgelaufenen Spieljahr erzielt. Lohn für die Eröffnung dieser ersten „Torfabrik": Die Borussia stieg endlich in die Oberliga West auf.

Highlight: Aufstieg in die Oberliga 1950

Ein Weltmeister im Borussen-Tor: Toni Turek (1956).

Er brachte die Borussen nach oben: Fritz Pliska.

1950 bis 1960 Im Fahrstuhl

Voller Hoffnung startete die Borussia im August 1950 in die erste Oberliga-Saison der Vereinsgeschichte – und fand sich schon fünf Wochen später in deprimierender Eindeutigkeit auf dem Boden der Tatsachen wieder. Die höchste Spielklasse war für das Team offensichtlich eine Nummer zu groß. Nach nur einer Spielzeit, Tabellenplatz 14 und einem verlorenen Entscheidungsspiel gegen Alemannia Aachen wurde die Mannschaft zurückgeschickt in Liga 2 – und brach frustriert auseinander. Ein abermaliger Neuaufbau musste also her – und mit Fritz Pliska hatte das Präsidium einen (Spieler-)Trainer gefunden, der dies erfolgreich in die Tat umsetzen sollte. Es funktionierte: Borussia stellte in der Saison 1951/52 das herausragende Team der Gruppe 2 der zweiten Liga, das mit dem treffsichersten Angriff und vier Punkten Vorsprung die Meisterschaft errang. Nach nur einer Saison kehrte der Verein in die Oberliga zurück und hielt sich dort fünf Jahre. Oft zwar mit Hängen und Würgen, nie besser als Rang 11 – aber immerhin.

In dieser Zeit, in der die Trainer oft wechselten und der neuerliche Gang in die Zweitklassigkeit mehr als einmal drohte, erwuchs dem Provinzverein vom Niederrhein nach Heinz Ditgens endlich ein neuer Star. Albert Brülls, ein noch junges Kraftpaket mit Stürmerblut, mischte schon als junger Spund die Liga auf. Doch den Fall ins Bodenlose konnte auch er nicht verhindern.

In der Saison 1957/58 spielte die Borussia einen Fußball, der mit „katastrophal“ fast noch freundlich und beschönigend beschrieben ist. Es war der schlimmste Fußball, der in den 16 Jahren der Oberliga West zwischen Münster und Aachen jemals geboten wurde – obwohl im Tor zeitweise kein anderer als „Weltmeister“ Toni Turek stand. Die Borussia startete mit 14

Ein neuer Star:
Albert Brülls.

Die aufstrebende Mannschaft des Jahres 1958.

Niederlagen in Folge und hatte am Ende vier Unentschieden, drei Siege, aber 23 Niederlagen vorzuweisen. Mit dem haarsträubenden Punktekonto von 10:50 und dem nahezu astronomischen Torverhältnis von 39:112 wurde sie natürlich abgeschlagenes Schlusslicht der Oberliga-Tabelle mit zwölf Punkten Rückstand zum Vorletzten.

Ab Spätsommer 1957 gab es also wieder Zweitliga-Fußball in Mönchengladbach – aber nur für eine Saison. Als Team mit dem zweitbesten Angriff und der zweitbesten Abwehr stieg die Borussia postwendend (und zum letzten Mal) wieder in die Oberliga auf. Dass der Betriebsunfall so schnell repariert werden konnte, war einem alten Bekannten zu verdanken. Fritz Pliska, der die Borussia einst schon einmal in die Oberliga hatte führen können, war an seinen alten Arbeitsplatz zurückgekehrt.

Erneut wagte er einen personellen Schnitt, erneut hatte er Erfolg. Die jungen Leute, die der Coach vorsichtig in die Mannschaft integrierte, erwiesen sich schnell als Garanten für eine bessere Borussen-Zukunft. Die Mannschaft absolvierte die nächsten Jahre unspektakulär, aber ordentlich. Albert Brülls wurde Nationalspieler. Die drei Jansens Albert, Dieter und Günter sorgten für reichlich Verwirrung. Uli Kohn schoss Tore am Fließband. Und die sechziger Jahre begannen mit einem nicht für möglich gehaltenen Paukenschlag.

Highlight: Albert Brülls

Sensation 1960: Gladbach holt den DFB-Pokal. Brülls & Co. feiern.

Erste internationale Erfahrungen: Europapokalspiel gegen Glasgow Rangers (19

1960 bis 1970 Die Geburt der „Fohlen"

Die Sensation hätte größer nicht sein können – Borussia Mönchengladbach, ein außerhalb Nordrhein-Westfalens eher unbekannter Club, stand im Oktober 1960 gegen den Karlsruher SC im Finale um den DFB-Pokal. Per Losentscheid hatte sie zuvor mit Alemannia Aachen den ungeliebten Nachbarn aus dem Weg geräumt. Mit Borussia Dortmund den Deutschen Meister von 1956 und 1957. Mit dem 1. FC Köln den Nachfolger des alten Rivalen Kölner BC aus den zwanziger Jahren. Und mit dem Hamburger SV den amtierenden Deutschen Meister. Die Borussia gewann das Endspiel denn auch noch. Das siegbringende 3:2 durch Albert Brülls ließ ganz Mönchengladbach Kopf stehen, erlaubte der Borussia zwei erfolglose Erfahrungen im Europapokal gegen die Glasgow Rangers und ebnete den Weg für all das, was nur wenige Jahre später kommen sollte.

1965 nämlich konnte von dem kleinen Provinzverein aus einer versteckten Ecke Deutschlands nicht mehr die Rede sein. Borussia Mönchengladbach, 1963 bei der Gründung der Bundesliga noch außen vor, war im Husarenritt in die höchste Spielklasse der Republik eingezogen. Mit einem Trainer namens Hennes Weisweiler, der sein Amt 1964 mit zwei kleinen Revolutionen angetreten hatte. Die traditionell schwarzen Trikots der Elf tauschte er gegen blütenweiße ein. Und die Mannschaft füllte er derart radikal mit Teenagern auf, dass sie mit einem Durchschnittsalter von 21,5 Jahren erstens Deutschlands jüngstes Profiteam und zweitens die so genannte „Fohlen-Elf" wurde.

Offensivfußball war die Philosophie des knorrigen Trainers, der einst einmal als Sepp Herbergers Assistent gewirkt hatte – lieber gewann er berauschend mit 6:5 als nüchtern mit 1:0. Die entsprechenden Spieler für seine

Drei junge Fohlen:
Heynckes, Rupp und Netzer (1964).

Vom Fohlen zum Star: Günter Netzer
(hier 1970) wird der neue Spielmacher.

Strategie holte er sich mit sicherem Händchen zusammen: Netzer, Heynckes, Laumen, Rupp, Waddey, dann Vogts, Wimmer, Ackermann, schließlich le Fèvre, Schäfer, Köppel. Die „Torfabrik vom Bökelberg" nannte die Republik respektvoll diese Ansammlung von Jungtalenten. Sie schossen Tore ohne Ende, reiften mehrheitlich zu Nationalspielern heran und durchbrachen mit einem 10:0 über Borussia Neunkirchen und einem 11:0 gar über den Altmeister aus Schalke gleich zweimal die Schallmauer der Zweistelligkeit.

Der Republik, die sich im Zuge der Studentenrevolte, des Vietnamkrieges, der Flower-Power-Ära und der Kanzlerschaft Willy Brandts radikal veränderte, entsprach der Fußball der Weisweilerschen Fohlen in jeder Form. Das Wirtschaftswunderdenken, die „Wir sind wieder wer"-Mentalität, die ganze Ärmelhochkrempelei der Nachkriegsära wurden mit Netzers Pässen, Wimmers Flankenläufen und Laumens Treffsicherheit ausgehebelt. Nur zum ganz großen Triumph sollte es für die Gladbacher nicht reichen – zwei dritte Plätze schienen 1968 und 1969 das höchste der Gefühle zu sein. Dann zog der Trainer seinen Spielmacher Netzer zu Rate und wurde seinen Prinzipien untreu. Mit Müller und Sieloff verpflichtete er erstmals gestandene Abwehrrecken statt hungrige Angreifer. Diese Entscheidung sollte er nicht bereuen – die siebziger Jahre sollten das Jahrzehnt der Borussia werden...

Highlights: DFB-Pokal 1960; Bundesliga-Aufstieg 1965

Die Geschichte der Borussia

Hennes Weisweiler und seine Spieler holen 1970 den ersten Titel.

Die großen Rivalen: Gladbach (hier: Rupp) contra Bayern (hier: Schwarzenbeck).

1970 bis 1980 Das Jahrzehnt der Borussen

Keine andere Mannschaft hat die siebziger Jahre derart geprägt wie die Borussia aus Mönchengladbach. Hennes Weisweiler hatte mit seiner Maßnahme, die da Verstärkung der Verteidigung hieß, dem Erfolgspuzzle das letzte entscheidende Stück hinzugefügt. Die Defensive hatte der nach vorn orientierten Elf über Jahre das Genick gebrochen – nun sollte sie ihr Meisterschaften retten. 1970 und 1971 stellten die Gladbacher mit 29 bzw. 36 Gegentoren in 34 Spielen zweimal hintereinander die beste Hintermannschaft – prompt wurde die Mannschaft zweimal Deutscher Meister. Das erste Mal sicher und souverän, das zweite Mal mit Hängen und Würgen – der gebrochene Pfosten im Spiel gegen Bremen kostete die Borussia am grünen Tisch wertvolle Punkte.

Das Torgestänge, das da im April 1971 knapp über der Grasnarbe umknickte wie ein Strohhalm, war nicht die einzige merkwürdige Szene, die die Gladbacher und ihre Fans im Laufe der kommenden Jahre über sich ergehen lassen mussten. Da gab es etwa die Coladose, die im Oktober 1971 den Inter Mailand-Spieler Boninsegna so hart am Kopf getroffen haben soll, dass ein grandioses Europacup-7:1 über den italienischen Mega-Club von der UEFA annulliert wurde. Da gab es jene Selbsteinwechslung Günter Netzers im Juni 1973, der in seinem letzten Spiel als Borusse 90 Minuten auf der Bank schmoren musste und dann drei Minuten, nachdem er sich ungefragt aufs Feld begeben hatte, das DFB-Pokalfinale gegen den 1.FC Köln mit einem Schuss in den Winkel zum 2:1-Endstand entschied. Oder die merkwürdigen Flötentöne eines niederländischen Schiedsrichters, der im März 1976 den Gladbachern zwei lupenreine Tore beim Gast-

Und wieder Deutscher Meister: 1977 feiern (v.l.) Schäffer, Kleff, Vogts, Lattek, Hannes, Danner und Klinkhammer.

Ein Star und seine Trophäen: Der Jupp mit Cup.

spiel in Madrid nicht anerkannte und somit Real statt Borussia ins Halbfinale des Europapokals einziehen ließ.

Diese Serie der Unglücke und Fehlentscheidungen brachte den Verein zwar um so manchen Erfolg, verschaffte ihm aber zusätzliche Sympathien weit über den Niederrhein hinaus. Der Beliebtheit tat es auch keinen Abbruch, dass sich 1973 erst der Star Günter Netzer nach Madrid und 1975 auch noch der Trainer Hennes Weisweiler nach Barcelona verabschiedeten. Selbst dem sportlichen Erfolg waren solch gravierende Verluste nicht abträglich – nach 1970 und 1971 wurde Borussia 1975, 1976 und 1977 abermals Meister, nach 1975 auch 1979 noch einmal UEFA-Cup-Sieger.

Doch die Art und Weise, solche Erfolge zu erringen, hatte sich geändert. Weisweiler-Nachfolger Udo Lattek ließ die Mannschaft defensiver, kontrollierter, abgeklärter spielen. Die Begeisterung ging flöten, der Rausch früherer Tage war weg, Ernüchterung machte sich breit. Das verlorene Europacup-Endspiel 1977 gegen den FC Liverpool deutete bereits an, dass die ganz große Zeit der Gladbacher in Bälde vorbei sein würde. Das 12:0 über Borussia Dortmund im April 1978 und der glückliche Gewinn des UEFA-Cups 1979 vermochten es nicht zu verbergen: Das Ende der „Fohlen-Elf" war da. Udo Lattek musste gehen. Und Jupp Heynckes, Gladbachs bester Schütze aller Zeiten, sollte als neuer Trainer den Verein wieder zu alten Erfolgen und zu altem Stil zurückführen.

Highlights: Deutscher Meister 1970, 1971, 1975, 1976, 1977; DFB-Pokal 1973; UEFA-Pokal 1975, 1979

Auftakt zum Niedergang.
1980 verliert die Borussia das UEFA-Cup-Endspiel gegen Eintracht Frankfurt.

1980 bis 1990 Heynckes als Maurer

Zwölf Jahre hatte Jupp Heynckes bei Borussia Mönchengladbach gespielt. Zwölf Jahre, in denen die Mannschaft mit ungezügeltem Offensivdrang Titel und die Liebe des Fußball-Volks gewonnen hatte. Doch kaum hatte der einstige Torjäger – nach einem Jahr als Lattek-Assistent – die sportliche Verantwortung als Trainer, war alles Gelernte vergessen. Nicht immer und alle Tage, aber zumindest in entscheidenden Spielen. In den acht Jahren zwischen 1979 und 1987, in denen „Jupp" die Elf trainieren sollte, stand die Borussia dreimal in wegweisenden Spielen. Und verlor alle drei, weil sich der Coach jeweils für die Defensiv-Variante entschieden hatte. Im UEFA-Cup-Finale 1980 gegen Eintracht Frankfurt fand ein Fred Schaub neun Minuten vor dem Ende die Lücke im Gladbacher Abwehr-Bollwerk zum Titel bringenden 1:0. Im DFB-Pokal-Endspiel gegen Bayern München 1984 wurde Borussia im Elfmeterschießen für 120-minütiges Mauern bestraft. Und 1984 schied der Club im UEFA-Cup nach einem glanzvollen 5:1-Hinspielsieg gegen Real Madrid noch aus, weil Heynckes im Rückspiel brüchigen Beton anrühren ließ.

Die einst ruhmreiche Mannschaft war zu einer Mittelmaß-Truppe eingedampft. Die neuen Spieler, die unter Heynckes den Weg zum Bökelberg fanden, hatten zwar allesamt Klasse: Nickel, Matthäus, Bruns, Mill, Wuttke, Rahn, Borowka, Herlovsen, Criens, Frontzeck, Krauss, Hochstätter, Kamps. Doch den „Mythos Borussia", von dem der Verein in der Ära Weisweiler so gut und so erfolgreich gelebt hatte, hatte Heynckes mit taktischen Fehlleistungen zunichte gemacht. Zwar hatte seine Elf in der Bundesliga nahezu jedes Jahr einen Platz erreicht, der zur Teilnahme an internationalen Wettbewerben berechtigte. Doch Mönchengladbach war Höheres gewohnt – und Heynckes erfolgshungrig. 1987 wechselte er, um

Ein neuer Spielmacher: Stefan Effenberg, hier im Zweikampf mit BVB-Star Möller.

endlich einmal Meister zu werden, zu den Bayern. Die Mannschaft reagierte auf die angekündigte Wachablösung auf dem Trainerstuhl mit zehn Siegen in Folge.

Doch die Wende zum Besseren brachte die Demissionierung von Jupp Heynckes nicht. Im Gegenteil: Nachfolger Wolf Werner, ein bis dato unbeschriebenes Blatt im deutschen Fußball, brachte die Borussia endgültig auf Kurs Richtung Tabellenkeller. Zwar deutete ein junges Talent namens Stefan Effenberg schon früh an, dass aus ihm einmal was werden könnte. Zwar machte ein junger Hüpfer namens Karlheinz Pflipsen auf sich aufmerksam, so dass mancher schon von einem neuen Netzer sprach. Zwar wurden unter Werner hintereinander die Plätze 7 und 6 erreicht. Doch spielerisch war es weitgehend dürftig, was die Borussen in jenen Jahren boten. Relativ wenige eigene Treffer, relativ viele Gegentore – das ging nach zwei Jahren endgültig in die Hose.

In Werners drittem Trainerjahr kickte die Mannschaft derart traurig vor sich hin, dass sie sich im November 1989 erstmals in ihrer Geschichte auf dem letzten Tabellenplatz der ersten Liga wiederfand. Die Vorstandsherren Beyer, Grashoff und Gerhards, die gemeinsam 20 Jahre lang den Verein solide und sicher geführt hatten, sprangen angesichts der Krise über ihren Schatten und entließen zum ersten Mal in Borussias Historie vorzeitig einen Trainer. Werners Nachfolger Gerd vom Bruch hievte in einem Kraftakt die Mannschaft zwar nochmal auf den rettenden 15. Platz. Doch die Tendenz war vorgezeichnet – es sollte fortan gegen den Abstieg gehen...

Highlights: UEFA-Cup-Finale 1980; DFB-Pokalfinale 1984

Jubel 1995: Borussia holt den DFB-Pokal. Klinkert, Wynhoff, Dahlin und Pflipsen jubeln.

Konnte den Abstieg nicht verhindern: Toni Polster.

1990 bis 2001 Frust und neuer Jubel

90 Jahre lang war die Borussia aus der Provinz nahe der holländischen Grenze ein Hort der Beständigkeit gewesen. Doch mit der ersten Trainerentlassung brachen am Bökelberg sämtliche Dämme. Im letzten Jahrzehnt des 20. Jahrhunderts verschliss die Borussia – permanent bedroht von sportlichem Misserfolg – acht Trainer, vier Präsidenten und vier Manager. Eine traurige Entwicklung, die mit einem Namen verbunden ist: Rolf Rüssmann. Der Mann, der Helmut Grashoff nach fast 30 erfolgreichen Jahren als Manager beerbte, führte das ur-kapitalistische System des Heuerns und Feuerns in Mönchengladbach ein. Die Übungsleiter, die der einstige Schalker und Dortmunder Fußballprofi im Laufe der Jahre verpflichtete, verhinderten zwar sämtlich den drohenden Abstieg des Vereins, schlitterten eine Spielzeit später aber erneut in den Rotlichtbezirk der Liga, was sie ihrerseits aus dem Amt katapultierte und den Nachfolger ein identisches Schicksal erleben ließ.

Die Ausnahme von der Regel war Bernd Krauss. Als Nachfolger von Jürgen Gelsdorf, der seine Mannschaft sehenden Auges und mit völlig falscher Taktik das 1992er-Pokalfinale gegen den Zweitligisten Hannover 96 hatte verlieren lassen, durfte er vier Jahre im Amt bleiben und den Club zu einem Intermezzo kurzzeitiger sportlicher Blüte führen. Mit dem zurückgeholten Stefan Effenberg als zentraler Figur und neuen Spielern wie Kastenmaier, Andersson, Dahlin oder Herrlich gelangen der Borussia Mitte des Jahrzehnts der Pokalsieg gegen den VfL Wolfsburg und die zweimalige UEFA-Cup-Teilnahme nach mehrjähriger internationaler Abstinenz.

Doch der neuerliche Ruhm bekam dem Verein nicht gut und stieg vor allem dem Manager zu Kopf. Er wollte die Borussia mit aller Macht zur drit-

Sie schafften 2001 den Aufstieg: Auer, van Lent, Demo, van Houdt (linkes Foto) sowie Markus Osthoff (rechts Foto).

ten Kraft im Lande machen, zahlte Irrsinnsgehälter, ging mit den Plänen für ein niemals realisierbares Stadion der Superlative schwanger, kaufte jedoch in der Folgezeit die falschen statt die passenden Spieler. Binnen kurzer Zeit stand die Borussia wieder da, wo sie sich noch unter Gelsdorf befunden hatte: ganz tief unten. Die Geschichte wiederholte sich: Wieder flogen die Trainer, wieder hielten die Neuen mit Mühe die Klasse. Bis der Fußballgott die Faxen dicke hatte: Im Sommer 1999 stieg Borussia Mönchengladbach unter ihrem ideenlosen Trainer Bonhof nach 34 Jahren ununterbrochener Erstklassigkeit erstmals in die zweite Liga ab.

Eine traurige Angelegenheit, der Rolf Rüssmann nur deshalb entgangen war, weil er es vorgezogen hatte, selbst zu kündigen. Und doch war es das Beste, was dem Verein hatte passieren können. In der Unterklassigkeit nämlich gesundete er finanziell und sportlich. Der angenehm uneitle neue Vorstand reduzierte die Schuldenlast des beinahe bankrotten Clubs von satten 30 auf erträgliche fünf Millionen Mark. Der neue Manager Christian Hochstätter brach die Ruinen der Rüssmann´schen Luftschlösser endgültig ab und konzentrierte sich auf das Machbare. Und der neue Trainer Hans Meyer formte mit Sachverstand, Schnoddrigkeit und Charisma eine neue Mannschaft um Abwehrchef Asanin, Mittelfeldler Demo und Torjäger van Lent. Der Lohn: Im Sommer 2001 kehrte die Borussia nach zwei Jahren in der fußballerischen Diaspora unter dem Jubel Hunderttausender Fans wieder ins Oberhaus zurück.

Highlights: DFB-Pokal 1995; Bundesligaaufstieg 2001

diebels
diebels

Die Borussia von A bis Z

A

Stichtag für alle statistischen Daten ist der 30. Juni 2001.
Der bei den Spielern angegebene Zeitraum sowie die Zahl der Spiele und Tore beziehen sich jeweils auf ihre Zeit bei der Borussia.

Abstieg. Das Unaussprechliche wurde am Ende der Saison 1998/99 traurige Wirklichkeit. Als Tabellenletzter, mit nur 21 Punkten aus 34 Spielen, stieg Borussia erstmals in der Vereinsgeschichte aus der Bundesliga ab. Daran konnten auch ein Trainerwechsel mitten in der Saison (Bonhof für Rausch) und eine hübsche Rettungskampagne („Die Hoffnung stirbt zuletzt – der Stolz nie!") nichts ändern.

Abstiegsangst. Kannte man in Gladbach jahrzehntelang nur vom Hörensagen. Seit 1989/90 jedoch, als sich die Mannschaft zur Winterpause im tiefsten Tabellenkeller wiederfand, war das Gefühl, dem Erstligatod direkt ins Auge zu blicken, am Bökelberg allgegenwärtig. Am Ende jedoch rettete sich die Mannschaft immer – bis auf ein einziges Mal… ➔ Abstieg

Abteilungen. Auch wenn der Verein einem größeren Publikum allein wegen der Leistungen seiner Fußballer bekannt ist – unter dem Namen „Borussia Mönchengladbach" spielen zahlreiche Hobbysportler auch Handball und Tischtennis.

Ackermann, Klaus. Von Preußen Münster gekommener flinker Außenstürmer. Schloss die Angriffs-Lücke, die Jupp Heynckes' Weggang nach Hannover gerissen hatte. Kickte nach seiner Gladbacher Zeit weniger offensiv u.a. beim 1. FC Kaiserslautern und bei Borussia Dortmund.

★ *20.3.1946. 1967-69. 60 BL-Spiele, 10 Tore.*

Adel. Seit sich Trainer Meyer zwecks Verstärkung seiner Elf bevorzugt in Be-Ne-Lux aufhält, ist die Fraktion der Blaublütigen im Verein enorm gestiegen: erst van Lent, dann van Houdt. Bis dahin gab's in der Vereinsgeschichte nur einen einzigen Herrn, dem möglicherweise verarmter Adel zu unterstellen wäre: Ex-Trainer Gerd vom Bruch.

Afrika. Als im Verlauf der Saison 1990/91 mit dem Togolesen Bachirou Salou der erste Afrikaner das Borussen-Leibchen überzog, hatten sich erst wenige Clubs mit Ballartisten vom fünften Kontinent verstärkt: Yeboah kickte in Frankfurt, Baffoe in Düsseldorf, Sane in Wattenscheid. Während sich diese und später Balltreter wie Akpoborie oder Kuffour in ihren Vereinen zu echten Leistungsträgern mauserten, blieben die niederrheinischen Afrikaner allenfalls bessere Reservisten. Salou blühte erst nach seinem Wechsel zum MSV Duisburg auf, Younga-Mouhani (Kongo) missriet der Sprung zu den Profis, Ben Slimane (Tunesien) flüchtete vor dem Gelächter der Fans. Allein Aidoo (Ghana) könnte am Bökelberg richtig Karriere machen.

Ahlen. Der Provinzverein LR Ahlen aus den Niederungen des Münsterlandes hält einen einsamen Rekord. Er war in den beiden Zweitligajahren der Borussia zwischen 1999 und 2001 der einzige Verein, gegen den die Gladbacher nicht einen einzigen mickrigen Punkt gewinnen konnten. Beide Ligaspiele gegen die Westfalen gingen mit 2:1 verloren. Kleiner Trost: Wenigstens das DFB-Pokalspiel bei den Ahlenern entschieden die Borussen für sich – natürlich mit 2:1...

Aidoo, Lawrence. Er brauchte ein Spiel, um restlos alle für sich einzunehmen. Beim Heimsieg über Rot-Weiß Oberhausen beschäftigte der Mann aus Ghana mit seinen Dribblings und seinen Tricks zeitweise fünf Abwehrspieler ganz alleine. Nach dieser Galavorstellung standen die Interessenten gleich reihenweise auf der Matte.
★ *14.1.1982. Seit 1999. 12 Zweitliga-Spiele, 2 Tore.*

A-Jugend. Vereinsinternes Sprungbrett in den Profibereich – von solch illustren Herren wie Deisler, Effenberg, Frontzeck, Ketelaer, Laumen oder Pflipsen über die Jahre erfolgreich auf seine Tauglichkeit getestet. Die Erfolge der Gladbacher A-Jugend können sich durchaus sehen lassen: Seit 1962 wurde sie fünfmal Niederrhein-Meister, fünfmal Niederrhein-Pokalsieger und dreimal Westdeutscher Meister. Nur zur Deutschen Meisterschaft es nie gereicht.

Akademiker. Im Fußball und auch in Gladbach selten anzutreffende Gattung Mensch. Horst Wohlers, Ulrik le Fèvre und Hartwig Bleidick waren zu ihrer aktiven Zeit immerhin gelernte Lehrer, Ewald Lienen zumindest Student. Und Thomas Eichin studierte gegen Ende seiner Laufbahn fern in Sachen „Sport-Marketing".

Aktien. Am 22. Dezember 1998 beschloss der Aufsichtsrat, den Verein auf lange Sicht in eine Aktiengesellschaft umzuwandeln. Die Pläne blieben bis heute glücklicherweise in der Schublade. Nach dem Abstieg in die zweite Liga wären die Kurse vermutlich rasant in den Keller gegangen – und manche Anleger um ein hübsches Sümmchen ärmer.

Albertz, Jörg. Beispiel dafür, dass die vereinsinternen Talentspäher das eine oder andere Mal ordentlich gepennt haben. Für die erste Mannschaft schien ihnen der Borussen-Amateur mit dem starken linken Fuß nämlich nicht geeignet. Frustriert nahm der ein Profi-Angebot von Fortuna Düsseldorf an, wurde später beim HSV Nationalspieler und sammelte schließlich bei den Glasgow Rangers in Schottland etliche Meistertitel.

Alpers, Anni. Sie kam 1962 als Buchhalterin und Sekretärin zur Borussia und gab den Job erst 26 Jahre später wieder auf. In der Ära Beyer/Grashoff kümmerte sie sich um Löhne, Abrechnungen, Reisekosten, Steuern, Ablösezahlungen und den Verkauf von Fanartikeln. Helmut Grashoff beschreibt sie in seinen Memoiren als „der gute Geist des Hauses, allwissend, umfänglich informiert, jeden kennend".

Amateure. Immer wieder sind seit 1965 Spieler aus dem eigenen Amateurteam in die Profimannschaft aufgerückt: Borowka, Hoersen, Hirsch, Stefes, Ketelaer, Criens, Hausweiler, zuletzt Lawrence Aidoo. Bei derartigen Perspektiven wundert es schon, dass die „kleinen Borussen" jahrelang als „die Unaufsteigbaren" galten. Erst quälten sie sich 16 Jahre, um aus der Bezirks- in die Landesliga zu gelangen. Dann stiegen sie 1980 als Landesligameister in die Verbandsliga auf und mühten sich wiederum 18 Jahre lang, bis 1997 endlich der Sprung in die Oberliga Nordrhein gelang. In dieser vierten Liga kickt die Mannschaft heute noch. Ein durchaus möglicher Aufstieg in die drittklassige Regionalliga wurde den ambitionierten Fußballern unter Trainer Norbert Meier im Jahr 2000 seitens der Vereinsführung untersagt – für den kostspieligen Regionalliga-Betrieb fehlte dem damals überschuldeten Club schlicht und einfach das Geld.

Aluminium. „Mein größter Erfolg? Die erste Meisterschaft. Und der Pfostenbruch gegen Bremen. Seitdem gibt's Aluminium-Pfosten."
Herbert Laumen beim Rückblick auf seine Karriere

Amtszeit. Die längste Amtszeit aller Borussen-Trainer hatte Hennes Weisweiler – er blieb vom 1. Juli 1964 bis zum 30. Juni 1975. Die kürzeste steht bei Norbert Meier zu Buche – er hielt sich als Chefcoach gerade mal vom 1. Dezember 1997 bis zum 31. März 1998.

Andersson, Patrik. Dass Borussias Hintermannschaft mit der → Viererkette lange Jahre so gut stand, war in erster Linie dem aus Blackburn gekommenen langen Schweden zu verdanken. Andersson, der 1994 in den USA eine herausragende WM spielen sollte,

Angst. „Angst habe ich nur vor einem – vor Marcelo Pletsch." Mittelstürmer Arie van Lent über die Verteidiger der zweiten Liga

war ein absoluter Glücksgriff von Manager Rüssmann und wohl der beste Defensivler, den die Borussia nach Müller und Sieloff je verpflichtete. Ging nach dem Abstieg zu Bayern München, um dort 2000 und 2001 Deutscher Meister zu werden.

★ *18.8.1971. 1993-99. 174 BL-Spiele, 10 Tore. 1995 DFB-Pokalsieger. Schwedischer Nationalspieler, EM-Teilnehmer 1992, WM-Teilnehmer 1994.*

Angstgegner. In der Bundesliga gibt's einen solchen nicht wirklich – auf internationaler Ebene allerdings schon. Dreimal traf Borussia in europäischen Cup-Wettbewerben auf den ➔ FC Liverpool, dreimal verlor sie: 1973 in den Endspielen des UEFA-Pokals, 1977 im Finale und 1978 im Halbfinale des Europapokals der Landesmeister.

Angstschweiß. „Ist das so warm hier oder ist das alles schon Angstschweiß?" Hans Meyer in der Pressekonferenz nach seinem ersten Spiel als Borussen-Trainer im September 1999. Borussia hatte daheim 1:2 gegen Alemannia Aachen verloren und war nach vier Saisonspielen ohne Punkt Tabellenletzter der zweiten Liga.

Annullierung. Gleich zwei Spiele gegen den Karlsruher SC wurden im Laufe der Jahre vom DFB für ungültig erklärt und neu an-

Gegen den KSC wurde 1993 ein 5:3-Erfolg im DFB-Pokal annulliert. Die Fans protestierten.

gesetzt. Bei einer 1:3-Niederlage 1990 im Wildparkstadion war Christian Hochstätter von einem Feuerzeug getroffen worden – die Wiederholungspartie endete anschließend 1:1. Drei Jahre später war ein 5:3-Pokalsieg der Borussia nichts wert, weil Fans KSC-Keeper Kahn mit Kastanien beworfen hatten – das Wiederholungsspiel gewann Borussia durch ein Kastenmaier-Tor mit 1:0. Im Europapokal jedoch war der Borussia 1971 weniger Glück beschieden. Weil Inter Mailands Stürmer ➔ Boninsegna bei der 7:1-Gala der Gladbacher von einer ➔ Büchse getroffen zu Boden sank, strich die UEFA die glorreiche Partie aus der Statistik. Das neu angesetzte Spiel auf neutralem Berliner Boden endete torlos – Borussia war trotz eines wahren Jahrhundert-Spiels aus dem Wettbewerb ausgeschieden.

Anton Schmitz. Name eines Lokals und seines Besitzers in der Mönchengladbacher Alsstraße. Hier gründete am 17. November 1899 eine Schar dem Fußballspiel verfallener junger Männer eine lose Spielgemeinschaft mit dem Namen „Borussia“. Erst im Jahr 1900 machten sie daraus einen richtigen Verein.

Aprilscherz. So ist es halt, das verstaubte Zweite Deutsche Fernsehen. „Elton John steigt mit 15 Millionen Mark bei Borussia Mönchengladbach ein“, verkündeten die Mainzer in den Neunzigern einmal ihrem Publikum. Dass derartigen Unfug jemand geglaubt hätte, ist nicht überliefert.

Archiv. Wer zu Tauchgängen in die Vergangenheit das vereinseigene Archiv bemühen möchte, muss sich auf gewaltige Lücken und viele weiße Flecken einstellen. Am 1. April 1982 nämlich brannte Borussias damaliges Clubhaus nieder – das gesamte Archiv wurde seinerzeit ein Opfer der Flammen.

Armbanduhr. Andere Zeiten, andere Sitten: Die überraschenden Pokalsieger von 1960 wurden für ihren sensationellen Coup nicht etwa mit einem namhaften Geldbetrag, sondern mit einer schicken Armbanduhr belohnt.

Asanin, Sladan. Nach dem glücklichen Klassenerhalt 1998 sollte er die Abwehr festigen. Dem Kroaten gelang dies nur in bescheidenem Umfang, Borussia stieg ab. Erst im Unterhaus mauserte sich

der technisch beschlagene Defensivler zu einer herausragenden Kraft. Seine Übersicht, sein Spielverständnis, seine Freistoßtore weckten die Begehrlichkeiten zahlreicher Erstligisten. Doch „Ascho“ gab Lautern, Stuttgart, Köln einen Korb und verlängerte in Gladbach. Seit Sommer 2001 spielt er als Bundesliga-Rückkehrer wieder gegen seine Beinahe-Arbeitgeber.
★ *13.8.1971. Seit 1998. 31 BL-Spiele / 3 Tore, 53 Zweitliga-Spiele / 8 Tore.*

Assistenztrainer. Hatten am Bökelberg stets die Chance, sich im Schatten des jeweiligen Chefs für andere Vereine oder für höhere Aufgaben bei der Borussia zu empfehlen. Weisweiler-Assistent ➔ Ribbeck etwa verschlug es nach seiner Gladbacher Tätigkeit gleich zu mehreren Vereinen. Rudi Schlott avancierte kurzzeitig zum Cheftrainer des 1. FC Köln. ➔ Heynckes, Werner, vom Bruch und Krauss traten sämtlich am Bökelberg die Nachfolge ihrer mal freiwillig, mal unfreiwillig ausgeschiedenen Vorgesetzten an.

Auer, Benjamin. Der Jugend-Nationalspieler kam mit der Bürde, als die große deutsche Sturmhoff-

nung schlechthin zu gelten, vom Zweitliga-Absteiger Karlsruhe. Bis auf ein paar gute Ansätze war davon nicht viel zu sehen – im Aufstiegsjahr kam er am überragenden Arie van Lent einfach nicht vorbei.
★ *11.1.1981. Seit 2000. 17 Zweitliga-Spiele, 2 Tore.*

Aufsichtsrat. Am 28. März 1996 beschloss die Mitgliederversammlung eine Neuordnung der Vereinsstruktur und führte das Gremium des Aufsichtsrates ein. Über die Jahre mischten dort auch zwei ehemalige Spieler mit – zuerst Rainer Bonhof, später Berti Vogts.

Aufstieg I. Die Rückkehr der Borussia aus der zweiten in die erste Liga im Jahr 2001 war für niemanden eine Überraschung – der Sprung aus der Regionalliga West in die Bundesliga im Jahr 1965 sehr wohl. Schließlich war die Mannschaft in der vorherigen Saison gerade einmal auf Platz 8 gelandet. Doch neue Spieler wie Rupp, Heynckes oder Waddey und der neue Trainer Hennes Weisweiler entpuppten sich als Glücksgriffe: Mit 52:16 Punkten und 92:39 Toren wurde die Borussia souverän Meister der Regionalliga.

Aufstieg II. „Mit meinen Toren wäre Gladbach schon letztes Jahr aufgestiegen."
Toni Polster im März 2001 im Interview mit dem „Hamburger Abendblatt"

Aufstiegsrunde. Vom 19. Mai bis zum 26. Juni 1965 fieberte ganz Gladbach mit. Dann war es nach sechs nervenaufreibenden Partien geschafft. Mit drei Siegen, zwei Remis und einer Niederlage ließ Borussia die Aufstiegsrunden-Konkurrenz aus Reutlingen, Kiel und Worms hinter sich und durfte fortan in Deutschlands höchster Fußballklasse mittun. Die zwölf Spieler, die

Feucht-fröhliche Aufstiegsfeier 2001: Korzynietz, Pletsch und Demo (v.l.).

dies schafften, waren Orzessek, Ernst, Jansen, Lowin, Milder, Pöggeler, Walter Wimmer, Waddey, Laumen, Netzer, Heynckes, Rupp.

Ausgemustert. Noch vor der Saison 2000/2001 kehrte Trainer Hans Meyer mit eisernem Besen. Obwohl sie mit gültigen Verträgen ausgestattet waren, schloss er die Spieler Klinkert, Hagner, Reiter und zeitweise Sopic vom Trainingsbetrieb der Profis aus. Seine harte Methode zeigte nur bei Reiter und Sopic Wirkung – ersterer wechselte in der Winterpause frustriert nach Fürth, letzterer nach Ahlen. Die beiden anderen ließen sich nicht zu dem erwünschten Vereinswechsel provozieren. Sie pochten auf ihr Recht und kassierten für süßes Nichtstun weiter ihr Gehalt.

Ausländer. Seit dem Bundesliga-Aufstieg 1965 trugen insgesamt 49 nicht-deutsche Fußballer aus 25 Nationen das Trikot mit der Raute. Der Allererste war im Jahr 1966 der Jugoslawe Vladimir Durkovic, der bisher Letzte im Jahr 2000 der Belgier Stassin. Die stärksten und auch erfolgreichsten Kontingente stellten die Skandinavier – aus Dänemark, Schweden, Norwegen und Finnland stammte gut ein Drittel der ausländischen Stars. Seit Hans Meyers Dienstantritt setzt der Verein vermehrt auf die Be-Ne-Lux-Linie. Eine Besonderheit datiert übrigens vom 16. August 1996 – beim Spiel gegen Arminia Bielefeld standen mit Juskowiak (Polen), Fournier (Frankreich), Lupescu (Rumänien), Andersson (Schweden), Pettersson (Schweden) und Huiberts (Niederlande) erstmals mehr ausländische als deutsche Spieler für die Borussia auf dem Platz.

Ausverkauft. „Ausverkauft“ hieß und heißt es nicht selten am Bökelberg. Für den Verein stets eine frohe Kunde, für die Fans oft ein Ärgernis. Aber eigentlich kein Wunder: Ins Stadion gehen selbst bei absoluten Knallerpartien nie mehr als schlappe 34.500 Menschen rein. Das soll sich mit dem neuen Stadion am ➔ Nordpark ändern.

Auswärtssieg. Den ersten Sieg auf fremdem Platz fuhr die Borussia am 23. Oktober 1965 ein: Beim 1. FC Kaiserslautern gab's durch einen Netzer-Treffer und ein Eigentor einen 2:1-Erfolg. Der höchste Auswärtssieg ihrer Geschichte gelang der Borussia am 21. März 1987 mit einem 7:1 bei Werder Bremen. Insgesamt gewann Borussia von 580 Auswärtsspielen in 34 Erstligajahren 173, spielte 153-mal Unentschieden und verlor 254 Partien. Dabei schoss sie 842 Tore und kassierte 1.017 Treffer.

Auto. Gladbach war nie Freiburg, wo man bekanntermaßen mit dem Rad zum Training zu kommen pflegt. Die Gladbacher fuhren und

Ausziehen. „Zieh das Ding lieber aus, sonst wird das hier nichts.“
Betreuer Gerd Schommen Anfang der Achtziger zu Nachwuchstorwart Uwe Kamps, als der beim Probetraining dem als konservativ bekannten Trainer Jupp Heynckes mit Ohrring unter die Augen treten wollte.

fahren noch immer gern mit großen Schlitten vor. Albert Brülls etwa leistete sich von seinem ersten Batzen Lire einen standesgemäßen Karman Ghia, Günter Netzer brauste gern mit Porsche 911, Jaguar E oder Dino-Ferrari 246 GT durch die niederrheinische Provinz. Die heutige Kicker-Generation gibt sich da weniger ausgeflippt: Weil die lokale DaimlerChrysler-Vertretung als so genannter „Premium Partner" der Borussia auf die Beine hilft, fahren die fußballernden Angestellten des 21. Jahrhunderts mit Vorliebe Karossen mit dem bekannten Stern auf der Kühlerhaube.

B

Bakalorz, Dirk. Eleganter Techniker mit Hang zum Leichtsinn. Schaffte nie den großen Durchbruch. Größte Tat: Beide Tore in der Verlängerung zum 2:0-Sieg über Alemannia Aachen im DFB-Pokal-Achtelfinale 1986/87.
★ *22.8.1963. 1986-88. 39 BL-Spiele, 5 Tore.*

Balla Balla. „Wir weiße Neger gekommen from altes Germany to play Balla Balla with you." Peter Meyer im Sommer 1969 auf einer Japanreise der Borussia.

Bäumer, Jens. Aus Karlsruhe verpflichteter Linksfuß, der bei seinem ersten Einsatz gleich zum Glücksbringer avancierte. Beim 2:0-Sieg in Duisburg Ende April 2001 gab er sein Debüt im Borussen-Dress – prompt eroberten die Gladbacher erstmals und zum einzigen Mal die Spitze der zweiten Bundesliga.
★ *9.8.1978. Seit 2000. 3 Zweitliga-Spiele, kein Tor.*

Bayern München. Der ewige Rivale und ungeliebte Konkurrent. Nachdem die Vereine 1965 gemeinsam in die Bundesliga aufgestiegen waren, machten sie zwischen 1969 und 1977 die Meisterschaften unter sich aus. Viermal standen die Maier-Beckenbauer-

Ewig junges Duell, bei dem Effenberg mehrfach die Seiten wechselte: Gladbach gegen Bayern

Müller-Bayern mit ihrer unterkühlten Spielweise oben, fünfmal die Netzer-Vogts-Heynckes-Borussen mit ihrem Sturm und Drang. Ende der Siebziger ging die Schere dann auseinander – Bayern wurde endgültig europäischer Großverein, Gladbach Liga-Mittelmaß. Begünstigt wurde diese Entwicklung durch die Aggressivität der Bayern auf dem Transfermarkt. Hatten sich die beiden Clubs über Jahre an ein inoffizielles Stillhalteabkommen gehalten, was Spielerwechsel vom Bökel- auf den Olympiaberg bzw. umgekehrt ausschloss, so kannten die Bayern-Bosse nun keine Gnade mehr. Mit Del'Haye, Matthäus, Effenberg und Andersson schnappten sie den Borussen die jeweils besten Spieler einer Ära weg. Und nahmen damit den Niedergang ihres langjährigen Wegbegleiters billigend in Kauf. ➔ Lederhose

Bedürftig, Dieter. Um ein Haar wäre der einstige Borussenstürmer als großer Spielverderber in die Fußball-Annalen eingegangen. Am 26. Juni 1965 nämlich brauchte Borussia im letzten Spiel der ➔ Aufstiegsrunde noch einen kläglichen Punkt, um den Aufstieg in die Bundesliga zu schaffen. Doch ausgerechnet der einstige Mannschaftskollege aus Oberliga-Zeiten hatte etwas dagegen – sein Tor für den Tabellenletzten Wormatia Worms drohte in letzter Sekunde alles zu verderben. Bis Günter Netzer 20 Minuten vor Schluss doch noch zum 1:1-Endstand traf.

Bein. „Es ist Gedankenlosigkeit, unseren Torwart auf dem falschen Bein anzuspielen. Der Uwe hat das rechte doch nur, wenn er sich an einen Baum stellen will."
Trainer Hans Meyer im April 2001 nach der 1:3-Niederlage in Reutlingen

Belanow, Igor. Nach einer phantastischen WM in Mexiko wurde der Ukrainer 1986 Europas Fußballer des Jahres – nach einem spektakulären ➔ Kaufhausdiebstahl wurde der Mann aus Kiew 1989 Borussias schlimmster Fehleinkauf der Vereinsgeschichte.
★ *25.9.1960. 1989-91. 24 BL-Spiele, 4 Tore. Sowjetischer Nationalspieler, WM-Teilnehmer 1986, EM-Finalist 1988.*

Beliebtheit. Nicht zu glauben, aber wahr: Trotz des zeitweiligen Abtauchens in die zweite Liga ist Borussia Mönchengladbach Deutschlands zweitbeliebtester Fußballverein. Das ermittelte im Jahr 2000 das Kölner Institut „Sport & Markt" in einer repräsentativen Umfrage. Die Gladbacher landeten in der Befragung weit vor Vereinen wie Borussia Dortmund oder Schalke 04. Nur die Bayern – wen sonst?! – mag man im erfolgsorientierten Deutschland noch ein bisschen mehr.

Beruf. Wer heute sein Konto mit Profifußball füllt, hat oft nichts Anständiges mehr gelernt als das möglichst kunstvolle Treten einer Lederkugel. In Gladbachs erstem Meisterjahr sah das noch anders aus. Die meisterlichen Mönchengladbacher brachten reichlich Erfahrung als Kaufmann, Werkzeugmacher, Textilkaufmann, Bundesbahnangestellter, technischer Angestellter, Bankkaufmann oder Realschullehrer mit.

Besen, neue. Kehrten in Gladbach in der Regel recht gut, nur nie lange. Vom Bruch, Gelsdorf, Bongartz, Rausch bewahrten Borussia jeweils vor dem Abstieg, hatten längerfristig aber nichts zu bieten. Unterboten wurde sie allerdings von Rainer ➔ Bonhof. Der brachte die Gladbacher nicht nur schnurstracks in die zweite Liga, sondern peilte bis zu seinem Rauswurf auch konsequent ein Durchreichen seiner Elf in die Drittklassigkeit an.

Beyer, Dr. Helmut. Der Textil-Fabrikant rückte Ende 1960 als dritter Vorsitzender in den Vereinsvorstand und wurde 1962 auf den Präsidentensessel gehievt, den er erst 1992 wieder räumte. Gemeinsam mit seinen Vorstandskollegen ➔ Grashoff und ➔ Gerhards machte er in seiner unspektakulären Art die Borussia zum Synonym für Solidität und Seriosität. Einen besseren Vereinsboss als ihn, der heute noch als Vorsitzender des Ehrenrats fungiert, hat Borussia in ihrer über 100-jährigen Historie vermutlich nie besessen.

Bierhoff, Oliver. Ende der Neunziger in italienischen Trikots oder dem National-Leibchen Schrecken mancher Abwehrreihen – in seinen Gladbacher Tagen konnte man sich allenfalls über seine Harmlosigkeit erschrecken.
★ *1.5.1968. 1989-90. 8 BL-Spiele, kein Tor. Deutscher Nationalspieler, 54 Länderspiele (kein Spiel für Borussia), 30 Tore. WM-Teilnehmer 1998, Europameister 1996, EM-Teilnehmer 2000.*

Bleidick, Hartwig. Linker Außenverteidiger der Meistermannschaften 1970 und 1971. Musste nach schweren Verletzungen kürzer treten und 1973 seine Profilaufbahn beenden.
★ *26.12.1944. 1968-73. 114 BL-Spiele, 6 Tore. 1970 und 1971 Deutscher Meister, 1973 DFB-Pokalsieger. Deutscher Nationalspieler, 2 Länderspiele (2 für Borussia), kein Tor.*

Blind I. Bei so manchem Angreifer der Gladbacher – ich nenne mal nur einen Namen: Pettersson – durfte man im Laufe der Jahrzehnte schon eine veritable Sehschwäche vermuten. Ein Profi indes war wirklich damit geschlagen. Wilfried Hannes absolvierte seine Karriere als Profi mit nur einem gesunden Auge – die Sehfähigkeit auf dem anderen hatte er in jungen Jahren als Folge eines Unfalls verloren. Dennoch wurde er Meister, UEFA-Cup-Sieger, Nationalspieler, 1982 gar WM-Teilnehmer – Respekt!

Blind II. „Wir müssen nicht immer glauben, dass wir die Weltmeister und die anderen die Blinden sind."
Trainer Hans Meyer Ostern 2001 nach dem glücklichen 1:0-Sieg über die Stuttgarter Kickers durch ein Elfmeter-Tor von Demo in der 90. Minute

Klassisch-schöne Fußball-Arena: der Bökelberg Mitte der siebziger Jahre.

Blutgrätsche. Von Berti Vogts erfundenes Mittel, den Gegenspieler zu zermürben und ihm das Leder abzuluchsen. Dank der Gnade der frühen Geburt flog er dafür nie vom Platz – das FIFA-Regelwerk, das derartige Aktionen inzwischen mit der roten Karte zu ahnden vorschreibt, war zu seiner aktiven Zeit noch wesentlich menschenunfreundlicher.

B.O. Name einer Gladbacher Fanband, die den gemeinen Anhänger per CD mit klassischem Simpelrock und hübschen Textzeilen wie „Die erste Meisterschaft, das ist doch klar / War die wirkliche Geburt des Mythos Borussia" agitiert. Ihr Song „Die Elf vom Niederrhein" dröhnt bei Heimspielen am Bökelberg über die Lautsprecheranlage, kurz bevor die Gladiatoren die Arena betreten.

Bökelberg. Seit mehr als 80 Jahren Heimstatt der Borussia. Das 1914 im Stadtteil ➔ Eicken erworbene Gelände diente ursprünglich als Sandkuhle, weshalb die Eingeborenen das Stadion noch heute in breitem niederrheinischen Idiom „dä Kull" nennen. Am 20. September 1919 vom damaligen Oberbürgermeister Piecq unter dem offiziellen Namen ➔ „Westdeutsches Stadion" eröffnet, ist die Arena im Laufe der Jahrzehnte zwar ausgebaut, renoviert und restauriert worden. Dennoch versprüht das „Bökelberg-Stadion" mit einem Fassungsvermögen von gerade mal 34.500 Zuschauern den diskreten Charme der Vorgestrigkeit. Was den Verein aus Gründen der Konkurrenzfähigkeit dazu bewog, sich in Gladbach entgegen aller Tradition ein neues Zuhause zu suchen. Pläne sehen vor, auf dem ehemaligen Gelände der British Rhine Army im Norden der Stadt ein neues Stadion zu bauen. Über einen Namen für das moderne Schmuckstück, das bislang unter dem Arbeitstitel ➔ „Nordpark“ firmiert, ist noch nicht entschieden.

Böttiger, Helmut. Promovierter Germanist, Journalist und Buchautor, der in seinem Standardwerk „Kein Mann, kein Schuss, kein Tor“ seine Verehrung für Günter Netzer nur mühsam unterdrücken konnte, um diese chronische Leidenschaft wenig später in eine authorisierte Biografie des legendären Mittelfeldmannes münden zu lassen. Von Spöttern und Kritikern ist seine brillant formulierte Verherrlichung von Borussias großer Nummer 10 sogar mit einem wissenschaftlichen Begriff belegt worden – „Netzerismus“.

Bokassa. Mitte bis Ende der Neunziger unter kritischen Gladbach-Fans gebräuchlicher Spitzname für Manager Rolf Rüssmann, der nach dem DFB-Pokaltriumph zu Selbstherrlichkeiten und Alleingängen neigte, die so manchen offensichtlich an das Gebaren Jean-Bedel Bokassas erinnerten, des einstigen Kaisers Zentralafrikas. Bokassa wurde 1979 gestürzt, Rüssmann 1998.

Bongartz, Hannes. In seinem vergeblichen Bestreben, Borussia Mönchengladbach aus der Mittelmäßigkeit herauszuführen, holte Manager Rüssmann seinen einstigen Schalker Kumpel und Mitstreiter im Trabrennsport im Dezember 1996 als neuen Trainer und Nachfolger von Bernd Krauss an den Bökelberg. Der zu seiner aktiven Zeit „Spargeltarzan“ gerufene Übungsleiter rettete den Club zwar vor dem drohenden Abstieg, wurde aber weder von den Fans noch von den Spielern wirklich angenommen. Als sich die Borussia ein Jahr später erneut im Souterrain der Tabelle wiederfand, musste Bongartz am 29. November 1997 seinen Stuhl für Amateur-Coach Norbert Meier räumen.

Bonhof, Rainer. Trainer Weisweiler machte aus dem gelernten Stürmer einen veritablen Abwehrspieler. Der KFZ-Mechaniker war kein fußballerisches Genie – aber wegen seiner Härte und seiner Freistöße gefürchtet und einer der prägenden Spieler in Borussias großen siebziger Jahren. Nach dem Karriereende schulte der gebürtige Niederländer auf Trainer um. In Uerdingen spielte er erst den Assistenten von Horst Wohlers, beim DFB später den Assistenten von Teamchef Berti Vogts. Seinen ersten Job als hauptamtlicher Vereinstrainer trat er am 10. November 1998 ausgerechnet in Mönchengladbach an – er führte die Borussia erstmals in ihrer Bundesligageschichte in die zweite Liga.

★ *29.3.1952. 1970-78. 231 BL-Spiele, 42 Tore. 1971, 1975, 1976, 1977 Deutscher Meister, 1973 DFB-Pokalsieger, 1975 UEFA-Cup-Sieger. Deutscher Nationalspieler, 53 Länderspiele (40 für Borussia), 9 Tore. Weltmeister 1974, WM-Teilnehmer 1978, Vize-Europameister 1976.*

Boninsegna, Roberto. Italienischer Theaterschauspieler, der im Oktober 1971 in einer Mönchengladbacher Freiluft-Aufführung des „Sterbenden Schwans" aufgrund seiner unerreichten Ausdrucksstärke Weltruhm erlangte. Die Fachzeitschrift „Theater heute" belohnte den talentierten Mimen für seine bewegende Interpretation der Haupt- wie Opferrolle mit einer vergoldeten Alu-Dose. Der Geehrte revanchierte sich wenig später mit der sauberen Durchtrennung des Schien- wie Wadenbeins an Luggi Müller.

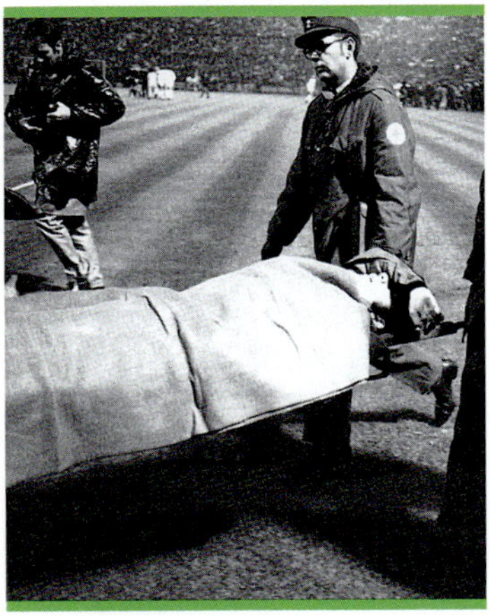

Oscar-reif: Boninsegna lässt sich zum Duschen tragen.

Borowka, Ulrich. Als der Sauerländer kam, wurde die Borussen-Abwehr zusehends stabiler. Der knochenharte Recke mit dem fulminantem Schuss gehörte 1984 zur Mannschaft, die dem FC Bayern im Pokalfinale erst nach Elfmeterschießen unterlag. 1987 zog es ihn des Geldes wegen nach Bremen, wo er zweimal Deutscher Meister, zweimal Deutscher Pokalsieger und einmal Europapokal-Gewinner wurde. Legendär wurde er dort nicht nur wegen seiner Weitschüsse. Durch Alkoholeskapaden, Prügeleien, eine gescheiterte Ehe, Knastaufenthalte, Suchttherapien und die Plattenaufnahme mit einer Punkband erkämpfte er sich den zweifelhaften Ruhm als unverbesserlicher Loser.

★ *19.5.1962. 1981-87. 149 BL-Spiele, 11 Tore. Deutscher Nationalspieler (kein Spiel für Borussia), 6 Länderspiele, kein Tor. EM-Teilnehmer 1988.*

Borussen-Klaus. Seinen bürgerlichen Namen Klaus Barthel kennen die wenigsten, seine durchdringende Stimme dagegen die meisten. Wenn der Borussen-Fan aus Hilden sein legendäres „Heja, Heja, VfL" in Richtung Spielfeld schmettert, werden nicht nur Nordkurven-Steher, sondern auch träge Tribünen-Sitzer und bei guten Windverhältnissen selbst fußballabstinente Anrainer aus ihrem

Rausch, ihrer Lethargie oder ihrem Mittagsschläfchen gerissen – von den Spielern mal ganz zu schweigen. Deren Darbietungen sind im Übrigen sein Lebensinhalt. Seit er 1978 erstmals ein Spiel der Borussia besuchte, hat die Mannschaft bis zum Bundesliga-Abstieg 1999 insgesamt 718 Meisterschaftsspiele, 77 Pokalpartien und 60 Europacup-Begegnungen bestritten. Von diesen 855 Spielen soll Klaus Barthel schlappe vier verpasst haben…

Borussia I. Lateinisch für „Preußen“ und Ende des 19. bzw. Anfang des 20. Jahrhunderts beliebter Vorname zahlreicher Sportvereine, die a) besonders patriotisch klingen, b) gebildet daherkommen und c) dabei keinesfalls „Fortuna“, „Viktoria“ oder „Teutonia“ heißen wollten.

Botschafter. Als der Krieg noch kalt, der Vorhang noch eisern und der 2. Weltkrieg gerade ein Vierteljahrhundert vorbei war, reiste die Borussia durch die Weltgeschichte, als sei sie im Auftrag der Bundesrepublik Deutschland auf Good-will-Tour. Auf besondere Resonanz im In- und Ausland stieß die Gladbacher Nahost-Reise 1970. 25 Jahre nach dem industriellen Massenmord Hitler-Deutschlands an sechs Millionen Menschen jüdischen Glaubens war die Borussia das erste deutsche Team, das in den jungen Staat Israel reiste. Der deutsche Botschafter in Tel Aviv zeigte sich gegenüber Helmut Grashoff überwältigt: „Wir mühen uns hier jahrelang in kleinen Schritten um Wiederherstellung des Vertrauens zu uns Deutschen. Und Sie benötigen nur 45 Minuten, um einen Freudentaumel auszulösen.“

Borussia II. „Borussia als Mädchenname haben deutsche Gerichte inzwischen abgelehnt.“
Namensforscher Dr. Gerhard Koss aus Weiden/Oberpfalz

B

Brasilien. Spätestens seit am 24. Juni 1964 der FC Santos mit Pelé, Pepe und Co. zur Einweihung der neuen Bökelberg-Tribüne in Mönchengladbach antrat (und gerade mal 2:1 gegen den damaligen Regionalligisten gewann), gelten Balltreter vom Zuckerhut auch am Niederrhein als fußballerisches Nonplusultra. Dabei waren die beiden Brasilianer, deren Dienste sich die Borussia im Laufe der Jahrzehnte zu sichern vermochte, alles andere als filigrane Ballzauberer. Chiquinho war nie mehr als ein gut aussehender Stolperkönig. Und Marcelo Pletsch die Fortsetzung Jürgen Kohlers mit südamerikanischen Mitteln.

Bronze. Ins Tor der A-Nationalmannschaft gelangte Uwe Kamps nie, in den Kasten der Olympia-Auswahl dagegen sehr wohl. Bei den Spielen im koreanischen Seoul 1988 hielt der Keeper derart überragend, dass die deutsche Auswahl Dritter wurde. Andere mögen Meistertitel und UEFA-Cup-Triumphe vorweisen können – Uwe Kamps hat als einziger Borusse eine olympische Bronze-Medaille in der heimischen Vitrine. ➔ Olympia

Brüder. Dass das Talent zum kunstvollen Balltreten durchaus in der Familie liegen kann, zeigt auch ein kleiner Blick in die Borussen-Historie. Mit Hubert und Johann Meulenberg (1949-1952), Bodo und Rainer Halvas (1951-1957), Erwin und Helmut Kremers (1967-1969), Dieter und Klaus Baumanns (1967/68) sowie Hans-Jürgen und Peter Wloka (1970-1972) gehörten in der Nachkriegszeit gleich fünfmal Brüderpaare dem jeweiligen Borussenkader an. ➔ Zwillinge

Brülls, Albert. War in den Fünfzigern der überragende Mann im damals noch schwarzen Dress. In 193 Spielen für die Borussia schoss er 60 Tore, 1960 durfte er als Kapitän der sensationellen Pokalsiegerelf den Pott in die Höhe halten. Die Bundestrainer Herberger und Schön beriefen den bulligen Angreifer insgesamt 25-mal ins Nationalteam und ließen ihn bei den Weltmeisterschaften 1962 (Chile) und 1966 (England) das deutsche Leibchen tragen. Seine letzten Einsätze erlebte er übrigens nicht mehr als Borusse: Als dritter Teutonenkicker nach Helmut Haller und Horst Szymaniak war er 1962 noch vor Einführung der Bundesliga für ein üppiges Handgeld von 350.000 Mark nach Italien zum FC Modena gewechselt.

Brungs, Franz. Einer der wenigen Kicker aus der Pokalsiegermannschaft von 1960, die später in der Bundesliga in der Kluft anderer Vereine noch einmal in Erscheinung treten sollten. Ob seiner Kopfballstärke „Goldköpfchen“ genannt, traf der wuchtige Mittelstürmer zwischen 1963 und 1971 in 235 Spielen für Dortmund, Nürnberg und Hertha BSC 97-mal ins Schwarze.

Bruns, Hans-Günter. „Bruno“ brauchte eine lange Anlaufzeit, fand aber 1983 endlich zu großer Form und 1984 den Weg in den Kader von Bundestrainer Jupp Derwall. Wenn er wehenden Blondhaars aus der Tiefe des Raumes kam, raunten und staunten die Massen. Der Libero, der lange die Kapitänsbinde bei der Borussia trug, schoss zudem das Nicht-Tor des Jahrhunderts: Bei einer 0:4-Niederlage in München schloss er einen sensationellen Sololauf über das ganze Feld mit einem Schuss ab, der erst den einen Pfosten küsste, die Torlinie entlanglief, den zweiten Pfosten touchierte und dann ins Feld zurücksprang.

★ *15.11.1954. 1978-79 und 1980-90. 331 BL-Spiele, 61 Tore. Deutscher Nationalspieler, 4 Länderspiele (4 für Borussia), kein Tor. EM-Teilnehmer 1984.*

Büchse. Mit Bier, Limonade, Energy-Drinks oder anderem Gesöff gefüllt, dient sie in der Regel der Funktion des schnellen Durstlöschens bzw. Sich-sinnlos-Abfüllens. Am 20. Oktober 1971 allerdings kam ein solches Döschen am voll besetzten Bökelberg als bis dato unbekanntes Flugobjekt daher. Das Weichblech-Behältnis – angeblich von Lagerarbeiter Manfred K. aus Brüggen-Bracht von der Vortribüne, Block B, Reihe 2, Sitz 034, Richtung Spielfeld geworfen – touchierte Inter Mailands Stürmerstar Roberto ➔ Boninsegna derart vehement, dass der robuste Goalgetter oscarreif zu Boden sank und zum Weiterspielen nicht mehr zu bewegen war. Die 7:1-Klatsche, die sich die renommierten Italiener an diesem Europapokal-Abend in Gladbach abholen sollten, wurde nach Inter-Protesten von der UEFA annulliert. Borussia schied anschließend aus dem Wettbewerb aus.

Bundesliga. Die höchste deutsche Fußballklasse wurde 1963 ins Leben gerufen – die Borussia gehörte als wenig bekannter Provinzclub nicht zu ihren Gründungsmitgliedern. 1965 schaffte der Verein jedoch als Meister der Regionalliga West und Sieger der Aufstiegsrunde den Sprung nach ganz oben. 34 Jahre blieb die Borussia ununterbrochen Erstligist. Nach einem zweijährigen unfreiwilligen Abstecher in die Zweitklassigkeit kehrte sie im Sommer 2001 wieder in die Beletage des deutschen Fußballs zurück.

Bügelautomat. „Aufstiegsprämie? Ich weiß es wirklich nicht mehr genau: Es waren vielleicht 1.200 oder 1.500 Mark. Und dann habe ich von 'ner Elektrofirma einen Bügelautomaten bekommen. Mehr war nicht."
Torhüter Manfred Orzessek über Prämien nach dem Bundesliga-Aufstieg 1965

Bundesligaskandal. Mit den krummen Dingern, die Clubs wie Armina Bielefeld oder Schalke 04, Hertha BSC oder Kickers Offenbach, MSV Duisburg oder Eintracht Braunschweig im Gladbacher Meisterjahr 1971 drehten, hatte die Borussia glücklicherweise nichts zu tun. Doch trotz weißer Weste war der Verein mittelbar von der Bestecherei betroffen. Kicker Jürgen Wittkamp, als einstiger Gelsenkirchener Balltreter involviert in das verschobene 0:1 gegen Bielefeld mit dem legendären Roggensack-Tor, wurde durch den DFB vom 18. März 1973 bis zum Februar 1974 gesperrt. So musste er nicht nur eine Geldstrafe von 2.300 Mark zahlen und eine 10.000 Mark schwere Geldbuße an die Deutsche Krebshilfe leisten, sondern verpasste ausgerechnet das unvergessene 73er-Pokalfinale seines neuen Clubs gegen den 1. FC Köln.

Bundestag. Die Borussen sitzen überall – selbst in den gut gepolsterten Abgeordnetensesseln des Deutschen Bundestags. Fanatische Gladbachfans unter den Politikern haben sich mit Hilfskräften und Assistenten zusammengetan und eine parlamentarische Fohlen-Vertretung ins Leben gerufen: den an das bundesrepublikanische Wappentier gemahnenden Borussen-Fanclub ➔ „Fette Henne".

C

Cannabis. Eine Faser- und Ölpflanze aus Indien, die zur Rauchware gedreht unter dem Namen „Joint" bekannt ist und nach oralem Verzehr bei Fußballern zu mehrmonatigem Berufsverbot führen kann. Der niederländische Jungspund Quido Lanzaat jedenfalls genehmigte sich wenige Tage vor seiner Vertragsunterzeichnung bei Borussia anlässlich des Jahrtausendwechsels im heimischen Amsterdam ein paar Züge. Das Hasch-Zigarettchen kam den Jungprofi wie die Borussia teuer zu stehen. Nachdem sein ach so übles Drogendelikt bei einer Dopingprobe ruchbar geworden war, legte die SpVgg Greuther Fürth gegen die Wertung des verlorenen Hallenmasters-Finales Protest ein, weil dabei auch der kiffende Niederländer zwei Minuten lang im Borussen-Leibchen mitgetan hatte. Der DFB machte einmal mehr auf Zucht, Ordnung und „Keine Macht den Drogen": Den Gladbachern wurde der Titel des Meisters im ➔ Hallenfußball flugs wieder aberkannt und stattdessen den Franken zugeschoben. Und Lanzaat wurde ohne eine Minute Zweitliga-Erfahrung erst einmal für satte drei Monate gesperrt.

Chiquinho, Alexandre da Silva. Manager Rüssmann schnappte Borussia Dortmund den Reservisten für mehrere Millionen noch vor Saisonbeginn 1997/98 von der Ersatzbank und vom bereits geschossenen Mannschaftsfoto weg. Über diese vermeintliche „Rache für Herrlich" lacht man sich beim BVB noch heute krumm und scheckig: „Chico" erwies sich als einer der talentfreiesten Brasilianer der Bundesliga-Geschichte, für den es derzeit nicht mal bei der grauen Zweitliga-Maus Rot-Weiß Oberhausen zu einem Stammplatz reicht.

★ *21.3.1974. 1997-2000. 24 BL-Spiele / 2 Tore, 12 Zweitliga-Spiele / 3 Tore.*

Comeback. Etliche Gladbacher kehrten, nachdem sie in der fußballerischen Fremde zwar reich, aber nicht glücklich geworden waren, in späteren Jahren reumütig an den Bökelberg zurück. Auf der Liste der Comebacker stehen derart illustre Namen, dass eine Elf der verlorenen und wiedergefundenen Söhne durchaus Nationalmannschaftsformat hätte: Kleff, Bruns, Frontzeck, Herlovsen, Schäfer, Nielsen, Effenberg, Dahlin, Rupp, Heynckes, Lienen. Reserve: Dreßen, Herbst, Brandts, Veh, Köppel, Pinkall.

Criens, Hans-Jörg. Der „Lange" ist Borussias drittbester Schütze aller Zeiten hinter Heynckes und Laumen. Seine große Stunde schlug erstmals im Mai 1984: Im Halbfinale des DFB-Pokals schoss er als Einwechselspieler zwei Tore in Folge und machte aus einem 3:4 noch ein 5:4 über Werder Bremen. Ständig gehörte er zu den Top Ten der Bundesligaschützen, mehrfach bewahrten seine Tore die Borussia vor dem Abstieg. Nationalspieler wurde er nie, obwohl Otto Rehha-

gel ihn einst den perfektesten Stürmer der Bundesliga hieß. Sein Abgang aus Gladbach war wenig schön: Anfällig geworden und von Dahlin, Max, Herrlich auf die Bank verdrängt, verschwand Hans-Jörg Criens im Oktober 1993 quasi über Nacht zum späteren Absteiger 1. FC Nürnberg.

★ *18.12.1960. 1982-93. 281 Spiele, 92 Tore.*

Cruyff, Johann. Der neben Netzer und Beckenbauer genialste Fußballer der Siebziger trug ein einziges Mal das Trikot von Borussia Mönchengladbach. Beim Abschiedsspiel von Rainer Bonhof am 4. September 1984 spielten er und andere Weltstars wie Kempes oder Prohaska ausnahmsweise mal im Trikot mit der Raute.

D

Dänemark. Lange galt in Gladbach das Motto „Dänen lügen nicht": Was die Herren Le Fèvre oder Simonsen, Jensen oder Nielsen fußballerisch versprachen, das hielten sie auch. Leider blieb's nicht immer so. Nach dem Abgang der wirklich großen Dänen zog die Borussia – erinnert sei nur an Thychosen, Mölby, Pedersen oder den nie zum Einsatz gekommenen Enevoldsen – mehr Nieten als „Danish Dynamite".

Dahlin, Martin. Der dunkelhäutige Mittelstürmer gehörte Mitte der Neunziger zu den Top-Leuten der Liga. Seine Erfolgsbilanz: 1988 Torschützenkönig in seiner Heimat Schweden, 1993 Schwedens Fußballer des Jahres, 1994 mit vier Treffern einer der erfolgreichsten Schützen der WM in den USA. Der Ruhm indes stieg ihm allzu sehr zu Kopf. 1996 wechselte er zum AS Rom und kehrte als ausgeliehener Bankdrücker schon nach wenigen

Monaten reumütig an den Bökelberg zurück. Auch sein Trip zu den englischen Blackburn Rovers ging fürchterlich daneben. Nachdem er es 1999 beim Hamburger SV noch einmal wissen wollte und nach indiskutablen Leistungen zum schlechtesten Spieler der Liga gewählt wurde, beendete er seine Karriere und sattelte um. Der Liebhaber schöner Frauen entwarf eine eigene Kollektion für Herrenmode und betrieb in Stockholm das Edelrestaurant „Sophie's". ➔ Mode ➔ Gastronomie

★ *16.4.1968. 1991-98. 125 BL-Spiele, 60 Tore. 1995 DFB-Pokalsieger. Schwedischer Nationalspieler, EM-Teilnehmer 1992, WM-Teilnehmer 1994.*

Dahlin-Orgel. Titel einer 1995 erschienenen Musik-CD der Gruppe „Hrubesch Youth". Wer dabei in Erinnerungen an zwei große Mittelstürmer schwelgt und irgendwelche obskuren Fußballgesänge erwartet, wird enttäuscht – zu hören ist auf der Scheibe in erster Linie Krach.

Danner, Dietmar. Ein Klassespieler, dem aber dennoch der ganz große Durchbruch versagt blieb. Im Verein kamen dem Mittelfeldmann Netzer und Wimmer, im Nationalteam zusätzlich Overath, Flohe, Neumann, Hoeneß in die Quere. 1976 warf den schlaksigen Techniker eine schwere Meniskus- und Innenbandverletzung weit zurück.

★ *29.11.1950. 1971-80. 179 BL-Spiele, 27 Tore. 1975, 1976, 1977 Deutscher Meister, 1973 DFB-Pokalsieger, 1975, 1979 UEFA-Cup-Sieger. Deutscher Nationalspieler, 6 Länderspiele (6 für Borussia), kein Tor. EM-Teilnehmer 1976.*

Danner, Volker. Der Junioren-Nationalspieler wurde 1966 an den Bökelberg geholt, um den alternden Manfred Orzessek im Tor abzulösen und der Abwehr mehr Halt zu geben. Der „Flieger" spielte gut und zuverlässig. Bis er sich im Frühjahr 1969 verletzte und seinen Stammplatz an einen jungen Nachwuchsmann verlor – an Wolfgang Kleff.

★ *21.8.1942. 1966-70. 93 BL-Spiele, kein Tor. 1970 Deutscher Meister.*

Dauerbrenner. Berti Vogts hat von 1965 bis 1979 für die Borussen die Knochen hingehalten, Wolfgang Kleff zwischen 1968 und 1982 im Gladbacher Kasten die Bälle pariert. Ihre jeweils 14 Jahre im Trikot mit der Raute erscheinen in den heutigen Zeiten wechselfreudiger Fußball-Söldner geradezu anachronistisch. Übertrumpft jedoch wird ihre Marke von der bravourösen Bodenständigkeit eines Uwe ➔ Kamps. Am 12. März 1983, beim 3:0-Sieg über Arminia Bielefeld, stand der im Sommer zuvor vom BV 04 Düsseldorf verpflichtete Nachwuchs-Keeper erstmals im Tor der Borussia. 18 Jahre später steht er, inzwischen 37 Jahre alt, immer noch da. Und ein Ende ist nicht in Sicht – der Vertrag des beliebten Torhüters läuft erst einmal bis ins Jahr 2002.

Dauerkarte. Borussenfans sind treue Seelen. Seit Fußballvereine die Tickets nicht nur von Spiel zu Spiel verhökern, sondern vor Beginn einer Saison bereits Dauerkarten für alle anfallenden Heimspiele feilbieten, sind die Schlangen vor den Kassenhäuschen kürzer geworden. Von 34.500 Plätzen im Stadion sind durchschnittlich rund 10.000 bereits vorab von Dauerkarteninhabern besetzt. Das beste Ergebnis erzielte der Club in der Saison 1995/96 – da ging die Rekordzahl von 16.500 Dauerkarten über die Ladentheke.

Defensiv. Das Spielsystem, das Borussia seit jeher am schlechtesten beherrscht. Immer wenn sie es mit einer „Schotten-dicht"-Taktik probierte, bekam sie fürchterlich auf die Mütze. Meister in derartigen Fehleinschätzungen war zweifellos Jupp Heynckes. Der war acht Jahre Trainer in Gladbach, stand in diversen Endspielen und Halbfinals – doch den ganz großen Erfolg zu ermauern ist ihm stets versagt geblieben.

Deisler, Sebastian. Kam 1995 vom FV Lörrach in den Gladbacher ➔ „Fohlenstall" und spielte bei Jugend-Weltmeisterschaften im deutschen Trikot derart überzeugend, dass Real Madrid den Milchbubi gleich vom Fleck weg verpflichten wollte. Doch der Badener blieb am Bökelberg und wurde nach Effenbergs Abgang zur Mittelfeld-Hoffnung der Profi-Mannschaft. Den Abstieg konnte er nicht verhindern, seinen Marktwert jedoch ins Unermessliche steigern. Hertha BSC lockte das Teenager-Talent für etliche Millionen in seine Champions-League-Elf, Erich Ribbeck berief ihn ruckzuck ins Nationalteam.
★ *5.1.1980. 1998-99. 17 BL-Spiele, 1 Tor. Deutscher Nationalspieler, 11 Länderspiele (keines für Borussia), 2 Tore. EM-Teilnehmer 2000.*

Del'Haye, Karl. Ein tragischer Fall: Mit Borussia wurde er dreimal Meister und schaffte den Sprung in die Nationalelf. Dann kauften die Bayern den blonden Wirbelwind für

die damalige Rekordsumme von 1,265 Millionen Mark – und ließen ihn, zum Ärger der gesamten Bundesliga, über Jahre auf der Bank schmoren.
★ *18.8.1955. 1974-80. 87 BL-Spiele, 14 Tore. 1975, 1976, 1977 Deutscher Meister, 1975, 1979 UEFA-Cup-Sieger. Deutscher Nationalspieler, 2 Länderspiele (2 für Borussia), kein Tor. EM-Teilnehmer 1980.*

Demo, Igor. Die erste Verpflichtung von Hans Meyer erwies sich gleich als Glücksgriff. Der vom PSV Eindhoven gekommene Slowake stabilisierte das Mittelfeld und brachte binnen kurzer Zeit so etwas wie Spielkultur in den aufgescheuchten Hühnerhaufen, der da nach dem Abstieg unter „Borussia Mönchengladbach" firmierte. In der Wiederaufstiegs-Saison tragende Säule des Gladbacher Spiels und sicherster Elfmeterschütze ohne jeglichen Fehlversuch.
★ *18.9.1975. Seit 1999. 56 Zweitliga-Spiele, 13 Tore. Slowakischer Nationalspieler.*

Denkmal. Es erinnert an goldene Zeiten. Es steht in der Eickener Fußgängerzone. Und es ist potthässlich. Nur rudimentär erkennbare Look-a-likes von Günter Netzer, Berti Vogts und Herbert Wimmer lungern seit 1981 im Geburtsviertel der Borussia auf einer Weltkugel herum und geben dort bronzen die Botschafter des guten Fußball-Geschmacks. Von Kunstkennern wird Erbauer Bonifatius Stirnberg nur wenig Schulterklopfen für sein Werk geerntet haben. Kinder und Betrunkene allerdings haben ihren Spaß an dem wenig museumsreifen Ding: Sie können Arme und Beine der Kicker verdrehen, wie sie lustig sind.

Deutsche Meisterschaft. → Meisterschaft

DFB-Pokalsieg. → Pokalsieg

Dietrich, Peter. Er fiel im Borussenspiel nicht sonderlich auf, war aber ungemein effektiv. Mit ihm als Aufräumer im Mittelfeld wurde die Borussia 1970 und 1971 Meister. Lohn seiner soliden Arbeit: Er durfte 1970 mit zur WM nach Mexiko fahren – nur spielen durfte er dort nicht.
★ *6.3.1944. 1967-71. 103 BL-Spiele, 11 Tore. 1970, 1971 Deutscher Meister. Deutscher Nationalspieler, 1 Länderspiel (1 für Borussia), kein Tor. WM-Teilnehmer 1970.*

Ditgens, Heinz. Dem → ersten Nationalspieler in Borussias Club-Historie war das Talent zum Kicken familiär bereits mitgegeben: Vater

DFB-Pokalfinale 1973. Netzers Tor nach → Doppelpass.

Hermann Ditgens hatte die Borussia 1899 mitgegründet, Onkel Stephan Ditgens war Mannschaftskapitän der Borussia, die 1912 Westdeutscher Vizemeister geworden war. Von seinen fußballerischen Fähigkeiten und Kenntnissen profitierte die Borussia über Jahrzehnte. Nach Ende des Krieges fungierte Ditgens mal als Vereinspräsident, mal als Interimstrainer. Und – wenn personell Not am Mann war – gelegentlich sogar als Aushilfskicker, obwohl er, seiner Zehen vor Stalingrad verlustig gegangen, eigentlich als Sportinvalide galt. Bis in die Neunziger im Ehrenrat des Vereins engagiert, starb Borussias erster Nationalspieler am 20. Juni 1998 im Alter von 83 Jahren.

Diva. Warum er die Borussia in seinen Lebenserinnerungen so und nicht anders nannte, wird für immer sein Geheimnis bleiben. Die 1991 erschienenen Memoiren von Helmut Grashoff tragen jedenfalls den Titel „Meine launische Diva". Die Leser dürfen seither darüber diskutieren, ob der 1996 Verstorbene darunter – danke, Duden-Fremdwörterbuch! – eher eine „öffentlichkeitsbezogene Künstlerin, die von Erfolg und Publikumsbegeisterung verwöhnt ist", „jemanden, der durch besondere Empfindlichkeit, durch eine gewisse Exzentrik auffällt" oder schlicht und ergreifend „die Göttliche" verstanden wissen wollte.

Doping. → Cannabis

Doppelname. Man soll als Mann zwar bekanntlich nicht jeden modischen Kram mitmachen. Aber der Trend des gepflegten Doppelnamens ist an Gladbach nicht spurlos vorübergegangen. Um mit Frank Schulz, Michael Schulz oder gar Willi Schulz auf keinen Fall verwechselt zu werden, hört ein aus den Mitt-Neunzigern nicht weiter auffälliger Kurzzeit-Profi und heutiger Borussen-Amateur auf den schönen Namen Stephan Schulz-Winge.

Doppelpack. Noch aus Kölner Zeiten gebräuchlicher Spitzname für Toni Polster, der seine Spezialität – zwei Treffer in einem Spiel zu erzielen – in Gladbach nur ein einziges Mal unter Beweis stellte: am 26. September 1998 beim 2:3 gegen den VfB Stuttgart.

Doppelpass I. Wurde in Gladbach immer gern gepflegt – vor allem zu Netzers Zeiten. Sein Siegtreffer im Pokalfinale 1973 gegen Köln resultierte aus einem Doppelpass mit Rainer Bonhof. Im Nationaldress gelang dem langen Blonden wenig später ein „Tor des Jahres" nach Doppelpass mit Gerd Müller. Heute erinnert an solch hehre Fußballkunst auch eine gleichnamige Quasselrunde im ungeliebten ➔ Deutschen Sportfernsehen (DSF).

Doppelpass II. „Man muss auch mal Doppelpass mit dem Torhüter spielen."
Igor Demo im April 2001, nachdem er gegen die Stuttgarter Kickers einen Elfmeter erst im Nachschuss verwandeln konnte.

Double. Dass sich Torwart-Legende Wolfgang Kleff und Komiker Otto Waalkes dereinst täuschend ähnlich sahen, ist eine bekannte Tatsache. Unklar allerdings ist bis heute, wer in welchen Situationen wen gedoubelt hat. Kenner der Kicker- wie der Kinobranche erinnern sich nämlich an furchtbar schlechte Fußball-Spiele des einen und fürchterlich langweilige Leinwand-Lustspiele des anderen. Ein Schelm, wer Böses dabei denkt…

Dream-Team I. Anlässlich der Feierlichkeiten zum 100. Geburtstag des Vereins durften Freunde und Fans der Borussia per Postkarte die „Mannschaft des Jahrhunderts" wählen. Nach Auszählung aller Stimmzettel besteht das natürlich von Hennes Weisweiler trainierte „Dream-Team" aus den Herren Kleff, Vogts, Bruns, Hannes, Andersson, Wimmer, Netzer, Bonhof, Effenberg, Heynckes und Si-

Dream-Team II.
„Ja, wir schwören Stein und Bein auf die Elf vom Niederrhein / Borussia unser Dream-Team denn du bist unser Verein!" Hymne der Fanband → „B.O.", die kurz vor jedem Heimspiel aus der Lautsprecheranlage am Bökelberg quillt.

monsen. Übergroße Fotografien der erwählten Superhelden hängen seit Beginn der Saison 2000/2001 an den Aufgängen zur Tribüne und erinnern an bessere Zeiten.

Dreßen, Hans-Georg. Verletzungen bestimmten Anfang und Ende der Karriere des kopfballstarken Rackerers. Als 18-Jähriger wurde „Schorsch" von Jupp Heynckes ins kalte Wasser geworfen, als 26-Jähriger musste er seine Laufbahn als Sportinvalide beenden.
★ *30.12.1964. 1982-89 und 1990-91. 130 BL-Spiele, 21 Tore.*

Drygalsky, Karl-Heinz. Erst zu Weisweilers Zeiten Konditionstrainer, später Dozent an der Deutschen Sporthochschule in Köln, ließ sich der weißhaarige Beau – obwohl er rein äußerlich eher zum Sonnenstudio-König getaugt hätte – 1992 zum Präsidenten der Borussia küren. Nach diversen Schlammschlachten mit Manager Rüssmann trat er 1997 entnervt zurück. Vielleicht hätte er eine gänzlich andere Karriere einschlagen sollen. In jungen Jahren war er als Mitglied des ASV Berlin schließlich zweimal Deutscher Mannschaftsmeister im Zehnkampf – 1958 mit 17.050 und 1960 mit 17.248 Punkten...

DSF. Das Deutsche Sportfernsehen (DSF) aus dem Hause des Medienmoguls Leo Kirch versucht seit geraumer Zeit, seine miserablen Einschaltquoten durch ein Zweitliga-Übertragungs-Monopol auf ein angenehmeres Niveau zu hieven. Zu diesem Behufe kreierte man das ehedem unbekannte und stets live übertragene → Montagsspiel. Die beiden Spielzeiten, da die Fohlen zweitklassig galoppierten, machte der Sender mit dem Termin zu Wochenanfang zumindest halbwegs Kasse. Wenn nämlich Borussen vor den Ball traten, guckten so viele Couch Potatoes in die DSF-Röhre wie sonst nie – der Spitzenwert lag im März 2001 anlässlich des Duells zwischen Gladbach und Nürnberg bei knapp drei Millionen Zuschauern. Die Fans aber wollten weder den Sender noch den montäglichen Termin jemals akzeptieren.

Dudek, Helmut. Der polnische Jugendnationalspieler sollte – das war Trainer Latteks Wille – nach Wittkamps und Bonhofs Abschied die Hintermannschaft verstärken. Er verstärkte jedoch lediglich die Bank – und später ganz massiv die amerikanische Soccer-Liga bei Vichita Kansas, den Memphis Americans, den Las Vegas Americans, den Pittsburgh Spirits, den Minnesota Strikers und Baltimore Blast.
★ *14.12.1957. 1978-80. 6 BL-Spiele, kein Tor. UEFA-Cup-Sieger 1979.*

Durkovic, Vladimir. Der jugoslawische Rekordnationalspieler (54 Länderspiele) war der erste →

D

Ausländer in Borussias Vereinsgeschichte. Er sollte die Löcher in der Abwehr des Bundesliga-Neulings stopfen – und riss stattdessen durch seinen Leichtsinn immer mehr. Hennes Weisweilers einzig eklatanter Fehleinkauf ging nach nur einer Saison nach Frankreich zum AS St. Etienne. Jahre nach seinem Gladbacher Engagement wurde Durkovic unter dubiosen Umständen in der Schweiz erschossen.

★ *6.11.1938. 1966-67. 10 BL-Spiele, kein Tor. Jugoslawischer Nationalspieler. WM-Teilnehmer 1962, Fußball-Olympiasieger 1960.*

Düsseldorf. Ungeliebte Stadt in der Nachbarschaft. Und doch für die Borussia von entscheidender Bedeutung, weil sie (das aus den Annalen getilgte 7:1 über Inter Mailand einmal ausgenommen) ihre wirklich großen Siege nicht zu Hause, sondern auf Düsseldorfer Fußballplätzen feierte: 1960 den 3:2-Pokalsieg über Karlsruhe, 1973 das 2:1 im DFB-Pokalfinale gegen Köln, 1978 das Rekord-12:0 über Borussia Dortmund, 1979 den UEFA-Cup-Sieg über Belgrad, 1985 das 5:1 im UEFA-Cup über Real Madrid. Echte Lokalpatrioten hören so etwas nicht gerne. Aber es ist die Wahrheit und nichts als die Wahrheit…

E

Eberl, Max. Gilt als Reinkarnation des Berti Vogts. Der Außenverteidiger mit dem Dampframmen-Image galt zeitlebens nie als Freund des Balles, stets aber als Kämpfer mit Herz. Beim FC Bayern, in Bochum und selbst in Fürth kam er übers Reservistendasein nicht hinaus. Erst in Gladbach pflügt er die rechte Seite als unumstrittene Nummer 1.

★ *21.9.1973. 1998-2001. 15 BL-Spiele/kein Tor, 61 Zweitliga-Spiele/kein Tor.*

Ecke. Als Günter Netzer noch das Borussen-Trikot trug, vermochten Fans bisweilen noch die eine oder andere direkt verwandelte Ecke zu bejubeln. In Korea ließ es ein vermögender Fußballfreund angesichts solcher Kunststückchen nicht beim Applaus bewenden. Weil Netzer im Juni 1969 während eines Gladbacher Freundschafts-Spiels gegen Koreas Nationalteam die Kugel von der Eckfahne direkt ins Tor beförderte, stiftete der reiche Herr dem trefflichen Kicker flugs einen Pokal für besondere Leistungen.

Effenberg, Stefan. Die Reizfigur, die „Effe" seit jenem amerikanischen WM-Fingerzeig für die Bundesbürger war, gab er in jungen Jahren auch schon fürs Gladbacher Publikum: wasserstoffblond, pubertär frech, ungeheuer selbstbewusst. Das imponierte auch den Bayern: Sie kauften das größte Gladbacher Talent seit Mat-

thäus für vier Millionen Mark. Doch weder dort noch später in Florenz wurde der sperrige Hanseat richtig glücklich. Erst auf sündhaft teurer Leihbasis wieder in Gladbach gelandet, fand der von Bundesberti Vertriebene zur Galaform zurück. Als er der heimischen Friseurinnung sogar noch einen Tigerschnitt entlockte, war Effenberg unumschränkter Liebling von Mädchen, Massen und Medien. Nachdem er der Borussia am letzten Spieltag der Saison 1997/98 in Wolfsburg den Klassenerhalt gesichert hatte, wechselte der zeitweise mit 5,5 Millionen Mark pro Jahr entlohnte Gala-Kicker ein zweites Mal zu Bayern München.

★ *2.8.1968. 1987-90 und 1994-98. 191 BL-Spiele, 33 Tore. 1995 DFB-Pokalsieger. Deutscher Nationalspieler, 35 Länderspiele (kein Spiel für Borussia), 5 Tore. WM-Teilnehmer 1994, EM-Teilnehmer 1992.*

Eichin, Thomas. Der kleine Abwehrrecke aus dem Badischen ist ein besonderer Rekordspieler der Bundesliga: In seiner gesamten Erstligakarriere – in 180 Bundesliga-, 15 DFB-Pokal- und 3 Europapokal-Einsätzen – traf er nicht ein einziges Mal ins gegnerische Tor. Das hat ihm in 38 Bundesligajahren keiner nachgemacht! An seiner Schusstechnik zu feilen, wechselte er in der Winterpause 1994/95 auf Leihbasis in die zweite Liga zum 1. FC Nürnberg. Um dort gleich im zweiten Einsatz das zu schaffen, was ihm in über 15.000 Gladbacher Erstligaminuten nicht gelang: ein Tor zu schießen. Doch die Freude währte nur kurz. Das betreffende Spiel gegen Meppen und somit auch Eichins Volltreffer wurden annulliert – entgegen der seinerzeit geltenden Spielordnung hatte FCN-Coach Sebert vier statt der erlaubten drei Ausländer eingesetzt.

★ *9.10.1966. 1986-99, 180 BL-Spiele, kein Tor.*

Thomas Eichin gibt nicht auf.

Eicken. Mönchengladbacher Stadtteil, in dem am 17. November 1899 die Herren Beckers, Höfer, Jöres, Aretz, Parsch, Hennen, Jen-

Eigenmächtigkeit. „Ich kann und will die Arbeitsweise und Eigenmächtigkeiten von Herrn Rüssmann auf Dauer nicht mehr verantworten."
Präsident Karl-Heinz Drygalsky am 4. September anlässlich seines Rücktritts

nes, Wiegandt, Weigandt, Thieme sowie die Gebrüder Schmitz und Wimmer eine lose Spielgemeinschaft gründeten, der sie zwar keine Satzung und keinen Vorsitzenden, wohl aber den Namen „Borussia" verpassten.

Eigentore. Das erste Eigentor in Borussias Bundesligageschichte am 30. März 1966 war zwar ärgerlich, aber nicht entscheidend – beim 0:5 gegen den VfB Stuttgart unterlief es Walter Wimmer. Das kurioseste Eigentor erzielte am 9. November 1993 Joachim Stadler – im Pokalspiel gegen Kaiserslautern lupfte er den Ball gleich in der ersten Minute mit der Hacke über Uwe Kamps. Für das historischste Eigentor war Martin Schneider zuständig – er köpfte am 16. Oktober 1993 beim 1:3 im Münchner Olympiastadion das 500. Eigentor der Bundesligageschichte. Und die meisten Treffer ins eigene Tor stehen auf Michael Klinkerts Konto – in den zehn Erstligajahren zwischen 1989 und 1999 überlistete er insgesamt fünfmal seine eigenen Keeper.

Einwechslungen. Seit der Spielzeit 1967/68 erlaubt im deutschen Profifußball. Der erste Gladbacher, der in den Genuss dieser neuen Regelung kommen sollte, war Klaus Winkler. Am 26. August 1967, dem 2. Spieltag der neuen Saison, ersetzte er beim 1:1 gegen den VfB Stuttgart nach 62 Minuten Peter Dietrich.

Elfert, Gerhard. „Amigo", wie der filigrane Mittelfeldtechniker wegen einer entfernten Ähnlichkeit mit mexikanischen Muchachos gerufen wurde, hat Fußballgeschichte geschrieben: Er schoss am 14. August 1965 beim 1:1 in Neunkirchen das ➔ erste Bundesligator der Gladbacher.
★ *6.9.1942. 1965-67. 42 BL-Spiele, 4 Tore.*

Elfmeter. Den ersten in der Bundesliga versenkte Egon Milder – am 11. September 1965 beim 4:5 gegen Borussia Dortmund. Der erste Versemmelte geht auf das Konto von Günter Netzer – am 28. August 1965 beim 3:3 in Karlsruhe. Die schönsten schoss Harald Nickel – ohne Anlauf direkt aus dem Stand. Die meisten schoss Winfried Hannes – 30 Treffer bei 37 Versuchen. Die beste Quote aber hat Rainer Bonhof: zehn Schüsse, zehn Tore.

Elfmeterschießen. Disziplin, in der sich die Borussia traditionell dumm anstellt, weshalb Gladbach-Fans schärfstens für die „Golden Goal"-Regel oder besser noch für die Wiedereinführung des ➔ Losentscheids plädieren sollten. 1970

Eishockey. „So schnell, wie Borussia Fußball spielt, wird bei uns nur Eishockey gespielt."
Dynamo Kiews Trainer im April 1977 nach der Halbfinal-Niederlage gegen Gladbach im Europapokal der Landesmeister

Mal wieder Pech beim Elfmeterschießen: Matthäus jägt den Ball in die Wolken (1984).

verliert die Mannschaft im Europacup einen Elfmeter-Krimi gegen den FC Everton, weil Luggi Müller den Ball gegen den Torwart statt ins Netz schießt. 1984 verliert sie im DFB-Pokalfinale ein Elfmeterschießen gegen den FC Bayern, weil Lothar Matthäus den Ball in die Wolken semmelt. 1992 verliert sie erneut ein Endspiel im DFB-Pokal, weil Zweitligist Hannover 96 seine Strafstöße besser verwandeln kann. Und im Frühjahr 2001 verpassen die Gladbacher den neuerlichen Einzug ins deutsche Pokalfinale, weil Drittligist Union Berlin nach 120 unentschiedenen Minuten vier Elfer reindrischt, die Borussia aber nur zwei. Ein einziges Mal ging diese unsägliche Elferschießerei gut aus für die Jungs vom Niederrhein. Im 1992er-DFB-Pokal-Halbfinale war Borussia besser als Bayer Leverkusen. Zwar verwandelten nur zwei Borussen ihre Strafstöße – aber Torwart Uwe Kamps hielt alle ➔ vier des Gegners.

Elfmetertöter. Auch wenn die vier gehaltenen Strafstöße von Uwe Kamps im 92er-Pokalhalbfinale gegen Leverkusen für immer unvergessen sind – die Elfmetertöter unter Gladbachs Keepern waren andere. Uli Sude bekam während seiner Karriere 17 Elfmeter aufs Tor und parierte davon acht, Robert Enke war bei seinen Elfmeter-Duellen in der Saison 1998/99 viermal der Gewinner und fünfmal der Verlierer. Doch statistisch der allerbeste ist Thorsten Albustin. Den einen Elfmeter, den er bei seinen zwei Einsätzen aufs Tor bekam, hielt er prompt – am 8. Mai 1999 gegen Freiburg Zkitischwili.

Elvis. Dass der König des Rock'n'Roll nicht tot ist, konnten am Karnevalssamstag 2001 die Zuschauer auf dem voll besetzten Bökelberg live miterleben. Mit legendärer Tolle, überdimensionierter Sonnenbrille, weißem Glamouranzug und offener Hemdbrust stimmte der Heartbreak-Hotelier die

34.500 auf den Rängen auf das bevorstehende Duell gegen Alemannia Aachen ein. Das Spiel endete 6:1 – Stadioneinpeitscher Torsten „Knippi" Knippertz wird seinen Presley-Fummel jetzt wohl öfter anziehen müssen…

EM-Teilnehmer. Während sie das Gladbacher Trikot trugen, nahmen insgesamt elf Borussen an einer Europameisterschaft teil: Bonhof (1972, 1976), Bruns (1984), Danner (1976), Del Haye (1980), Heynckes (1972), Kleff (1972), Köppel (1972), Matthäus (1980, 1984), Netzer (1972), Vogts (1972, 1976) und Wimmer (1972, 1976).

Enke, Robert. Eigentlich hätte er auf der Reservebank noch eine Weile reifen sollen. Doch ein Kreuzbandriss des Konkurrenten Kamps katapultierte ihn zu Saisonbeginn 1998 überraschend zwischen die Pfosten. Der junge Mann aus Jena trug an Borussias Erstliga-Abstieg die geringste Schuld. Er spielte prima, parierte reihenweise Elfmeter, schnupperte von der Ersatzbank aus einmal Nationalmannschaftsluft und wurde nach nur 32 Profi-Spielen gleich von Portugals Renommier-Club Benfica Lissabon unter Vertrag genommen. ➔ Elfmetertöter

★ *24.8.1977. 1998-99. 32 BL-Spiele, kein Tor.*

Enschede. Die 150.000-Einwohner-Stadt in der niederländischen Provinz Oberijssel hat der Borussia dreimal Glück gebracht. 1973 zogen Netzer und Co. nach zwei Halbfinal-Siegen über den

Ente. „Leider ist er eine lahme Ente. Aber fußballerisch ist Stéphane ein Klassemann."
Trainer Hans Meyer im Februar 2001 über seinen Spieler Stéphane Stassin

holländischen Club ins UEFA-Cup-Finale gegen Liverpool ein. 1975 gewann Gladbach gegen Twente Enschede erstmals in der Vereinsgeschichte den UEFA-Pokal. Und fast 25 Jahre später wurde der Verein auf der Suche nach einem geeigneten Trainer ausgerechnet in Enschede fündig – von Twente zur Borussia wechselte am 7. September 1999 ein gewisser Hans Meyer…

Erdgas. Nachdem der Fußball seine Unschuld längst verloren und die Eintracht aus Braunschweig als erstes Profiteam bereits seit zwei Jahren einen mehr werbenden als röhrenden Hirschen auf der Trikotbrust hatte, war mit der Saison 1976/77 auch am Bökelberg die

Werbung für Erdgas: Winfried Schäfer 1977.

Zeit der jungfräulichen Leibchen vorbei. Während Hertha BSC kleingeistig für „Auto Meister“ Reklame lief, Rot-Weiß Essen den Zuschauern „Deichmann Schuhe“ empfahl oder der 1. FC Kaiserslautern einem „Campari“-Vollrausch das Wort redete, gaben sich die Gladbacher mit „Erdgas“ geradezu ökologisch. Mit Unterbrechungen blieben sie ihrem ersten Werbepartner elf Jahre treu. In späteren Jahren sollten die Borussen-Kicker dem Publikum Lust auf „Datsun“ (3 Jahre), „Tuborg“ (2 Jahre), „Trigema“ (2 Jahre), „Diebels“ (3 Jahre) und „Belinea“ bzw. „Maxdata“ (4 Jahre) machen.

Ersatzbank. Holz- bzw. Plastikgestühl am Spielfeldrand, auf dem Borussenprofis seit jeher nur höchst ungern Platz nehmen. Zu historischen Ehren kam ein solches Sitzmöbel eigentlich nur ein einziges Mal. Im 73er-Pokalfinale gegen den 1. FC Köln verließ der aufs harte Reservebänklein verbannte Günter Netzer kurz vor Beginn der Verlängerung sein unbequemes Plätzchen, wechselte sich ohne Rücksprache mit Trainer Weisweiler selbst ein, schoss nach drei Minuten das spielentscheidende 2:1 und verschwand danach wehenden Haupthaares zu Real ➔ Madrid.

Ernst. „Der Trainer ist wahrscheinlich der Einzige, der immer weiß, ob das nun ernst gemeint war, was er sagt, oder nicht.“
Marcel Ketelaer im Frühjahr 2000 über seinen damaligen Coach Hans Meyer

Erster Nationalspieler. Heinz ➔ Ditgens trug als erster Borusse das Trikot mit dem Adler: Am 4. August 1936 wurde ihm die zweifelhafte Ehre zuteil, beim 9:0-Sieg über Luxemburg sein Debüt in der Auswahlmannschaft Hitler-Deutschlands geben zu dürfen.

Erster Präsident. In den Annalen ist für das Jahr 1901 ein Herr Bertrams als 1. Vorsitzender eingetragen. Mehr als das ist nicht bekannt.

Erster Trainer. Bis zum Ende des 2. Weltkriegs kam die Borussia stets ohne Trainer aus. 1946 war es dann so weit: Die fortan in der Bezirksliga spielenden Gladbacher nahmen mit Hans Krätschmer, zuvor bei Eintracht Gelsenkirchen tätig, einen ersten offiziellen Übungsleiter unter Vertrag. Der Gute wurde, wie es in jener Zeit gang und gäbe war, im Wesentlichen mit Stoffrationen statt mit Geld für sein Engagement entlohnt.

Erster WM-Teilnehmer. Albert Brülls war Jahre vor Vogts, Netzer und Co. der erste Borusse, der die Atmosphäre einer Weltmeisterschaft schnuppern durfte. Unmittelbar vor seinem Wechsel nach Italien absolvierte er bei der WM 1962 in Chile vier Spiele gegen Italien, die Schweiz, Chile und Jugoslawien.

Erstes Bundesligaspiel. Am 14. August 1965 absolvierte die Borussia ihr erstes Spiel in der höchsten deutschen Spielklasse. Das Spiel bei Borussia Neunkir-

Europapokal 1970/71: Borussia scheitert am FC Everton, obwohl Kleff einen Elfer hält.

chen ging 1:1 aus, das Tor erzielte Gerd „Amigo" Elfert.

Erstes Europapokalspiel. Das erste Europapokalspiel der Vereinsgeschichte bestritt die Borussia als frisch gebackener deutscher Pokalsieger am 15. November 1960 in Düsseldorf gegen die Glasgow Rangers. Der 0:3-Niederlage folgte zwei Wochen später eine 0:8-Klatsche in Schottland.

Erstes Europapokaltor. Nach nur sechs Minuten schoss Herbert Laumen am 16. September 1970 in der Vorrunde des Landesmeister-Cups beim 6:0 gegen EPA Larnax aus Zypern das erste Europapokaltor der Gladbacher Vereinsgeschichte.

Europameister. In der siegreichen EM-Elf von 1972 standen mit Netzer, Wimmer und Heynckes drei aktuelle und mit Höttges und Erwin Kremers zudem zwei ehemalige Borussen. Die Siege 1980 und 1996 errangen die deutschen Mannschaften jeweils ohne direkte Gladbacher Beteiligung.

Europapokal der Landesmeister. Cupsieger wurde die Borussia nie, aber ihre Bilanz kann sich durchaus sehen lassen. Bei fünf Teilnahmen kam sie zweimal ins Achtelfinale (1970/71: FC Everton, 1971/72: Inter Mailand), einmal ins Viertelfinale (1975/76: Real Madrid), einmal ins Halbfinale (1977/78: FC Liverpool) und einmal ins Finale (1976/77: 1:3 gegen den FC Liverpool).

Europapokal der Pokalsieger. Nach ihren drei DFB-Pokalsiegen hat die Borussia auf internationaler Ebene nie den ganz großen Wurf geschafft. 1960/61 war gleich in der ersten Runde gegen die Glasgow Rangers Schluss. 1973/

74 war der AC Mailand im Halbfinale Endstation. Und 1995/96 scheiterte sie im Viertelfinale an Feyenoord Rotterdam.

Europas Fußballer des Jahres. Trotz Netzer, Vogts oder Heynckes – der einzige Borusse, der jemals diese hohe Auszeichnung erhielt, war ein Däne. Allan Simonsen sicherte sich den Titel, den europäische Sportjournalisten vergeben und der sich rein materiell in einem goldenen Ball ausdrückt, im Jahr 1977 als Nachfolger von Franz Beckenbauer und als Vorgänger von Kevin Keegan.

Europas Mannschaft des Jahres. Auszeichnung europäischer Sportjournalisten, die der Borussia 1975 nach dem Gewinn ihrer dritten Deutschen Meisterschaft und des UEFA-Pokals zuteil wurde.

Ewige Rangliste. Obwohl sie nur 34 der insgesamt 38 Spielzeiten der Fußball-Bundesliga mit von der Partie war, belegt die Borussia in der „ewigen Tabelle" einen stolzen 7. Rang unter insgesamt 48 Mannschaften. Von insgesamt 1.160 Spielen gewann sie 497, verlor sie 354 und spielte sie 309 unentschieden bei einem Gesamttorverhältnis von 2172:1707.

F

Fach, Holger. Der notorische Vereinswechsler war lange Leitwolf und Kapitän der Borussen-Mannschaft. Dann legte sich der Routinier mit Trainer Krauss und Präsident Drygalsky an – und landete, bös grollend, auf der Bank. Da saß er nach Effenbergs Rückkehr über Monate als 12. Mann und ging, nachdem er 1995 doch noch einen Titel gewonnen hatte, zum Liga-Konkurrenten nach Leverkusen. Mittlerweile ist er wieder bei der Borussia angekommen – erst als so genannter Talentscout, ab dem Sommer 2001 als Trainer der in der Oberliga kickenden Amateure.
★ *6.9.1962. 1991-95. 102 BL-Spiele, 15 Tore. Deutscher Nationalspieler, 5 Länderspiele (keines für Borussia), kein Tor. 1995 DFB-Pokalsieger.*

Fanbeauftragter. Um den Kontakt zwischen Fanprojekt, Fanclubs und Verein auf verlässliche Beine zu stellen, hat die Borussia noch unter der Ägide von Helmut Grashoff den Posten eines Fanbeauftragten geschaffen. Der gelernte Dachdecker Holger Spiecker, der diesen Job bereits seit 1990 ausübt, ist als Nachfolger des ersten Fanbeauftragten Theo Weiß Angestellter des Vereins.

Fanclubs. Dass sich Fußballfans zu ordentlichen Clubs organisierten, wurde in Deutschland erst in den Siebzigern regelrechte Mode. „VfL-Fan-Club ‚Die Fohlen'" hatten Manfred Schmidt, Rolf Brungsberg, Jürgen Roßdeutscher und Bernhard Ropertz im Jahr 1973 den ihren genannt – er gilt als der erste Borussia-Mönchengladbach-Fanclub der Republik und heißt fast 30 Jahre später „Borussia Fan-Club Wickrath". Inzwischen zählt man von Mecklenburg bis Niederbayern rund 370 Gladbach-Fanclubs – Tendenz steigend. Sie heißen doof „Trinkerfront 83 Immenhausen" (34376 Immenhausen), originell „Bökelsalz" (34286 Spangenberg/Elbersdorf) oder pathetisch „Love of my life" (55593 Rüdesheim). Sie sitzen in Hongkong („Rising Sun Fohlen") oder im Bundestag (➔ „Fette Henne"). Und sie bildeten 1970 mit den „Thüringer Borussenfreunden" aus Unterkölitz eine fußballerische Vertretung im zweiten deutschen Staat, als der Westen sich mit der Gründung von Fanclubs noch genau so schwer tat wie mit der Anerkennung der DDR-Grenzen.

Fanprojekt. Im Jahr 1983 gründeten organisierte Fohlenfreunde in der ganzen Republik einen neuen Dachverband – die „Interessengemeinschaft der Borussia Mönchengladbach-Fanclubs" (IG). Aus ihr entstand 1988 das „Fanprojekt

Meistens gut drauf und manchmal etwas unartig: die Borussia-Fans.

Mönchengladbach“, das am 4. Januar 1989 den Status eines eingetragenen Vereins erhielt. Inzwischen sind fast alle Gladbach-Fanclubs in Deutschland dem Fanprojekt angeschlossen. Das Fanprojekt chartert mit den Mitgliedsbeiträgen der einzelnen Clubs Busse zu Auswärtsspielen der Borussia, gibt die Zeitschrift ➔ „Nordkurve“ heraus und unterhält einen eigenen Laden am Eickener Markt.

Fernbedienung. Eigentlich ein der Bequemlichkeit dienendes Gerät zum Wechsel des Fernsehprogramms. Peter Nielsen jedoch kugelte sich bei der Bedienung selbigen Utensils während seines ersten Gladbach-Engagement derart unglücklich den Arm aus, dass die Mannschaft auf sein Mitwirken etliche Wochen verzichten musste.

Fernsehen. Wenn Borussia in den Siebzigern zu Europacup-Duellen antrat, waren die Straßen leer gefegt wie sonst nur bei Durbridge-Mehrteilern. Live-Übertragungen waren damals keine Massenware, sondern kostbare Güter. Umso ärgerlicher, dass ausgerechnet das so grandiose wie tragische 7:1 über Inter Mailand dem Fernsehvolk vorenthalten worden war. Die ARD hatte an jenem 20. Oktober 1971 60.000 Mark an Honorar geboten – Geschäftsführer Helmut Grashoff war im Prinzip einverstanden, wollte die Sendeanstalt aber noch zu einer zusätzlichen Zahlung der elfprozentigen Mehrwertsteuer von 6.600 Mark bewegen. Doch die ARD blieb hart – und der Bildschirm zum Ärger von Millionen Fußballfans endgültig dunkel.

Fertig. „Der ist fertig. Ich kann ihn nie mehr am Bökelberg bringen.“
Bernd Krauss über Joachim Stadler nach dessem sensationellen ➔ Eigentor 1994 im Pokalspiel gegen Kaiserslautern. Er machte seine Ankündigung dann glücklicherweise doch nicht wahr.

Fette Henne. Name eines 1996 gegründeten Borussia-Fanclubs, der aus zwölf Mitgliedern besteht – sämtlich Bundestagsabgeordnete oder deren Referenten und Mitarbeiter. „Fette Henne“ ist der einzige Fußball-Fanclub des ➔ Bundestages. Inoffizielles Ehrenmitglied ist Bundestagspräsident Wolfgang ➔ Thierse (SPD).

Film. „Katsche“ Schwarzenbeck, Franz Beckenbauer, Eric Cantona, Vinnie Jones – so mancher Kicker fühlte sich im Laufe der Jahre nicht nur zum Balltreten, sondern auch zum Schauspielern berufen. In Mönchengladbach waren derartige Talente nie sonderlich ausgeprägt. Allein Wolfgang Kleff war einmal auf Deutschlands Kinoleinwänden zu bewundern – 1985 im wunderlichen Waalkes-Lustspiel „Otto – Der Film“.

Finalniederlagen. Bei allen Siegen und Triumphen, auf die Borussia zurückzublicken weiß – auch im Verlieren von Endspielen hat der Verein seit jeher Qualitäten. Schon 1912 verlor die Borussia das Finale um die ➔ Westdeutsche

F

Meisterschaft gegen den Kölner BC mit 2:4. 1973 scheiterte sie in den UEFA-Cup-Finals mit 0:3 und 2:0 am FC Liverpool. 1977 unterlag sie im Endspiel des Europapokals der Landesmeister dem gleichen Gegner mit 1:3. Eine 0:1-Pleite gegen Eintracht Frankfurt gab es 1980 im Endspiel um den UEFA-Pokal. Und das Finale um den DFB-Pokal vergeigte die Borussia gleich zweimal. 1984 gegen den FC Bayern, 1992 gegen Hannover 96 – jeweils im Elfmeterschießen.

Fleer, Jürgen. Als Vogts-Nachfolger stand der kleine Verteidiger nach tollen Leistungen in Bundesliga und Europapokal kurz vor dem Sprung ins Nationalteam – dann riss ihn beim Spiel gegen Bremen im Januar 1982 eine Verletzung aus allen Träumen. Er kam, trotz diverser Comebackversuche, nie wieder richtig auf die Beine.
★ *26.2.1957. 1979-84. 67 BL-Spiele, kein Tor. UEFA-Cup-Sieger 1979.*

Fliegender Postbote. Spitzname des zeitweiligen Borussen-Stürmers Kurt ➔ Pinkall. Nachdem seine Leistungen im Gladbach-Dress auf das Niveau eines frühpensionierten Briefmarkenabschleckers gesunken waren, verweigerte die Vereinsführung kurzerhand die weitere Annahme. Pinkall trug seine Post fürderhin beim AC Beerschot, bei 1860 München und beim SC Lobberich aus.

Flops. Häufig hatten Borussias Verantwortliche bei der Verpflichtung neuer Spieler ein gutes Händchen, aber beileibe nicht immer. Als Flaschen statt Volltreffer erwiesen sich vor allem die so hoffnungsvoll begrüßten wie millionenschweren Herren Belanow (Ladendieb), Thorstvedt (Fliegenfänger), Willaarts (Stolperkönig), Huiberts (Stehgeiger), Mölby (Bruder) und Sternkopf (Sonnenstudio).

Fohlen-Echo. Seit mehr als 35 Jahren Titel der Stadionzeitschrift bei Borussia Mönchengladbach. Ist heute der Verein selbst für Produktion und Redaktion verantwortlich, so war es in den Anfängen des Blattes kein Geringerer als Günter Netzer. Der heiß begehrte Kicker hatte seinerzeit seinen Verbleib am Bökelberg davon abhängig gemacht, das lukrative Heft in Eigenregie erstellen und vertreiben zu dürfen. Die erste Ausgabe des „Fohlen-Echo“ erschien am 30. Oktober 1965 beim 1:0-Sieg über den VfB Stuttgart – das entscheidende Tor schoss übrigens Günter Netzer...

Fohlen-Elf. Begriff, den vor dem Bundesligaaufstieg 1965 Wilhelm August Hurtmanns, der damalige Sportredakteur der „Rheinischen Post“ in Mönchengladbach, prägte. Der Beiname, der sich schnell national wie international durchsetzte, bezog sich auf das extrem junge Durchschnittsalter der Weisweiler-Elf und auf ihre leichtfüßige wie ungestüme Art Fußball zu spielen. Als jüngste aller 98 Lizenz- und Vertragsspielermannschaften der damaligen Zeit war sie mit einem Durchschnittsalter von 21,5 Jahren Regionalligameister geworden. Borussia wäre sogar ei-

Die Fohlen-Elf von 1965. Hinten von links: Raßmanns, Rupp, Laumen, Waddey, Vogts, Orzessek, Krätschmer, Jansen, Funke, Wittmann; vorn: Wimmer, Lowin, Pöggeler, Heynckes, Ernst, Milder, Netzer, Trainer Weisweiler.

ne lupenreine Teenager-Mannschaft gewesen, hätten nicht Keeper Orzessek satte 31 und Verteidiger Jansen stolze 28 Jahre auf dem Buckel gehabt…

Fohlenstall. Eine Art besserer Jugendherberge, in der Borussia seit jeher all jene jungen Talente unterbringt, die von weit entfernten Vereinen an den Niederrhein geholt wurden, um dort später einmal Karriere zu machen. Die Jugendlichen wohnen dort, gehen vormittags zur Schule oder in die Lehre und nachmittags zum Training. Eine Haushaltshilfe sorgt dafür, dass es im Fohlenstall in hygienischer wie kulinarischer Hinsicht nicht so zugeht wie in so mancher Männer-WG…

Frauen I. Früher durften sie den Herren der Schöpfung allenfalls einen Fußballabend vor der Flimmerkiste mit Konfekt und Ültje-Kernen versüßen bzw. -salzen. Jahrzehnte später ist der Anteil des weiblichen Geschlechts unter den Borussenfans um mehrere Tausend Prozent gestiegen. 1991 gründete sich im niederrheinischen Nettetal gar der erste reine Damen-Fanclub der Borussia. Sein Name: „Charming Women '91".

Frauen II. Die Damen-Abteilung des FC Bayern ist zwischen 1972 und 1990 19-mal in Folge bayrischer Meister im Frauenfußball geworden. Eine Marke, über die man in Gladbach nur staunen kann. Die „Fohlinnen" haben es gerade mal bis zur dritthöchsten Spielklasse, der Verbandsliga, gebracht…

Freistoß. Spezialisten für diese Art des Kunstschusses gab es in Gladbach viele. Günter Netzer versuchte es stets auf die filigrane Art – seine häufig von Toren gekrönten

Frauen III. „Ob Norden, Süden, Osten, Westen: Beppos Frauen sind die besten!"
In der Halbzeitpause am Bökelberg über Jahre hinausposaunte Werbedurchsage des Nachtclubs „Harem" in Arsbeck.

Fremdsprache. „Unseren Sponsoren bringe ich jetzt eine neue Fremdsprache bei – Österreichisch!"
Ex-Profi Toni Polster über seine Aufgabe in Borussias Marketing-Abteilung, die Akquisition und Betreuung von Sponsoren beinhaltet.

Schnibbler und Schlenzer sind Legende. Erheblich rustikaler gingen seine Nachfolger zu Werke – Rainer Bonhof und Thomas Kastenmaier waren nicht minder erfolgreich, aber der weniger ansehnlichen Fraktion der Eisenfüße zugehörig. In der zweiten Liga erwies sich zur Überraschung aller Abwehrchef Sladan Asanin als bester Freistoßschütze.

Friedensliste. Links von der SPD beheimatete, stets der Nähe zur Deutschen Kommunistischen Partei (DKP) verdächtigte Partei, für die bei den nordrhein-westfälischen Landtagswahlen 1985 der ewige Linksaußen Ewald Lienen als Kandidat antrat. Der Autor dieses Buches sorgte sich seinerzeit darum, dass Lienen vor lauter Wahlkampf die UEFA-Cup-Qualifikation seines Clubs aus dem Auge verlieren könnte, und bot dem Kicker unter dem Motto „Fußball oder Frieden" per offenem Brief einen Deal an. Schaffe die Borussia den Sprung in den internationalen Wettbewerb und trage Lienen mit mindestens einem Tor dazu bei, wolle er im Gladbach-Trikot zur nächsten Friedensdemo gehen. Wenige Wochen später war die Borussia dank eines Lienen-Tors im UEFA-Cup gelandet, die Friedensliste am Einzug ins NRW-Landesparlament gescheitert – und ein Umzug gegen das atomare Wettrüsten um einen Mitkämpfer in schwarz-weiß-grüner Kluft reicher…

Frömmelei. Der Leverkusener Brasilianer Jorginho hatte als erster damit angefangen, sich noch auf dem Rasen nach jeder gelungenen Aktion zu bekreuzigen und den Allmächtigen um die Wunderheilung des rechten Syndesmosebands zu bitten. Auch an der Borussia ging derartige Frömmelei nicht spurlos vorüber. Erst gerierte sich Borussias Bomber Heiko Herrlich als oberster Bundesliga-Betbruder, zitierte das Johannes-Evangelium rauf und runter und wechselte dann Hals über Kopf nach Dortmund. Und dann verkündete auch noch ausgerechnet Borussias böser Bube Stefan Effenberg die frohe Botschaft. In der St.-Franziskus-Gemeinde im Gladbacher Stadtteil Geneicken gab er eines schönen Sonntags vor proppenvollen Kirchenbänken und surrenden Kameras einen veritablen Laienprediger.

Frontzeck, Michael. Der Sohn des berühmten Friedhelm Frontzeck, der 1960 zu Borussias Pokalsieger-Mannschaft gehört hatte, wurde von Jupp Heynckes entdeckt und gefördert. Als 19-Jähriger war der kraftvolle Außenverteidiger mit den präzisen Flanken Stammspieler, mit 20 Nationalspieler. Doch der Ruhm kam zu schnell und zu früh: Frontzeck fiel in tiefe Leistungslöcher. Er wurde zwar mit dem VfB Stuttgart 1992 Deutscher Meister und im selben Jahr Vize-

Europameister, wurde aber den Ruf eines Mitläufers nie mehr richtig los. Inzwischen macht er als Assistent von Cheftrainer Hans Meyer seinen ehemaligen Kollegen Beine. ★ *26.3.1964. 1983-89, 1995-96 und 1998-99. 213 BL-Spiele / 18 Tore, 25 Zweitliga-Spiele / kein Tor. Deutscher Nationalspieler, 19 Länderspiele (16 für Borussia) / kein Tor. EM-Teilnehmer 1992.*

Fünf. Fünf Tore in einem Spiel gelangen in 34 Bundesligajahren nur einem Borussen: Jupp Heynckes am 29. April 1978. Beim 12:0 über Borussia Dortmund, seinem letzten Auftritt im Gladbacher Dress, traf der Goalgetter zum 1:0 (1.), 2:0 (12.), 5:0 (32.), 7:0 (59.) und 10:0 (77.).

Fünfundvierzig. Günter Netzer lebte stets auf großem Fuß – auch wenn die oft kolportierte Schuhgröße 47 eher ins Reich der Legenden gehört. Seine wahre Schuhgröße war 45. Die Treter waren damit immer noch groß genug, um dem Ball den ganz besonderen Effet zu geben.

Fünfzehn. Mit weniger eingesetzten Spielern ist nie eine Mannschaft Deutscher Meister geworden. Der Borussia gelang es in der Saison 1970/71 – den Titel verteidigten die Herren Kleff, Vogts, Sieloff, Müller, Bleidick, Bonhof, Dietrich, Wimmer, Netzer, Heynckes, Köppel, Laumen, Le Fèvre, Wittmann und Wloka.

Fußballer des Jahres. Drei Borussen-Spieler wurden im Laufe der Jahre insgesamt viermal zu Deutschlands Fußballern des Jahres gewählt. Berti Vogts erhielt die Auszeichnung zweimal (1971 und 1979), je einmal ging sie an Uwe Rahn (1987) und Günter Netzer (1972). Der erhielt sie übrigens 1973 ein zweites Mal. Weil der erste Titelverteidiger der Bundesliga-Geschichte aber gerade zu Real Madrid gewechselt war, darf er in Borussias offizieller Statistik nicht auftauchen – obwohl er all die Spiele, für die ihn die Journaille mit dem begehrten Titel schmückte, als Borusse bestritten hatte...

Fußballgott. Zu Erstligazeiten einst dem Rumpelfüßler Joachim Stadler verliehen, schmückten die Fans nach dem Abstieg den Slowaken Igor Demo mit diesem Ehrentitel. Ein wenig Grund hatten sie sogar dafür: Der aus Eindhoven verpflichtete Mittelfeldmann verwandelte mit traumwandlerischer Sicherheit alle Elfmeter, die er sich zurechtgelegt hatte.

G

Netzer als Barkeeper in der „Lovers Lane“.

Gastronomie. Wer nichts wird, wird bekanntlich Wirt. Aber auch Fußballspieler versuchen sich in ihrer Freizeit gern als Hobbygastronomen. Günter Netzer gehörten zu seinen besten Zeiten die Gladbacher Etablissements „Lovers Lane“ und „La Lacque“. Martin Dahlin betrieb in Stockholm das Edelrestaurant „Sophie's“. Martin Schneider eröffnete kurz vor dem Pokalsieg 1995 in Kassel sein Restaurant „Limerick“. Sladan Asanin ist als Partner seines Freundes Salvatore in die Gladbacher Pizza-Schmiede „La Salernitana“ eingestiegen. Und Rudi Gores führt nach Beendigung seiner Trainer-Karriere die Gastronomie in der Gladbacher Kaiser-Friedrich-Halle.

Geburtstag. Als offizieller Geburtstag des Vereins wird allüberall der 1. August 1900 angegeben. Dabei hatte die eigentliche, allerdings inoffizielle Gründung des Clubs bereits am 17. November 1899 in der Gaststätte ➔ „Anton Schmitz“ stattgefunden. Ins ordentliche Vereinsregister wird die Borussia erst viel später eingetragen – am 23. März 1910.

Gelbsucht. Eine Krankheit, die im Laufe der Jahrzehnte vor allem zwei Profis heimsuchte. Zum einen Heiko Herrlich – eine Hepatitis forderte 1993 vom frisch aus Leverkusen transferierten Sturmtalent eine mehrmonatige Zwangspause. Zum anderen Steffen Korell – der aus Freiburg gekommene Abwehrrecke holte sich in der Zweitliga-Saison 2000/01 insgesamt 15 gelbe Karten ab, stellte Stefan Effenbergs vereinsinternen Rekord ein und verdiente sich damit den inoffiziellen Titel des schlimmsten Liga-Rüpels.

Gelsdorf, Jürgen. Vom 3. Oktober 1991 bis 6. November 1992 Trainer der Borussia und der katastrophalste Coach, der Gladbach je trainiert hat. Zwar verhinderte er den Abstieg des Teams, doch führte er dafür die am Niederrhein bis dato selten gepflegte Beton-Taktik ein. In 26 Spielen unter Gelsdorfs Regie kassierten die Borussen zwar nur 28 Treffer, schossen aber auch nur 26 Tore. Sein Fußball zum Abgewöhnen gipfelte im Pokalfinale 1992, das Borussia gegen den biederen Zweitligisten Hannover 96 nach torlosen 120 Minuten im Elfmeterschießen verlor.

Gerhards, Dr. Alfred. Langjähriger Mannschaftsarzt, später dritter Vorsitzender, Schatzmeister und neben den Herren Beyer und Grashoff unersetzlicher dritter Partner im Gladbacher Vorstands-Triumvirat. Als er im Herbst 1989, Borussia war zum ersten Mal in der Bundesligageschichte Tabellenletzter, das Sakrileg beging, erstmals in Gladbachs Historie eine vorzeitige Trainerentlassung zu fordern, zerbrach eine über 25 Jahre andauernde Männerfreundschaft. Dr. Alfred Gerhards starb am 29. Oktober 2000 im Alter von 80 Jahren.

Gewaltschuss. Ob Kastenmaier, Neun, Hannes, Bruns, Matthäus oder Borowka – die Borussia verfügte im Laufe der Jahrzehnte über genug Spieler, deren Schussgewalt eigentlich waffenscheinpflichtig gewesen wäre. Den härtesten Rumms indes hatte ohne Zweifel Rainer Bonhof. Legendär vor allem sein Freistoß, der im März 1978 im ersten Halbfinale des Europapokals der Landesmeister gegen den FC Liverpool das siegbringende 2:1 bedeutete. Aus 25 Metern Entfernung drosch Bonhof das Spielgerät in der 89. Minute so wuchtig aufs Tor, dass FC-Keeper Clemence vorsorglich den Kopf einzog, um größeren gesundheitlichen Schaden zu vermeiden. Liverpools Manager Paisley meinte hinterher: „Selbst eine solide Mauer wäre bei einem solchen Schuss kaputt gegangen."

Gores, Rudi. Der vermeintliche Heynckes-Nachfolger erwies sich als wenig treffsicher und nur bedingt dribbelstark. Immerhin: Er gehörte als Linksaußen zur siegreichen UEFA-Cup-Mannschaft von 1979.

★ *5.9.1957. 1978-80. 33 BL-Spiele, 3 Tore. 1979 UEFA-Cup-Sieger.*

Gott. An unserer Schule wurde in den frühen Siebzigern immer derselbe Witz erzählt, und der ging so: Overath, Beckenbauer und Netzer hocken zusammen und diskutieren, wer von ihnen denn der beste Fußballer der Welt sei. „Ich bin's", behauptet Overath, „das meint jedenfalls der Bundestrainer." „Ach, der Schön hat doch keine Ahnung", lächelt Beckenbauer und macht eine wegwerfende Handbewegung, „ich bin natürlich der Beste – Gott höchstpersönlich hat das heute Nacht im Traum zu mir gesagt." Da meldet sich Netzer zu Wort: „Entschuldigung, Franz – was soll ich gesagt haben?"

Grashoff, Helmut. Ohne den 1928 in Lübeck geborenen Hanseaten wäre die Borussia vermutlich für ewig der popelige Provinzclub vom Niederrhein geblieben. 1962 ließ er sich zum Vereinsvize wählen, 1966 übernahm er die Aufgaben eines Geschäftsführers, 1991 trat er als Manager ab. In diesen fast drei Jahrzehnten machte er dank seines nüchternen und soliden Stils die Borussia zu einem der wichtigsten Clubs Europas. Schulden kannte der Verein in diesen Tagen nicht – Grashoff gab keine Mark mehr aus, als er in der Kasse hatte. Als sich die Bundesliga zu Beginn der Neunziger endgültig zum Jahrmarkt der Eitelkeiten und

G

Borussias legendärer Manager: Helmut Grashoff.

zum Tummelplatz der Abzocker entwickelte, machte Grashoff Platz. Für ihn kam Rolf Rüssmann, der den Club radikal umstrukturierte und nach einem ordentlichen Zwischenhoch sportlich wie finanziell so richtig in die Krise ritt. Umso mehr ist Helmut Grashoff in Mönchengladbach unvergessen. Er starb kurz vor Ostern am 28. März 1997.

Grenze. Nur ein paar Kilometer hinter Mönchengladbach beginnt Holland. Was Wunder, dass bei solch räumlicher Nähe der kleine Grenzverkehr zum niederrheinischen Standard gehört. Aus den Niederlanden holte sich die Borussia neben Trainer Hans Meyer (Enschede) die Spieler Willaarts (Utrecht), Huiberts (Kerkrade), Lanzaat (Amsterdam), van Houdt (Kerkrade) und ter Avest (Enschede) – Arie van Lent als aus Fürth entführter Deutsch-Niederländer und Rainer Bonhof als später zum Germanen geadelter gebürtiger Holländer zählen mal nicht. Umgekehrt haben etliche Borussen nach dem Ende ihrer Gladbacher Zeit die Karriere in den Niederlanden weitergeführt bzw. ausklingen lassen – als da wären Arno Ernst (Fortuna Geleen), Lorenz Hilkes (VV Venlo, SC Volendam), Henning Jensen (Ajax Amsterdam), Heinz Lowin (VV Venlo), Norbert Ringels (VV Venlo), Uli Surau (NEC Nijmegen) oder Jörg Kaessmann (Roda Kerkrade).

H

Haare. Netzers Popstar-Mähne – geschenkt. Effenbergs Tiger-Rasur – vergessen. Petterssons Farbspiele – lächerlich. Frontzecks Vollglatze – nicht der Rede wert. Der wahre Volltreffer in puncto Frisur gelang Mitte der Siebziger Horst Köppel. Der mit ausgesprochen sparsamer Haarpracht ausgestattete Schwabe ließ sich von einem Kunsthaar-Unternehmen für reichlich Tantiemen zum öffentlichen Tragen eines Toupets überreden. In seinem ersten Match als Hippie, ausgerechnet gegen den FC Bayern, wollte ihm Spaßvogel Sepp Maier die neue Mähne vom Schädel reißen. Doch der geplante Diebstahl misslang – das Ding war nicht runterzukriegen. Erst Jahre später sollte „Woodstock-Horschtl“ wieder zu seinem eigentlichen Haarlos-Look stehen – die lockenfreie Pläte trägt er wie seinen Oberlippen-Schnauz heute noch.

Hagner, Matthias. Zu Frankfurter Zeiten Goalgetter, in Stuttgarter Tagen kurz vor der Nationalmannschaft – da schien die Borussia nach dem Klassenerhalt 1998 einen prima Fang gemacht zu haben. Doch der Hesse zeigte nur zur Saisoneröffnung gegen Schalke eine gute Leistung – und danach gar nichts mehr. Der hoch dotierte Fußballer wurde ein Jahr vor Ablauf seines Vertrages im Sommer 2001 fürs Sporteln auf dem heimischen Sofa bezahlt und wechselte anschließend ablösefrei zur SpVgg Greuther Fürth.
★ *15.8.1974. 1998-2001. 18 BL-Spiele / 2 Tore, 14 Zweitliga-Spiele / kein Tor.*

Hallenfußball. Nie die ganz große Stärke der Gladbacher. Seit in den frühen Siebzigern die Winterpause mit derartigem Schnickschnack überbrückt wird, gewann die Borussia gerade mal 16 Turniere zwischen Olden- und Magdeburg, zwischen Bauna- und Wuppertal. Immerhin viermal konnte sie sich für die Endrunde, das mittlerweile so genannte „DFB-Hallen-Masters“, qualifizieren. Im Jahr 2000 gewann sie dieses Turnier auch zum ersten Mal, hatte an dem Triumph jedoch nur wenig Freude. Weil Quido Lanzaat wenige Tage zuvor etwas zu ausgiebig an einem Hasch-Zigarettchen genascht hatte, nahm der DFB den Gladbachern den Titel ratzfatz wieder weg und schob ihn den im Finale unterlegenen Fürthern zu. ➔ Cannabis

Hall of Fame. In selbiger Ahnengalerie des Fußballs im Deutschen Sport- und Olympia-Museum Köln gibt's Gipsmodelle berühmter Fußballer-Füße zu bestaunen. Neben den 54er-Weltmeistern Fritz Walter, Ottmar Walter und Horst Eckel und den Lokalgrößen Wolfgang Overath und Hans Schäfer sind auch zwei Borussen in der Gips-Galerie vertreten: Berti Vogts und Günter Netzer.

Hannes, Wilfried. Das Sprichwort, dass der Einäugige unter den Blinden König sei, unterstrich Wilfried Hannes am 16. März 1977 mit Nachdruck. Der damals 19-Jährige, der aufgrund eines Unfalls nur über ein gesundes Auge verfügt, brachte die konfus agierende Borussia mit seinem Kopfball gegen Brügge ins Europapokal-Halbfinale. Tore schoss Wilfried, den jedoch alle „Winni“ statt „Willi“ riefen, weiterhin – doch wurde der gelernte Stürmer von Trainer Heynckes zum Libero umfunktioniert. Zu einem derart guten zudem, dass er unter Jupp Derwall zu acht Einsätzen im Nationaldress kam.

★ *17.5.1957. 1975-1986. 261 BL-Spiele, 58 Tore. 1976, 1977 Deutscher Meister, 1979 UEFA-Cup-Sieger. Deutscher Nationalspieler, 8 Länderspiele (8 für Borussia), kein Tor. WM-Teilnehmer 1982.*

Hattrick. Zum einen der Name einer leider längst wieder von uns gegangenen Fußball-Illustrierten aus dem Badischen, zum anderen die Bezeichnung für die Kunstfertigkeit eines Fußballers, binnen einer Halbzeit drei Tore hintereinander zu schießen. In Gladbach gelang dies als Erstem Herbert Laumen: Beim 5:1 über Hannover 96 am 30. September 1967 traf der Borussen-Stürmer mit geradezu mathematischer Präzision in der 3., 6. und 9. Minute.

Hausweiler, Markus. Einst von den eigenen Amateuren hochgerutscht, hat er im Laufe der Jahre das Image eines mannschaftsdienlichen, fleißigen Arbeiters erworben. In der ersten Liga unauffällig, in der zweiten Leistungsträger.

★ *15.4.1976. Seit 1995. 27 BL-Spiele / 3 Tore, 49 Zweitliga-Spiele / 1 Tor.*

Heimatvereine. Hätten dort nicht Berti Vogts, Herbert Wimmer oder Michael Klinkert erstmals in ihrem Leben vor den Ball getreten – wer hätte je von der Existenz solch menschlicher Ansiedlungen wie Büttgen, Brand oder Bous gehört? Der Heimatverein ist traditionell des Fußballspielers ganz große Liebe. Weshalb auch so mancher Borussen-Profi am Ende seiner Karriere noch einmal zu seinen Anfängen zurückkehrte – Luggi Müller etwa zum FC Haßfurt, Hartwig Bleidick zum Soester SV oder Peter Dietrich zur SpVgg Ingolstadt.

Heimbilanz. Zugegeben: Die Bayern, die Bremer oder die Lauterer haben sich im heimischen Stadion weniger häufig verprügeln lassen als die Borussia. Aber insgesamt kann sich die Bökelberg-Bilanz der Gladbacher schon sehen lassen. Von 580 Heimspielen, die sie in 34 Erstligajahren bestreiten durfte, gewann die Mannschaft 324, verlor genau 100 und einigte sich 156-mal auf ein Remis. Sie schoss dabei 1.330 Tore und kassierte 690 Treffer.

Herbstmeister. Ein offizieller Titel, auf den man stolz sein könnte, ist er zwar nicht. Aber dennoch: In 34 Bundesligajahren holte die Borussia viermal die bedeutungslose Herbstmeisterschaft (fünfmal hingegen den richtigen Titel).

Herrgott. „Wenn ich mir den Fußball von heute ansehe und den aus unserer Zeit, dann sind die Fußballer von heute doch Herrgötter.“
Albert Jansen, Kapitän von Borussias Aufstiegsmannschaft 1965

Herlovsen, Kai-Erik. Der norwegische Nationalspieler (29 Länderspiele) verlieh der Hintermannschaft durch seine Ruhe und seine Härte enorme Sicherheit. Eine schlimme Verletzung verhinderte eine längere Karriere.

★ *25.9.1959. 1982-86 und 1987-89. 118 BL-Spiele, 3 Tore. Norwegischer Nationalspieler, 1985 „Fußballer des Jahres“ in seiner Heimat.*

Herrlich, Heiko. Mitte der Neunziger neben Dahlin der Hoffnungsträger der neuen Borussia. Ungemein torgefährlich und kopfballstark, bekam er Ende 1994 eine erste Einladung zur Nationalmannschaft. Als er sich dann mit 20 Treffern in einer Saison sogar zum besten Angreifer der Liga mauserte, griff Branchenkrösus Dortmund zu. Gerichtlich erzwang der bekennende Christ seinen Wechsel zum frisch gebackenen Meister aus dem Revier und berief sich dabei erfolgreich auf eine angebliche mündliche Vereinbarung mit Manager Rüssmann. Der erste Wechsel

Herz. „Innerhalb der Bundesliga käme nur Mönchengladbach in Frage. Der Verein ist für mich eine Frage des Herzens.“
Stefan Effenberg im Februar 2001 auf die Frage, ob er am Ende seiner Karriere noch einmal den Club wechseln wolle.

innerhalb der Bundesliga mit einer Ablösesumme im zweistelligen Millionenbereich schwemmte der Borussia zwar jede Menge Kohle in die Kassen, markierte aber auch den Anfang vom Ende einer so hoffnungsvollen Gladbacher Mannschaft. In Dortmund gewann Herrlich die Sympathien der Fans, als er lebensgefährlich an einem Gehirntumor erkrankte und beherzt gegen diesen Schicksalsschlag kämpfte.

★ *3.12.1971. 1993-95. 55 BL-Spiele, 28 Tore. 1995 DFB-Pokalsieger. 1995 Bundesliga-Torschützenkönig. Deutscher Nationalspieler, 5 Länderspiele (3 für Borussia), ein Tor.*

Heynckes, Josef. „Jupp“ ist noch heute Legende: bester Borussenschütze aller Zeiten, hinter Gerd Müller und Klaus Fischer mit insgesamt 220 Treffern Dritter in der ewigen Torjägerliste der Bundesliga. Der gelernte Stukkateur war der perfekteste Stürmer, der je im Borussen-Dress aufgelaufen ist. Nach dem Karriereende schlug er die Trainerlaufbahn ein: Ein Jahr arbeitete ➔ „Osram“, wie ihn Wolfram Wuttke wegen seiner bei Erregung hochroten Gesichtsfarbe rief, als Assistent, acht Jahre als Cheftrainer bei Borussia, ohne einen Titel zu erringen. Danach wechselte er auf die Trainerbank nach Mün-

chen, Bilbao, Frankfurt, Teneriffa und Lissabon. Seinen größten Triumph als Coach feierte der iberophile Niederrheiner 1998 mit Real Madrid: Er führte die Spanier zum Sieg in der Champions League.

★ *9.5.1945. 1964-67 und 1970-78. 283 BL-Spiele, 195 Tore. 1971, 1975, 1976, 1977 Deutscher Meister, 1973 DFB-Pokalsieger, 1975 UEFA-Cup-Sieger. 1974 und 1975 Bundesliga-Torschützenkönig, Dt. Nationalspieler, 39 Länderspiele (38 für Borussia), 14 Tore. Weltmeister 1974, Europameister 1972.*

Heyne, Dirk. Der baumlange neunmalige DDR-Keeper wurde durch ein Spiel in München zum Volkshelden. In seinem ersten Spiel im Borussen-Trikot am 3. Oktober 1992 schlich er sich, als es in der 91. Minute 2:1 für die Bayern stand, mit vors gegnerische Tor. Nach einem Eckball nahm er das Leder volley aus der Luft und traf den Pfosten – den Abpraller bugsierte Max zum 2:2-Ausgleich ins Netz. Heyne musste seine Karriere 1994 verletzungsbedingt beenden. Bis zum Sommer 2001 arbeitete er als Torwart-, A-Jugend- oder Assistenztrainer in verschiedenen Funktionen bei der Borussia.

★ *10.10.1957. 1992-94. 24 BL-Spiele, kein Tor. DDR-Nationalspieler.*

Hochstätter, Christian. „Howie“ war über 15 Jahre stets einer der wichtigsten Spieler der Borussia. Als er Mitte der Achtziger als offensiver Mittelfeldmann Tore am Fließband schoss, durfte er gegen Brasilien und Argentinien zweimal das Nationaltrikot überstreifen. In späteren, verletzungsanfälligeren Jahren spielte der umgeschulte Libero den Abräumer vor der Viererkette – und machte das so gut wie kaum ein anderer in der Liga. Nach dem Karriereende ist der gebürtige Franke am Niederrhein geblieben. Der Borussia dient er in diesen Tagen überaus erfolgreich als Sportkoordinator – seit Sommer 2001 nennt man den gleichen Job ein wenig vornehmer Manager.

★ *19.10.1963. 1982-98. 339 BL-Spiele, 55 Tore. 1995 DFB-Pokalsieger. Deutscher Nationalspieler, 2 Länderspiele (2 für Borussia), kein Tor.*

Höchste Niederlage. Die schlimmsten Pleiten, daheim wie auswärts, stammen beide aus der Abstiegssaison 1998/99. Am Bökelberg gab's am 30. Oktober 1998 eine fürchterliche 2:8-Klatsche gegen Bayer Leverkusen, nur eine Woche später in Wolfsburg eine schlimme 1:7-Pleite. Dass die gastgebende Borussia in der Aufstiegssaison mal 0:7 gegen Bremen vergeigt hatte und 1986 mal bei den Bayern 0:6 unter die Räder gekommen war, zählt angesichts solch depremierender Ergebnisse schon gar nicht mehr.

Höchster Sieg. Für immer und ewig in den Annalen des deutschen Fußballs festgehalten: Das 12:0 über Borussia Dortmund vom 29. April 1978 ist bis heute das Rekordresultat der Bundesliga. Die Treffer teilten sich übrigens Heynckes (5), Nielsen (2), Del'Haye (2), Wimmer, Kulik und Lienen.

Hoersen, Thomas. Verteidiger mit großer Verletzungsanfälligkeit. Schaffte den dauerhaften Sprung in die Stammelf weder bei der Borussia noch später beim MSV Duisburg.
★ *11.1.1972. 1991-98. 58 BL-Spiele, kein Tor.*

Hoffmann, Guido. Eine kuriose Karriere: In Gladbach nur unter ferner liefen, feierte er später einen Erfolg nach dem anderen. Erstligaaufstieg mit Homburg, Meisterschaft mit Kaiserslautern, Pokalsieg mit Leverkusen. Erst später lernte er auch die Kehrseite der Medaille kennen und kämpfte mit Leipzig erfolglos gegen den Zweitligaabstieg.
★ *20.12.1965. 1985-88. 10 BL-Spiele, kein Tor.*

Hoffnung. „Die Hoffnung stirbt zuletzt, der Stolz nie!"
Slogan der leider erfolglosen Rettungskampagne „Borussia darf nicht absteigen" aus der Saison 1998/99.

Homepage. Dass es, wie die Fans zur Melodie von „Guantanamera" so gerne singen, nur eine Borussia gibt, das beweist das World Wide Web jeden Tag aufs Neue. Als sich die anderen Vereine noch fragten, was das Internet denn wohl genau sei, hatte sich Gladbach als erster Bundesligist bereits seine Domain gesichert. Die Namensvettern aus Dortmund, Fulda oder Neunkirchen gucken seither in die Röhre – wer nämlich die Internet-Adresse www.borussia.de in seinen Computer eingibt, kommt garantiert in Gladbach raus.

Hooligans. Auch in Gladbach nicht gänzlich unbekannte Anhänger einer kleinen Fan-Fraktion, die „Prügeleien" noch vor „Fußball" an oberster Stelle in der Hitparade ihrer Lieblingsbeschäftigungen stehen haben. Auch ein späterer Borussen-Spieler erwies sich zeitweilig als faustkämpfender Freund der Dritten Halbzeit: Sven Lintjens, zuletzt Regionalliga-Spieler in

Diensten der SG Wattenscheid 09, rempelte und raufte als Teenager mitunter derart rabiat mit, dass er einmal sogar seine überschüssigen Kräfte an den kahlen Wänden einer Gefängniszelle ablassen konnte.

Höttges, Horst-Dieter. Wo der vermeintliche Ur-Werderaner mit dem sprichwörtlichen „Eisenfuß“ seine Karriere einst begann, das wäre für eine dieser inflationär über uns hereinschwappenden TV-Quiz-Shows fürwahr eine prima Frage. Es war – warum stünde sowas sonst wohl hier? – natürlich der Bökelberg. Aus der eigenen Jugend kam der damals 19-Jährige 1963 in die frisch gegründete Regionalliga West, blieb eine Saison, wechselte nach Bremen und wurde dort als Jungspund prompt Deutscher Meister.

Hurtmanns, Wilhelm August. Sportredakteur der „Rheinischen Post“ und Schöpfer des Begriffs der ➔ „Fohlen-Elf“.

Höttges und Netzer fielen als Jung-Fohlen 1964 auch Bundestrainer Herberger auf.

Vor dem legendären 7:1 gegen Inter Mailand: Netzer und Mazzola tauschen die Wimpel.

Intellektuelle. Laut Fremdwörterduden Menschen „mit akademischer Ausbildung, die in geistig schöpferischer, kritischer Weise Themen problematisieren und sich mit ihnen auseinander setzen". Solcherart mit Intelligenz geschlagene Fußballfans hielten es dereinst, bevor sie in Scharen zum vermeintlichen Studentenclub aus Freiburg überliefen, vornehmlich mit der Borussia. Vor allem in Zeiten der Studentenrevolte wusste die Borussia massenweise Fans mit Abitur bzw. Hochschuldiplom auf ihrer Seite. Galt Netzer in diesen Kreisen doch als Ersatz-Dutschke und die gesamte Mannschaft als Fortführung der APO mit fußballerischen Mitteln.

Image. „Die Leute haben gesagt: Mein Gott, was haben die bloß immer für Pech. Das ist ein großer Teil unseres Images gewesen."
Ex-Manager Helmut Grashoff 1995

Inter Mailand. Seit jenem 20. Oktober 1971, als eine ➔ Büchse und ein ➔ Boninsegna Borussias glorreiches 7:1 Makulatur werden ließen, ist der italienische Traditionsclub der Gladbachfans bevorzugter Hassverein. Die bisher einzige Chance, Revanche für die unsportliche Schauspieleinlage Boninsegnas zu nehmen, nutzte Borussia weidlich aus. Im Herbst 1979 schmissen die Borussen Altobelli und Co. durch ein 3:2 in San Siro aus dem UEFA-Pokal. Besonders demütigend war Harald Nickels Tor zum zwischenzeitlichen 1:1 – der Borussenstürmer setzte den Ball fast von der Mittellinie direkt in den Winkel.

Internet. Spielwiese, auf der sich auch an der Borussia interessierte Computerfreunde tummeln. Neben der offiziellen ➔ Homepage www.borussia.de gibt es noch ein paar andere Seiten, die sich einmal anzusehen für den Hardcore-Fan durchaus lohnend sind.
Als da wären etwa:
www.borussia-forum.de
www.torfabrik.de
www.borussia-2000.de
www.borussia-world.de
www.seitenwahl.de
www.bmgfan.de
www.borussenfreunde.de
www.forzamg.de
www.stadionwelt.de.

J

Jacobs, Wilfried. Vom 1. Oktober 1997 an für zwei Jahre Präsident der Borussia. Der AOK-Mann feuerte zahlreiche Trainer und machte absurde Verträge, aber stets einen guten Eindruck. Ein genialer Selbstdarsteller wie sein Vorgänger Drygalsky. Mit einem Unterschied: Vom Fußball verstand er nicht allzu viel.

Jansen. Häufigster Name der Gladbacher Vereinsgeschichte. Mit Albert, Dieter, Günter und Heinz gab es zwischen 1952 und 1966 gleich vier Kicker dieses Nachnamens. Und mit dem SPD-Landtagsabgeordneten Hermann Jansen heutzutage noch einen Namens-Nachzügler im Aufsichtsrat des Clubs. ➔ Namensvettern

Jansen, Albert. Der Verteidiger hat in Gladbach mehr mitgemacht als alle anderen: Oberliga West, 2. Liga West, Regionalliga West, Aufstiegsrunde, Bundesliga, DFB-Pokal, Europapokal. Nach dem Aufstieg ins Oberhaus 1965 schrieb der Borussen-Kapitän sofort Geschichte: Gleich im ersten Bundesligaspiel der Gladbacher in Neunkirchen wurde der gelernte Kraftfahrer wegen wiederholten Handspiels vom Platz gestellt. ➔ Platzverweis
★ *3.11.1936. 1957-66. 30 BL-Spiele, kein Tor. 1960 DFB-Pokalsieger.*

Jensen, Henning. Als Le Fèvre-Nachfolger an den Bökelberg geholt, wurde der dänische Nationalstürmer schnell zum umjubelten Star. An Pokalsieg, UEFA-Cup-Erfolg und zwei Meisterschaften hatte der gelernte Steuerbeamte erheblichen Anteil. Beim Europacup-Spiel gegen Madrid gelang ihm ein Tor, das der Referee nicht anerkannte – wenige Monate später lockten ihn die beeindruckten Real-Verantwortlichen für viel Geld nach Spanien. Der iberischen Halbinsel ist er irgendwie treu geblieben – heute importiert Jensen berufsmäßig spanische Weine nach Dänemark.

★ *17.8.1949. 1972-76. 125 BL-Spiele, 44 Tore. 1975, 1976 Deutscher Meister, 1973 DFB-Pokalsieger, 1975 UEFA-Cup-Sieger. Dänischer Nationalspieler.*

Jordan, Dr. Adalbert. Stellte sich nach dem Abstieg der Borussia in die zweite Liga als Interimspräsident zur Verfügung, hat aber offenbar Spaß an der Sache gefunden. Seit seinem Amtsantritt im September 1999 führt er gemeinsam mit seinem Vize Rolf Königs und dem dritten Mann Siegfried Söllner den Verein auf unaufgeregte und zurückhaltende Art und Weise. Ein solcher Stil nutzt der Borussia mehr als eitle Selbstdarstellungen.

Joker. Gebräuchliche Bezeichnung für einen Spieler, der nach seiner Einwechslung ein Tor zu erzielen vermag. Als Meister dieser Disziplin erwies sich im Laufe der Jahre Hans-Jörg Criens – dem Langen gelangen als Joker neun Bundesliga-Tore. Es folgen mit weitem Abstand die Herren Hannes, Thiele, Fach, Salou, Pettersson und Juskowiak mit je vier Treffern.

Jubiläumstore. Statistiker, aufgemerkt! Das 1. Bundesligator der Vereinsgeschichte schoss Gerhard Elfert am 1. Spieltag der Saison 1965/66 beim 1:1 gegen Borussia Neunkirchen. Das 100. markierte Jupp Heynckes am 20. Spieltag der Saison 66/67 beim 4:2 über den HSV. Derselbe Spieler zeichnete am 2. Spieltag der Saison 72/73 beim 3:1-Sieg in Hamburg für das 500. Borussentor verantwortlich. Nummer 1.000 erzielte Ewald Lienen im März 1979 beim 1:1 bei Borussia Dortmund. Und auch das 5.000. Tor der Bundesligageschichte machte ein Borusse – es war Günter Netzer am 18. Januar 1969 zur 0:3-Führung beim 1. FC Köln (Endstand: 1:4).

Judas. An den biblischen Jesus-Verräter gemahnendes Schimpfwort für Lothar Matthäus. Die Borussenfans verzeihen dem einstigen Gladbacher bis heute nicht, dass er im 1984er-Pokalfinale gegen den FC Bayern beim Elfmeterschießen den Ball in die Wolken gesetzt hat. Sie haben allerdings auch allen Grund, sauer auf den „Loddar“ zu sein. Schließlich war besagte Partie seine letzte im Borussen-Dress – und der Gegner aus München zufällig

Ein Häuflein Elend – oder doch klammheimliche Freude? Lothar Matthäus, nachdem er seinem künftigen Arbeitgeber zum DFB-Pokal verholfen hatte.

Matthäus' kommender Arbeitgeber. Die Bayern zogen durch den Fehlschuss ihres künftigen Kickers in den Europapokal ein, Borussia durfte zugucken.

Jünter. Seit Ende 1999 am Bökelberg arbeitendes Maskottchen, das jeweils zu Heimspielen seine Fohlenmähne schüttelt und mit den Vorderhufen etwas ungelenk ins Publikum winkt.

Jurisic. Zumindest in den Annalen des Autors vornamenloser Verteidiger von Roter Stern Belgrad, dem die Borussia in nicht unerheblichem Maße den Gewinn des UEFA-Pokals 1979 verdankt. Im Hinspiel fabrizierte der Jugoslawe nach einer Stunde ein lupenreines Eigentor zum 1:1-Endstand, beim 1:0-Rückspiel in Düsseldorf führte sein harmloser Rempler an Allan Simonsen zum spielentscheidenden Elfmeter.

Juskowiak, Andrzej. In Lissabon und Piräus hatte er die Torchancen noch mit traumwandlerischer Sicherheit verwandelt. In Gladbach dagegen stellte er sich derart ungeschickt an, dass die Zuschauer schon bei seinem bloßen Anblick die Augen rollten und ihn als „polnische Flugente" verspotteten. Nach ein paar ansehnlichen und massenweise grauenhaften Partien wechselte der Mittelstürmer entnervt zum VfL Wolfsburg, um dort seinen Killerinstinkt aus portugiesischen und griechischen Tagen neu zu entdecken.
★ 3.11.1970. 1996-98. 52 BL-Spiele, 12 Tore.

K

K. Ganz offensichtlich der Lieblings-Buchstabe Gladbacher Torhüter. Die Keeper des Clubs hießen seit der Zweitliga-West-Saison 1949 nämlich Josef Köhnen, August Kirchhoff, Rudi Krätschmer, Wolfgang Kleff, Wolfgang Kneib, Uwe Kamps und Jörg Kaessmann. Zählt man den ohne Einsatz gebliebenen Reservisten Jacob Klingen mit dazu, sind es glatte acht. Und wenn wir schummeln und den ebenfalls mit keinem Punktspiel-Einsatz in der Statistik verzeichneten Ersatzmann Gregor Quasten am Wortanfang mit „Kw" schreiben, sind es sogar satte neun.

Kaiser, Werner. Großer Jubel: Seine Tore sorgten entscheidend mit dafür, dass Borussia 1970 erstmals Deutscher Meister wurde. Große Enttäuschung: Einen Stammplatz gab es dafür nicht. Frustriert wanderte der Bundesbahnangestellte weiter Richtung Südwest (Saarbrücken, Theley).
★ 29.8.1949. 1969-70. 10 BL-Spiele, 4 Tore. 1970 Deutscher Meister.

Kamps, Uwe. Niemals unumstritten – und doch annähernd 15 Jahre die Nummer 1 im Gladbacher Gehäuse. Manager Rüssmann wollte den Keeper zu Beginn der Saison 1994/95 ausmustern und durch Lauterns Ersatzkeeper Claus Reitmaier ersetzen. Der Deal kam nicht zustande, Mädchenschwarm Uwe Kamps hält seitdem besser als je zuvor. Größte Heldentat: Vier

gehaltene Elfmeter im 92er-Pokal-Halbfinale gegen Bayer Leverkusen. Die Niederlage im anschließenden Finale gegen Zweitligist Hannover 96 konnte er nicht verhindern. Ebenso wenig den Abstieg 1999 – ausgerechnet in der Saison, in der es mit Borussia so rapide bergab ging, musste er sich das Elend verletzungsbedingt vom Krankenbett oder der Tribüne aus ansehen. ➔ Rekordspieler, ➔ Bronze

★ *12.6.1964. Seit 1982. 389 BL-Spiele / kein Tor, 67 Zweitliga-Spiele / kein Tor. 1995 DFB-Pokalsieger. Olympiadritter 1988*

Karneval. Noch vor Weihnachten, Ostern und Kinderkommunion höchster Feiertag trinkfreudiger Niederrheiner, der auch an der Borussia nicht spurlos vorüberzugehen pflegt. Schon die Vorständler Grashoff und Gerhards hielten dereinst als Karnevalsprinzen für so manche Session das Narrenzepter in ihren Händen. Und wenn die Borussia rund um Rosenmontag spielt (und dann noch, wie Ende Februar 2001 geschehen, ausgerechnet gegen die so benachbarten wie verhassten Aachener 6:1 gewinnt), herrscht bei Polizei, Kneipiers und den Damen des horizontalen Gewerbes Alarmstufe Rot.

Kastenmaier, Thomas. Die Fans hassten und liebten ihn gleichzeitig: „Kaste“ brachte sie mit riskanten Aktionen in „Bruder-Leichtfuß“-Manier sowie mit feinen Flanken und tollen Freistößen so oder so zur Raserei. In München wurde er 1990 zwar Meister, aber erst in Gladbach wurde er zu einer wirklich großen Nummer. Der Mann mit dem gewaltigen Schuss musste seine Karriere aus Verletzungsgründen vorzeitig beenden. Der Borussia ist er erhalten geblieben – er trainiert, nicht ohne Erfolg, die B-Jugend.

★ *31.5.1966. 1990-97. 182 BL-Spiele, 40 Tore. 1995 DFB-Pokalsieger.*

Kaufhausdiebstahl. Während seine Landsleute 1990 vorwiegend von Perestroika und Glasnost schwärmten, priesen der sowjetische Borussenstar Igor ➔ Belanow und seine Gattin Irina die Segnungen des Kapitalismus. Doch weil sie sich im Konsumparadies Bundesrepublik weniger gut zurechtfanden als gedacht, gingen sie eines Nachmittags Einklaufen statt Einkaufen. Der Ladendiebstahl in einem Düsseldorfer Schicki-Tempel wurde entdeckt, öffentlich gemacht und von den Medien weidlich ausgeschlachtet. Die Langfinger-Affäre sollte in anderthalb Jahren Belanows spektakulärste Aktion bleiben.

Ketelaer, Marcel. Im Fußball-Oberhaus galt er noch als zweispältiges Talent: trickreich, aber überhastet. Erst in der zweiten Liga wurde er binnen weniger Wochen zur ganz großen Nummer. Als der sofortige Wiederaufstieg trotz einer imposanten Erfolgsserie missriet, ließ sich der letzte verbliebene Gladbacher Junge für die hanseatische Rekordablöse von 5,5 Millionen Mark zum HSV locken. Um am Ende nicht ganz ohne Ketelaer dazustehen, hat sich die Borussia erst einmal die Dienste von Marcels Bruder gesichert: Marco Ketelaer wird ab dem Sommer 2001 als Assistent des neuen Amateur-Coaches Holger Fach fungieren.
★ *3.11.1977. 1995-2000. 54 BL-Spiele / 1 Tor, 30 Zweitliga-Spiele / 10 Tore.*

Kiffer. „Ich möchte ein respektierter Fußballer sein und nicht mehr der Kiffer."
Doping-Sünder Quido Lanzaat ein Jahr nach dem fatalen Joint

Kilt. Nachdem die Borussia im November 1973 bei den Glasgow Rangers das Viertelfinale im Europapokal der Pokalsieger erreicht hatte, erschien Hennes Weisweiler zur Siegesfeier im Schottenrock. Prompt verpassten die Spieler ihrem Trainer einen neuen Namen: Sie nannten ihn fortan „Mc Hennes".

Kirchenglocken. Am 30. April 1970, einem lauen Donnerstag Abend, tanzte ganz Mönchengladbach ausgelassen in den Mai. Um 21.50 Uhr nämlich stand nach einem 4:3-Sieg über den HSV die Borussia erstmals in ihrer Geschichte als Deutscher Meister fest. Als Günter Netzer die „Salatschüssel" entgegennahm, läuteten die Glocken. Die Pfarrer der Eickener Kirchen hatten diese kollektive Glückwunsch-Bimmelei abgesprochen.

Klappstuhl. Beim 6:1 über den VfB Leipzig im März 1994 trat Thomas Kastenmaier einmal als Komiker in Erscheinung. Eine Verletzungsunterbrechung nämlich nutzte der zum Eckball bereitstehende Bajuware, um es sich auf einem Klappstuhl gemütlich zu machen und die Frühlingssonne zu genießen. Als die Partie weitergehen konnte, erhob sich „Kaste“ in aller Seelenruhe, ließ ausgeruht eine Flanke in den Strafraum segeln – und Klinkert köpfte prompt das vorentscheidende 2:0.

Kleff, Wolfgang. In der wirklich großen Zeit der Borussia stand er fast durchgängig im Tor. Doch viele Glanztaten, etliche Meisterschaften, der DFB-Pokalsieg, der Gewinn des UEFA-Cups vermochten ihm nicht zu einer internationalen Karriere zu verhelfen. Da war der Maier Sepp vor – Kleff musste sich mit sechs Einsätzen und einem Reservistendasein bei der WM 1974 begnügen. Dem Münchner ebenbürtig war der gelernte Industriekaufmann dagegen im Fach „Komiker“. ➔ Double, ➔ Film, ➔ Otto
★ *16.11.1946.1968-79 und 1980-82. 321 BL-Spiele, kein Tor. 1970, 1971, 1975, 1976, 1977 Deutscher Meister, 1973 DFB-Pokalsieger, 1975 UEFA-Cup-Sieger. 6 Länderspiele (6 für Borussia), kein Tor. Weltmeister 1974, Europameister 1972.*

Klinkert, Michael. Kopfballstarker Vorstopper, Vorbild an Einsatz, mannschaftsdienlicher Spieler – Michael Klinkert, im Jahr des Pokalsiegs ’95 Borussen-Kapitän, glich mangelnde Technik stets durch andere Tugenden aus. Erfolgreichster ➔ Eigentor-Schütze (fünf Treffer) und einer der originellsten Invaliden der Gladbacher Fußballhistorie: Beim Spiel in Dortmund wurde er von einem Kamps-Abschlag am Kopf getroffen und sank ohnmächtig zu Boden. Klinkert fiel wochenlang aus. Zum Ende seiner Karriere durfte er seinen Vertrag nur noch absitzen. Trainer Hans Meyer hatte für den alten Kämpen selbst in der zweiten Liga keine Verwendung mehr und schloss ihn sogar vom Mannschaftstraining aus.
★ *7.7.1968. 1989-2001. 274 BL-Spiele / 16 Tore, 7 Zweitliga-Spiele / 1 Tor. 1995 DFB-Pokalsieger.*

Klinkhammer, Hans. Der Gitarre spielende Außenverteidiger gehörte 1975 zur Enscheder UEFA-Cup-Mannschaft und in den drei Meisterjahren 1975 bis 1977 zur Stammformation.
★ *23.8.1953. 1973-80. 149 BL-Spiele, 2 Tore. 1975, 1976, 1977 Deutscher Meister, 1975 und 1979 UEFA-Cup-Sieger.*

Knast. Ungemütliche Zwangsheimat, mit der nach ihrer Zeit bei

Einer der wenigen, die zwischen den Rivalen Gladbach und Köln die Seiten wechselten: Toni Polster als Geißbock (mit Borussen-Mann Michael Klinkert).

der Borussia einige Spieler Bekanntschaft schließen durften. Uli Borowka verbrachte wegen familiärer Handgreiflichkeiten so manche Nacht hinter schwedischen Gardinen. Shmuel Rosenthal richtete sich dort sogar für länger ein – im Heiligen Jahr 2000 war der Israeli für längere Zeit im Hochsicherheitsgefängnis Nitsan im Städtchen Ramla bei Tel Aviv zu Hause.

Kneib, Wolfgang. Der gelernte Versicherungskaufmann wurde 1976 ins kalte Wasser geworfen – als Ersatzmann eingekauft, musste er von Anfang an den verletzten Kleff vertreten. Der Lange tat das glänzend, stand im 77er-Meisterteam, in der 77er-Final-Mannschaft gegen Liverpool, in der siegreichen UEFA-Cup-Elf 1979. Auch als betagter Herr hatte Kneib nichts von seiner Reaktionsstärke verloren. Bei Arminia Bielefeld stand er noch 41-jährig in der Amateur-Oberliga zwischen den Pfosten.

★ *20.11.1952. 1976-80. 112 BL-Spiele, kein Tor. 1977 Deutscher Meister, 1979 UEFA-Cup-Sieger.*

Kohn, Uli. Der vom Wuppertaler SV verpflichtete Mittelstürmer war der Jupp Heynckes der Vor-Bundesliga-Zeit. Er schoss zwischen 1959 und 1964 in 102 Oberliga-Begegnungen 49 Tore und in 32 Spielen der Regionalliga West gar 22. Als 1964 mit Weisweiler ein neuer Trainer kam und radikal auf Jugend setzte, machte der inzwischen 27-Jährige schnell die Fliege und schloss sich Regionalliga-Konkurrent Arminia Bielefeld an.

Köln. Ungeliebte Stadt in der Nachbarschaft, deren konkurrierender Fußballclub unter Gladbach-Fans gern als „Scheiße vom Dom“ besungen wird. Die beiden Clubs gelten seit jeher als Rivalen. Mit einem der beiden Vorläuferclubs der „Geißböcke“, dem Kölner BC, hatten sich die Borussen in grauer Vorzeit bereits um die ➔ Westdeutsche Meisterschaft duelliert – 1912 hatten die Kölner 4:2 gewonnen, 1920 die Borussen 3:1 obsiegt. Der ewige Zweikampf ging Jahrzehnte später in die nächsten Runden. 1960 gewann die Borussia das Finale um den Westdeutschen Fußballpokal mit 3:1, 1973 wurde die Borussia durch ein 2:1 über den FC DFB-Pokalsieger, 1978 gewann der FC durch ein um drei Treffer besseres Torverhältnis vor den Borussen die Meisterschale. Auch die Frage, ob Hennes Weisweiler denn nun eher als Gladbacher Held oder doch eher als Kölner Denkmal zu betrachten sei, lässt zwischen den Anhängern beider Clubs keine echte Freundschaft aufkommen. Gut nur, dass es in 38 Jahren Bundesliga gerade mal fünf Spielern gelungen ist, sowohl das Trikot mit dem Geißbock als auch das mit der Raute zu tragen – Bernd Rupp, Rainer Bonhof, Uwe Rahn, Schorsch Dreßen und Toni Polster.

Kontinuität. Zwischen 1965 und 1999 spielte die Borussia bis zu ihrem Abstieg 34 Jahre ununterbrochen im Fußball-Oberhaus. Ein Spitzenwert im deutschen Fußball – übertroffen nur durch die Serien vom Hamburger SV (38 Jahre: seit 1963 bis heute), dem FC Bayern (36 Jahre: seit 1965 bis heute) und dem 1. FC Köln (35 Jahre: 1963 – 1998).

Kopfball. Wiewohl Dahlin oder Mill, Criens oder Laumen genug Bälle mit der Stirn in des Gegners Tor beförderten – regelrechte Kopfball-Ungeheuer wie Horst Hrubesch oder Dieter Hoeness spielten nie am Bökelberg. Diesem Missstand wollte Trainer Heynckes im Sommer 1986 dadurch abhelfen, dass er von der Düsseldorfer Fortuna Günter ➔ Thiele verpflichtete. Der war schließlich ob seiner fußballerischen Vorlieben mit dem Spitznamen „Schädel" gesegnet, dessen Gültigkeit er in seinen drei Jahren am Bökelberg allerdings nicht unter Beweis zu stellen vermochte. Das vermeintliche Kopfball-Genie machte in 63 Bundesliga-Partien für die Borussia gerade mal 14 Tore – und nicht einmal die Hälfte davon per Kopf...

Kommunist. „Ich bin von Haus aus Kommunist, die sind immer arm."
Trainer Hans Meyer auf seiner ersten Pressekonferenz im September 1999 auf die Frage, ob ihn das Geld gereizt habe, einen Vertrag beim Zweitliga-Letzten zu unterschreiben.

K

Köppel, Horst. Das „Horschtle", zeitweise bekanntester Toupetträger Deutschlands, wechselte zu seiner großen Zeit, die ihm elf

Nationalmannschafts-Einsätze bescherte, ständig zwischen Stuttgart und Gladbach hin und her. Der begnadete Spieler erlebte alle fünf Meisterschaften und die beiden UEFA-Cup-Triumphe mit – nur beim Pokalsieg 1973 war er gerade außer Haus. Später wurde Köppel Trainer, u.a. als Beckenbauers Assistent beim DFB. ➔ Haare
★ *17.5.1948. 1968-71 und 1973-78. 184 BL-Spiele, 38 Tore. 1970, 1971, 1975, 1976, 1977 Deutscher Meister, 1975 und 1979 UEFA-Cup-Sieger. Deutscher Nationalspieler, 11 Länderspiele (4 für Borussia), 2 Tore. Europameister 1972.*

Korell, Steffen. Eigentlich ein eher unauffälliger Zeitgenosse, erwies sich der aus Freiburg gekommene Saarländer schnell als ungewöhnlicher Rekordler. In der Saison 2000/01 sah er stolze 15 Mal die gelbe Karte. Das hat ihm in der gesamten Liga niemand auch nur ansatzweise nachgemacht.
★ *27.10.1971. Seit 2000. 29 Zweitliga-Spiele / 1 Tor.*

Korzynietz, Bernd. Als Vertragsamateur aus Schweinfurt geholt, erwies er sich schon im ersten Zweitliga-Jahr als die große Entdeckung auf dem rechten Flügel. Darauf, dass er der nächste Nationalspieler der Borussia sein wird, werden heute schon Wetten angenommen.
★ *8.9.1979. Seit 1999. 56 Zweitliga-Spiele, 5 Tore.*

Köstner, Günter. Nach Netzers Weggang als Mittelfeldhoffnung geholt – aber das Rennen machten andere: Kulik, Danner, Wohlers. Welch guter Bundesligaspieler er dennoch war, stellte Köstner dann in Uerdingen und Bielefeld unter Beweis. Nach Beendigung seiner Laufbahn Trainer in Hof, Reutlingen, Freiburg, Kassel, bei den Stuttgarter Kickers, dem 1. FC Köln und der SpVgg Unterhaching.
★ *30.1.1952. 1973-75. 29 BL-Spiele, 3 Tore. Deutscher Meister 1975, UEFA-Cup-Sieger 1975*

Krauss, Bernd. Der Wechsel war stets das Markenzeichen des Bernd Krauss. Erst wechselte er den Verein innerhalb der Stadt: vom Dortmunder Vorortclub Schüren 10 zum BVB. Dann wechselte er das Land: von Deutschland nach Österreich. Danach wechselte er die Position: statt Außenstürmer wurde er Außenverteidiger. Anschließend wechselte er die Nationalität: Aus dem Deutschen wurde ein Österreicher. Später wurde er wieder Deutscher und Verteidiger bei der Borussia aus Mönchengladbach. Nach dem Karriereende wurde er Trainer am Bökelberg: Assistent un-

ter vom Bruch, Kurzzeit-Chefcoach für zwei Spiele, Assistent unter Gelsdorf, danach Langzeit-Chefcoach. Mit großen Erfolgen: Zweimal brachte er die Mannschaft in den UEFA-Cup, 1995 gewann er mit seinen Jungs das DFB-Pokalfinale. Doch die Glückssträhne währte nicht ewig – am 7. Dezember 1996 gab er nach langer Zeit der Erfolglosigkeit und einem tiefen Fall in den Tabellenkeller auf.
★ *8.5.1957. 1983-90. 167 BL-Spiele, 8 Tore. Österreichischer Nationalspieler, WM-Teilnehmer 1982.*

Kremers, Erwin. So wie er zu späteren königsblauen Zeiten über den linken Flügel huschte und ein Tor nach dem anderen markierte – so hätte man ihn auch in Gladbach gern gesehen. Weisweiler ließ den aus der eigenen Jugend stammenden Außenstürmer nebst Zwillingsbruder Helmut frühzeitig ziehen. Eine Fehlentscheidung, wie sich später herausstellte: Erwin wurde Nationalspieler, 1972 Europameister und versaute sich die Teilnahme an der 74er-WM nur durch eine rote Karte am letzten Bundesligaspieltag. ➔ Brüder, ➔ Zwillinge
★ *24.3.1949. 1967-69. 24 BL-Spiele, 1 Tor. Deutscher Nationalspieler, 15 Länderspiele (keines für Borussia), 3 Tore. Europameister 1972.*

Kremers, Helmut. So wie er zu späteren königsblauen Zeiten die linke Abwehrseite dichtmachte und ein Tor nach dem anderen markierte – so hätte man ihn auch in Gladbach gern gesehen. Doch als er wie sein Zwillingsbruder Erwin unter Weisweiler keine Perspektiven für sich sah, zog er davon, wurde später Nationalspieler und gehörte 1974 zum siegreichen WM-Aufgebot. ➔ Brüder, ➔ Zwillinge
★ *24.3.1949. 1967-69. 14 BL-Spiele, 1 Tor. Deutscher Nationalspieler, 8 Länderspiele (keines für Borussia), kein Tor. Weltmeister 1974.*

Kulik, Christian. Ob man's glaubt oder nicht: Der Gladbacher Spieler mit den meisten Europapokal-Einsätzen heißt nicht Vogts und nicht Heynckes, nicht Simonsen und nicht Kleff, sondern Christian Kulik. Er war über Jahre Borussias größte Konstante – und Borussias größter Pechvogel. Er war beim 5:1 über Twente Enschede verletzt, er war beim Skandalspiel in Madrid verletzt, und die Meister-Saison 1975/76 fand fast komplett ohne ihn statt. Dafür hatte Kulik großen Anteil am 1979er UEFA-Cup-Triumph. Und natürlich am Pokalsieg 1973: Wäre der gelernte Industriekaufmann nicht völlig ausgepumpt nach 90 Minuten runtergegangen, hätte Günter Netzer nie dieses sagenhafte Tor geschossen... ➔ Platzverweise
★ *6.12.1952. 1971-81. 220 BL-Spiele, 38 Tore. 1975, 1976, 1977 Deutscher Meister, 1973 DFB-Pokalsieger, 1975 und 1979 UEFA-Cup-Sieger.*

Kull. Nicht ausrottbare Bezeichnung alt eingesessener Gladbacher für das Bökelberg-Stadion. Der Slang-Ausdruck erinnert daran, dass das Gelände auf der Eickener Höhe, bevor die Borussia dort 1919 ihre Arena eröffnete, als Sandkuhle gedient hatte.

K

L

Länderspiele. Zwischen 1936 und dem Sommer 2001 haben die Herren Bleidick, Bonhof, Brülls, Bruns, Danner, Del'Haye, Dietrich, Ditgens, Frontzeck, Hannes, Herrlich, Heynckes, Hochstätter, Kleff, Köppel, Laumen, Matthäus, Meyer, Mill, Müller, Netzer, Nickel, Paßlack, Pflipsen, Rahn, Rupp, Sieloff, Stielike, Vogts und Wimmer als Mönchengladbacher Profis insgesamt 394 Länderspiele für die deutsche Fußballnationalmannschaft bestritten. Die 30 nationalen Kicker erzielten als Borussen bei ihren Einsätzen im Leibchen mit dem Adler zusammen 50 Tore.

Langner, Fritz. Trainer-Urgestein, das Westfalia Herne 1959 zum Westmeister und Spieler wie Tilkowski, Benthaus oder Pyka zu Nationalspielern geschliffen hatte. Der „Feldwebel" genannte Schlesier nahm zwischen 1962 und 1964 als Gladbacher Coach seine Spieler so hart ran, dass sie bei den nach dem Training angesetzten Theoriestunden reihenweise ermattet einzuschlafen pflegten. Nach einer Oberliga- und einer Regionalliga-Saison übergab Langner seinen Job an Hennes Weisweiler, nicht ohne zuvor die jungen Milder, Pöggeler, Höttges und Netzer in die erste Elf integriert zu haben.

Lanzaat, Quido. In der Talentschule von Ajax Amsterdam schien der junge Defensivler nicht nur das Kicken, sondern auch das Kiffen gelernt zu haben. Sein silvestriger Haschisch-Genuss brachte Borussia im Jahr 2000 um den Titel eines Hallenmasters-Siegers. Und ihm selbst wegen Dopings eine mehrmonatige Sperre ein. Die Zeit des zwangsweisen Relaxens scheint ihm allerdings gut getan zu haben. Wann immer Hans Meyer ihn in der Folgezeit brachte, konnte er sich auf ihn verlassen. ➔ Cannabis, ➔ Hallenfußball

★ *3.9.1979. Seit 2000. 10 Zweitliga-Spiele, kein Tor.*

Langsam. „Den kenn ich, der ist zu langsam."
Cheftrainer Wolf Werner Ende der Achtziger ablehnend über einen jungen Amateur, der einem Wechsel an den Bökelberg nicht abgeneigt gewesen wäre. Sein Name: Christian Ziege...

Lattek, Udo. Als Nachfolger des nach Barcelona entschwundenen Hennes Weisweiler vier Jahre lang Trainer der Borussia. Zwar holte der einst beim großen Rivalen aus München beschäftigte Ostpreuße weitere zwei Deutsche Meisterschaften (1976,1977) und

einen UEFA-Cup (1979) an den Niederrhein. Doch den herzerfrischenden Offensiv-Fußball seines Vorgängers gewöhnte der dem Sicherheitsdenken verhaftete Pragmatiker der Mannschaft recht schnell ab. Die Quittung waren 1977 ein trübes Europacup-Finale gegen den FC Liverpool (1:3), 1978 ein abermaliges Europapokal-Scheitern an den schier übermächtigen Briten und 1979 ein tiefer Fall in Richtung Abstieg, der erst kurz vor Saisonende vermieden werden konnte. Latteks Verpflichtung war perspektivisch der Anfang vom Ende der großen Borussia.

Lattek des Ostens. „Ich bin der Lattek des Ostens." Das soll – glaubt man einschlägigen Medien – Trainer Hans Meyer unmittelbar nach Dienstantritt am Bökelberg auf die Journalistenfrage, wer er denn überhaupt sei, geantwortet haben. Was nicht stimmt – seine Originalantwort lautete: „In der ehemaligen DDR hatte ich einen Namen wie im Westen Udo Lattek."

Laumen, Herbert. Zweitbester Borussen-Torschütze seit dem Bundesligaaufstieg. Der gelernte Buchdrucker entstammte der eigenen Jugend, die 1962 Westdeutscher Meister war. Acht Jahre später war er Deutscher Meister und zweifacher Nationalstürmer. Des lieben Geldes willen ging er nach der zweiten Meisterschaft auf Wanderschaft (Bremen, Kaiserslautern, Metz), nicht ohne zuvor mit rüder Gewalt einen Torpfosten umgeknickt und damit ein neues Kapitel der deutschen Fußballgeschichte aufgeschlagen zu haben. → Pfostenbruch

★ *11.8.1943. 1962-71. 186 BL-Spiele, 97 Tore. 1970, 1971 Deutscher Meister. Deutscher Nationalspieler, 2 Länderspiele (2 für Borussia), 1 Tor.*

Lederhosen. Kleidungsstück, das dem bajuwarischen Erzrivalen auszuziehen das Bökelberg-Publikum unter Absingung der „Yellow Submarine"-Melodie die Borussia seit Jahrzehnten immer wieder bittet. Oft allerdings vergeblich: In 34 Bundesliga-Heimspielen gegen die Bayern gelangen der Borussia gerade einmal 15 Siege. In 34 Gastspielen im Bayernland war es sogar nur ein einziger – das 2:1 am 14. Oktober 1995. → Bayern München

Le Fèvre, Ulrik. Erster Skandinavien-Import Hennes Weisweilers – und gleich der erste Volltreffer. Der dänische Nationalstürmer war ein Linksaußen mit starkem rechten Fuß und dem Riecher für entschei-

dende Tore – die erste der beiden Meisterschaften, die er mit Gladbach einfuhr, geht nicht zuletzt auf sein Konto. Le Fèvre, dessen Kunstschuss gegen Schalke 04 1971 zum ersten ➔ „Tor des Jahres“ der „Sportschau“-Geschichte gewählt wurde, wechselte nach drei Jahren Deutschland zum FC Brügge.
★ *25.6.1946. 1969-72. 90 BL-Spiele, 21 Tore. 1970, 1971 Deutscher Meister. Dänischer Nationalspieler.*

Ligapokal. Gescheiterter Versuch des DFB, in Deutschland nach englischem Vorbild einen zweiten Pokalwettbewerb zu etablieren. Nach nur einer Auflage in der Saison 1972/73 wurde das Ding gleich wieder eingestampft. Die Borussia erreichte seinerzeit immerhin das Finale dieses Unikums, verlor aber beim gastgebenden Hamburger SV am 6. Juni 1973 sang- und klanglos mit 0:4.

Lienen, Ewald. Linksaußen in jeder Beziehung: Der Mann mit der langen Matte und dem Zappa-Bärtchen war als Dribbelkönig mindestens so berühmt wie als Polit-Aktivist. Gegen Berufsverbote machte er sich stark, verbrachte seinen Urlaub mit behinderten Kindern,

kandidierte bei der NRW-Landtagswahl 1985 für die ➔ „Friedensliste“. Dem Fußball ist Lienen nach dem Karriereende verbunden geblieben – nacheinander war er mit großem Erfolg Trainer beim MSV Duisburg, Hansa Rostock und dem 1. FC Köln.
★ *28.11.1953. 1977-81 und 1983-87. 244 BL-Spiele, 36 Tore.*

Liquidiert. „Ich habe ihn liquidiert. Wenn er etwas will, soll er sich vorher seinen Ausweis anhängen, damit seine Mutter ihn nicht nur an der Blutgruppe erkennt.“
Toni Polster zu seiner Kölner Zeit über eine heftige Rangelei mit Jörg ➔ Neun

Literatur. Dass ein Phänomen wie die Borussia auch in der Literatur Niederschlag findet, versteht sich fast von selbst. Ror Wolf erlaubt uns in „Die heiße Luft der Spiele“ Einblicke in Herbert Wimmers Leidenschaften. Ludwig Harig und Dieter Kühn betitelten ihr fußballerisches Standardwerk gleich „Netzer kam aus der Tiefe des Raumes“. Und Jakob Arjouni beginnt seinen Roman „Ein Mann, ein Mord“ mit der Auflistung einer Gladbacher Mannschaftsaufstellung für ein Spiel im Himmel: „Kleff, Hannes, Vogts, Frontzeck, Stielike, Bonhof, Simonsen, Netzer, Heynckes, Jensen, Laumen“.

Live. Live-Übertragungen von Europacup-Spielen oder Partien der deutschen Nationalmannschaft gab's im deutschen Fernsehen schon immer, Live-Übertragungen von Bundesliga-Spielen bis 1984 nie. Dann jedoch war es soweit: Das Heimspiel der Borussia gegen den FC Bayern sollte die erste Bundesligapartie der Fernsehgeschichte sein, die es direkt und ohne Zeitverzögerung in der Glotze zu bestaunen gab. Die Gladbacher legten sich entsprechend ins Zeug und gewannen nach Toren von Mill, Frontzeck und Borowka mit 3:2. ➔ Nebel

FC Liverpool. Der britische Traditionsclub ist mit Borussia seit langem freundschaftlich verbunden – allen Demütigungen zum Trotz. Dreimal nämlich trafen die Engländer und die Gladbacher im Europapokal aufeinander, dreimal zog die Borussia den Kürzeren. 1973 in den Finals des UEFA-Cups, 1977 im Endspiel des Europapokals der Landesmeister, 1978 im Halbfinale des Landesmeister-Cups. Selbst in Freundschaftsspielen hat's für die Borussia nie zum Sieg gereicht – am 1. August 1979 ging ein erstes Testspiel mit 2:4, am 29. Juli 1994 ein zweites mit 0:1 verloren.

Lokalderby. Jahrelang spielten die Lokalrivalen in einer Klasse. Bis sich in den Fünfzigern und Sechzigern die Wege trennten – die Borussia nahm via Regionalliga Kurs aufs Oberhaus, der Rheydter SV stieg via Oberliga in die zweite Liga West ab. Lokalderbys in der Vitusstadt spielen sich seither nur noch auf freundschaftlicher Ebene ab. Das bisher letzte Aufeinandertreffen der ungleichen Brüder ging am 25. Mai 1999 2:1 für die gerade aus der Bundesliga abgestiegene Borussia gegen die inzwischen viertklassigen Rheydter aus.

Losentscheid. Das Viertelfinale im Pokalwettbewerb des Westdeutschen Fußballverbandes (WFV) war 1960 ein Krimi allererster Güte. Am 14. Juni traf die Borussia daheim auf den Oberliga-Konkurrenten Alemannia Aachen – nach Verlängerung stand es 3:3. So musste ein Wiederholungsspiel her – aber am 30. Juli endete auch die Partie in Aachen trotz Verlängerung 3:3. Da das Elfmeterschießen noch nicht erfunden war, musste das Glück über Sieger und Verlierer entscheiden. Schiedsrichter Schuhbrink aus Wuppertal beschrieb nach insgesamt 241 gespielten Minuten ein Stückchen Papier mit

Nur dank des Losentscheids konnte Borussia 1960 an der Endrunde des DFB-Pokals teilnehmen – und holte den Pott. Herausragende Spieler im Finale: Borussen-Stürmer Brülls und KSC-Spielmacher Szymaniak.

dem Wörtchen „Sieger“ und fügte diesem Glückslos eine leere Niete hinzu. Gladbachs Kapitän Brülls zog zum Ensetzen der Aachener Zuschauer den „Sieger“-Zettel. Ein Glücksgriff mit ungeahnten Ausmaßen: Borussia ließ sich fortan nicht mehr stoppen. Im WFV-Halbfinale schlug sie den BVB, im WFV-Finale den 1. FC Köln, im anschließenden DFB-Pokal-Halbfinale den Hamburger SV und im DFB-Pokal-Endspiel den Karlsruher SC. Wozu ein Zettelchen mit sechs Buchstaben doch führen kann…

Lovers Lane. Legendärer Tanzschuppen in Gladbachs Waldhausener Straße. Die „Gasse der Liebenden“, die später schnöde „Double 5“ hieß, war Anfang der Siebziger von Hobby-Kneipier Günter Netzer als Vorzeige-Etablissement gegründet worden, wo er die Stones spielen, Drinks mixen und seine blonde Mähne schütteln konnte. ➔ Gastronomie

Lowin, Heinz. Lowin, längst verstorben inzwischen, gehörte zur Stammformation in der Regionalliga und der Aufstiegsrunde. In der Bundesliga fand er sich plötzlich nur noch als 12. Mann wieder – die Borussia hatte für die Abwehr Vogts und Wittmann eingekauft…
★ *25.12.1938. 1962-67. 39 BL-Spiele, kein Tor.*

Lupescu, Ioan. Schon in Leverkusen ist der elegante Techniker den Fans durch seine Pomadigkeit auf die Nerven gegangen. In Gladbach, wo er zumindest seine Elfer sicher verwandelte, war es nicht viel anders. Als er nach zwei Jahren Gladbach zurück nach Rumänien ging, hat es niemanden so recht gekratzt.
★ *9.12.1968. 1996-98. 44 BL-Spiele, 7 Tore. Rumänischer Nationalspieler. WM-Teilnehmer 1990, 1994, EM-Teilnehmer 1996, 2000.*

M

Madrid, Real. Spanischer Spitzenclub, der unter Borussenfans verachtet wird wie sonst nur noch ➔ Inter Mailand. Das liegt zum ersten an der Tatsache, dass die angeblich Königlichen den Gladbachern mit Netzer, Stielike und Jensen zwischen 1973 und 1977 gleich dreimal die jeweiligen Spitzenkräfte wegkauften. Zum zweiten an jenem Skandalspiel vom 17. März 1976, als Borussia im Europapokal-Viertelfinale in Madrid von Schiedsrichter ➔ van der Kroft zwei lupenreine Tore nicht anerkannt bekam und aus dem Wettbewerb ausscheiden musste. Und zum dritten an jenem UEFA-Cup-Duell aus dem Jahr 1985, als Borussia das Hinspiel mit 5:1 gewonnen hatte und im Rückspiel vor 100.000 Zuschauern in der 90. Minute das entscheidende 0:4 kassierte, was den „worst case“ bedeutete: das nicht mehr für möglich gehaltene Ausscheiden aus dem Wettbewerb.

Mannschaft des Jahres. Zweimal wurde die Borussia von Deutschlands Sportjournalisten zur Mannschaft des Jahres gewählt: 1971 und 1975.

Manolo der Trommler, hier mit Hans-Jörg Criens.

Manolo. „Künstlername" des berühmt-berüchtigten Trommlers Ethem Özeremler, der seit 1978 bei Heimspielen auf dem Zaun vor der Nordkurve, bei Auswärtsspielen irgendwo anders hockt und mit türkischer Leichtigkeit derart drauflos drischt, dass er mit seinem Gedröhn regelmäßig ins Fernsehen kommt. Die Fans wissen die Schrittmacherdienste ihres Einpeitschers nach anfänglichem Unmut inzwischen zu schätzen. Nur dass der Gute trotz iberisch anmutenden Spitznamens (den er vom legendären Trommler des FC Valencia übernommen hat) kein Spanier ist, das wissen die meisten immer noch nicht.

Matchstrafe. Mit der Saison 1991/92 wurde im deutschen Fußball die gelb-rote Karte eingeführt, die den mit dieser Farbkombination bedachten Spieler dazu nötigt, zur Strafe für sein Vergehen die laufende Partie und zudem die nächstfolgende von außen verfolgen zu müssen. Erster Gelb-Rot-Sünder der Gladbacher Vereinsgeschichte war Manfred Stefes – den heutigen Co-Trainer erwischte es am 28. September 1991 bei der 2:4-Niederlage in Kaiserslautern.

Matthäus, Lothar. Jupp Heynckes hat sich mit Talenten oft vertan – bei „Lodda" hat er indes genau richtig gelegen. Der Jugendnationalspieler – zunächst mehr Wachhund, später Regisseur – wurde zum Shootingstar und gehörte bereits 1980 zum siegreichen EM-Aufgebot. Just als die Gladbacher wieder ganz groß zu werden drohten und sich Matthäus zur Leitfigur aufschwang, kauften ihn die Bayern weg – für die damalige Rekordmarke von 2,27 Millionen Mark. Matthäus verabschiedete sich unpassend vom Bökelberg: Zwei verschossene Elfmeter gegen Frankfurt und seinen künftigen Club kosteten die Borussen Meisterschaft und Pokalsieg. Die Fans empfingen ihn darob bei jedem Auftritt in Gladbach mit hämischen ➔ „Judas"-Rufen.

★ *21.3.1961. 1979-84, 162 BL-Spiele, 36 Tore. Deutscher Nationalspieler, 150 Länderspiele (26 für Borussia), 23 Tore. Weltmeister 1990, Europameister 1980. WM-Teilnehmer 1982, 1986, 1990, 1994, 1998. EM-Teilnehmer 1984, 1988, 2000. 1990 Deutschlands Fußballer des Jahres. 1990 Europas Fußballer des Jahres. 1990, 1991 Weltfußballer des Jahres. 1990 Weltsportler des Jahres.*

Max, Martin. Ex-Borusse Jürgen Wittkamp vermittelte den in Polen geborenen Stürmer einst an den Bökelberg. Ähnliche Erfolge wie sein Mentor hatte er in Gladbach nicht zu verzeichnen, weshalb er nach Jahren als Reservist entnervt den Niederrhein verließ. Im Schalker Trikot blühte er regelrecht auf, in dem von 1860 München wurde er im Jahr 2000 sogar Torschützenkönig der Bundesliga.
★ *7.8.1968. 1989-95. 142 BL-Spiele, 22 Tore. 1995 DFB-Pokalsieger.*

Meier, Norbert. Als die Abstiegsnöte am größten waren, holten sich die Borussen den erfahrenen Bremer Nationalspieler als Motor fürs Mittelfeld. Ohne groß zu glänzen, sorgte Meier für die nötige Ruhe – das Klassenziel wurde erreicht. Nach Beendigung seiner Karriere wurde Meier als Trainer in Gladbach eingebunden. Erst coachte er die A-Jugend, vom 1. Dezember 1997 bis zum 31. März 1998 als Bongartz-Nachfolger und Rausch-Vorgänger die Profimannschaft, danach die Oberliga-Amateure. Im Sommer 2001 hat er, auf der Suche nach Höherem, den Verein Richtung Leverkusen verlassen.
★ *20.9.1958. 1989-92. 50 BL-Spiele, 2 Tore. Deutscher Nationalspieler, 16 Länderspiele (keines für Borussia), 2 Tore. EM-Teilnehmer 1984.*

Meisterschaft. Meisterschaften hat die Borussia im Laufe ihrer über 100-jährigen Geschichte so einige geholt: 1909 wird der Verein Meister der B-Klasse, 1912 Meister der A-Klasse, 1920 Westdeutscher Meister, 1929 Rheinbezirksmeister, zwischen 1939 und 1946 mehrmals Meister der Bezirksklasse, 1947 Meister der Bezirksliga, 1952 Meister der 2. Liga West, 1965 Meister der Regionalliga West. Berühmt allerdings wurde die Borussia durch ihre fünf Deutschen Meisterschaften 1970, 1971, 1975, 1976 und 1977. Zwei weitere Deutsche Meisterschaften hat die Mannschaft knapp verpasst: Sowohl 1978 als auch 1984 scheiterte sie nur auf Grund des schlechteren ➔ Torverhältnisses

Die dritte Meisterschaft 1975, gefeiert von Bonhof, Weisweiler und Del'Haye (v. l.).

gegenüber den punktgleichen Kölnern bzw. Stuttgartern am großen Ziel.

Merchandising. Früher strickte, webte oder nähte Mutter noch selbst, wenn der Filius einen Schal, eine Pudelmütze oder ein Trikot der Borussia haben wollte. Heutzutage übernimmt solch hausfrauliche Aufgaben Borussias Merchandising-Abteilung. Die lassen – immer schön mit der Borussen-Raute drauf – produzieren, was immer des Anhängers Herz begehrt: Videos und Wollsocken, Armbanduhren und Aschenbecher, Krawatten und Kondome. Letztere sinnvollerweise unter dem Motto: „Wir stehen auf Borussia!"

Meyer, Hans. Der Sachse übernahm die Borussia am 7. September 1999 auf ihrem sportlichen Tiefpunkt: Wochen zuvor erstmals aus der Bundesliga abgestiegen, stand die Mannschaft nun auch noch ohne jeden Punkt auf dem letzten Rang in Liga 2. Als er Monate später aus einer spielerisch und gedanklich trägen Elf wieder ein Team mit Perspektive geformt hatte, machte in Gladbach schon das Wort vom „besten Trainer seit Weisweiler" die Runde. Meyer, der einst den FC Carl Zeiss Jena zu drei DDR-Pokalsiegen und 1981 sogar ins Finale um den Europapokal der Pokalsieger geführt hatte, verpasste im Jahr 2000 nach toller Aufholjagd die sofortige Rückkehr in die Bundesliga nur um Haaresbreite,

holte das Versäumte aber im Sommer 2001 nach. Er war damit der erste Trainer aus Deutschlands Osten, der mit einem Westteam den Aufstieg in die Bundesliga schaffte. Der für seine bärbeißig-ironisch-philosophischen Sprüche von den Fans geliebte und von den Reportern gefürchtete Übungsleiter hat bereits angekündigt, sich nach der Saison 2001/02 ausschließlich seiner Familie und seinen Blumen widmen zu wollen. Wie auch immer er heißen mag: Als Nachfolger des vielleicht originellsten Gladbacher Trainers aller Zeiten wird jeder Neue einen verdammt schweren Stand haben.

Meyer, Peter. Welch eine Quote! 19 Spiele, 19 Tore – eine 100%ige Torausbeute! Eine schwere Verletzung machte weitere Rekordversuche unmöglich. Ein Länderspiel und diesen sagenhaften Rekord auf dem Buckel, wurde „Pitter“ 30-jährig Sportinvalide.
★ *18.2.1940. 1967-70. 19 BL-Spiele, 19 Tore. Deutscher Nationalspieler, 1 Länderspiel (1 für Borussia), kein Tor. 1970 Deutscher Meister.*

Milder, Egon. Milder, ein spielender Libero, kämpfte sich mit der Borussia durch die Regionalliga, schoss ein entscheidendes Tor in der Aufstiegsrunde, avancierte in der Bundesliga zum sicheren Elfmeterschützen – und wechselte nach all den Mühen ausgerechnet in dem Jahr in die Schweiz, an dessen Ende Borussia erstmals Meister werden sollte…
★ *22.4.1942. 1963-69. 123 BL-Spiele, 11 Tore.*

Mill, Frank. „Fränkie“, bei den Fans ungemein beliebt, war ein Mittelstürmer par excellence: dribbelstark, kopfballstark, schussstark. Und nickelig dazu. Ein Titel blieb dem einstigen Zweitliga-Torschützenkönig (1981 40 Tore für Rot-Weiß Essen) in Gladbach versagt – er schaffte es allenfalls 1984 ins Endspiel um den DFB-Pokal und in die Nationalmannschaft. In Dortmund hatte er mehr Glück: Er wurde in dieser Zeit Pokalsieger (1989), Olympiadritter in Seoul (1988) und gehörte 1988 bzw. 1990 zum EM- bzw. WM-Aufgebot Franz Beckenbauers.

★ *23.7.1958. 1981-86. 153 BL-Spiele, 71 Tore. Deutscher Nationalspieler, 17 Länderspiele (9 für Borussia), kein Tor. Weltmeister 1990. EM-Teilnehmer 1988.*

Mitglieder. Ja, natürlich: Der FC Bayern hat über 80.000 Mitglieder und ist mit Abstand der mitgliederstärkste Sportverein Deutschlands. Aber mit 6.800 Mitgliedern, wie sie die Borussia vorzuweisen hat, muss man sich beileibe nicht verstecken: Der VfL Bochum hat gerade mal 4.800, Werder Bremen 3.000, der SC Freiburg 2.200, Hansa Rostock 1.600 und Energie Cottbus 700 zahlende Mitglieder. Noch Fragen?

Mittelstürmer. Mit Herren, deren vornehmste Aufgabe darin bestand, den Ball ins Tor des Gegners zu befördern, war die Borussia seit Oberligazeiten stets gut bestückt. Kohn, Brungs, Heynckes, Laumen, Rupp, Mill, Criens, Dahlin, Herrlich, van Lent – jede Ära hatte ihren Goalgetter. Nur die Quote, an der sich Rekordschützen messen lassen müssen, sank im Laufe der Jahrzehnte rapide. Jupp Heynckes hatte es 1974 als treffsicherster Borusse noch auf 30 Tore in der 1. Liga gebracht – 2001 reichten Arie van Lent 14 Treffer zum Gewinn der vereinsinternen Torjägerkanone.

Mode. Während sie ihrer Arbeit nachgehen, sehen Fußballspieler zugegebenermaßen ganz schön blöd aus: Hemdchen mit Werbeaufdruck, kurze Hosen, Kniestrümpfe. Was Wunder, dass so mancher Borussen-Profi außerhalb des Rasenvierecks ein gesteigertes Interesse an einem gepflegten Erscheinungsbild an den Tag legt. Manager Christian Hochstätter gab, als er noch Lizenzspieler bei der Borussia war, zu diesem Zweck in Mönchengladbachs Innenstadt einem Laden für exquisite Herren-Oberbekleidung seinen Namen. Martin Dahlin ließ, als es sportlich mit ihm rapide bergab ging, eine eigene Kollektion sündhaft teurer Herrenmode entwerfen und sie in 300 Boutiquen in ganz Skandinavien verbreiten. Und die Jungs der Meistermannschaft von 1970 verdingten sich nach dem Titelgewinn komplett als Dressmen: Für das Strumpf-Unternehmen „Hudson" posierten die elf Trikot tragenden Kicker seinerzeit ohne Schuhe, aber mit elf verschiedenfarbigen Socken an den Füßen.

Mönchengladbach. Der Name von Borussias Heimatstadt war im Laufe der Jahrzehnte stets orthografischen Veränderungen unterworfen. Obwohl der Stadtname „Mönchen-Gladbach" 1683 das erste Mal auftaucht, lautet die offizielle Bezeichnung der Stadt bis 1888 schlicht und einfach „Gladbach". Um jedoch eine Verwechslung mit Bergisch-Gladbach zu verhindern, wird die inzwischen kreisfrei gewordene Stadt danach

M

„München-Gladbach“ genannt und „M. Gladbach“ geschrieben. Diese Schreibweise hat bis 1960 Bestand, wenngleich die Sprechweise bereits 1951 in „Mönchen Gladbach“ geändert wurde, um die Stadt von dem Verdacht zu befreien, lediglich ein Stadtteil Münchens zu sein. 1960 dann, rechtzeitig zum Pokalsieg der Borussia und ihrem kurz darauf folgenden Husarenritt an die Spitze des deutschen Fußballs, gleichen sich Schreib- und Sprechweise endgültig an – die Stadt am Niederrhein heißt nun offiziell „Mönchengladbach“.

Montagsspiele. Erfindung des Deutschen Sportfernsehens (➔ DSF) und Hassobjekt all jener Fußballfans, die nicht nur von der zweiten Liga, sondern auch von der Zerstückelung des Spieltags die Nase voll haben. Gladbach-Fans wurden von Tino Polster, Frank Buschmann und anderen zweitklassigen Reportern besonders gebeutelt – allein in der Saison 2000/2001 musste die Borussia auf Geheiß der TV-Herren neunmal montags ran.

Müller, Ludwig. „Luggi“, sechsmal in die Nationalelf berufen, stopfte die Lücken in der Borussen-Abwehr – prompt wurde Gladbach zweimal Meister. Einen ähnlich knorrigen Vorstopper hat die Borussia seither nicht mehr gehabt. Sein Abschied aus Gladbach war wenig schön: Im nach dem legendären Dosenwurf anberaumten Wiederholungsspiel in Berlin brach ➔ Boninsegna dem gelernten Textilkaufmann kurz vor dem Ende Schien- und Wadenbein. Müller besitzt heute ein Modegeschäft im fränkischen Haßfurt.

★ 25.8.1941. 1969-72. 81 BL-Spiele, 6 Tore. 1970, 1971 Deutscher Meister. Deutscher Nationalspieler, 6 Länderspiele (1 für Borussia), kein Tor.

Mythos. „Ein Mythos gibt sich die Ehre“ hatten Gladbachfans auf überdimensionale Transparente geschrieben, als die Borussia als frisch gebackener Erstliga-Absteiger in Chemnitz oder Fürth statt bei den Bayern oder beim BVB anzutreten hatte. Nachdem allerdings die ersten vier Zweitligaspiele restlos verloren gingen, waren die von leichter Überheblichkeit zeugenden Spruchbänder in fremden Stadien nicht mehr zu sehen…

N

Namensvettern. Die Borussia liebt es als Provinzverein bekanntlich familiär. Im Laufe der Jahrzehnte spielten für den Verein Brüderpaare (Kremers), Vater & Sohn (Frontzeck), Onkel & Neffe (Brülls/Winkler). Zudem stößt man in den Archiven auf zahlreiche Namensvettern, die jedoch in keinerlei verwandtschaftlicher Beziehung zueinander standen. Da gab es Torwart Volker und Mittelfeldler Dietmar Danner, Abwehrrecke Walter und Dauerrenner Herbert Wimmer, den Dänen Carsten und den Dänen Peter Nielsen. Da gab es Morten und Per Pedersen, Horst und Wolfram Wuttke, Herbert und Karlheinz Pflipsen. Und zwischen 1952 und 1966 gleich vier Kicker namens Jansen: Albert, Dieter, Günter und Heinz. Am 22. Februar 1959 sorgten drei von ihnen für ein Unikum im deutschen Fußball: Im Oberligaduell gegen den SV Sodingen standen gleichzeitig drei Jansens in Borussen-Leibchen auf dem Platz. Genutzt hat diese Verwirrung übrigens nichts – Jansen I, Jansen II, Jansen III und die restlichen VIII verloren beim Tabellenvorletzten mit 0:1…

Nationalspieler. ➔ Länderspiele

Nationaltrainer. Nachdem das Gladbacher Duo Vogts/Bonhof den deutschen Fußball als nationales Trainer-Tandem schon auf den Hund gebracht hatte, beschloss der DFB, es nach dessen Abdankung 1998 erneut mit einem Duett ehemaliger Borussen zu versuchen. Der einstige Weisweiler-Assistent Ribbeck gab fortan den Teamchef, der einstige Mittelfeldstar Stielike den Ballaufpumper. Nach der EM-Pleite aus dem Jahr 2000 hat sich das DFB-Präsidium gerüchteweise geschworen, von Trainern mit Gladbacher Vergangenheit einstweilen die Finger zu lassen…

Nebel. Als Borussia 1984 im UEFA-Pokal beim polnischen Vertreter Widzew Lodz anzutreten hatte, blamierte sie sich gleich auf zweierlei Weise. Erstens flog sie nach einer 0:1-Niederlage achtkantig aus dem Wettbewerb. Und zweitens flog sie nicht wieder nach Hause – dichter Nebel machte jeden Luftverkehr unmöglich. Statt einfach einen Bus zu chartern, saß die Borussen-Delegation zwei Tage in Polen fest und wartete auf besseres Wetter. Die Konsequenz: Das für das kommende Wochenende angesetzte Heimspiel gegen die Bayern musste zur Erheiterung der ganzen Liga verschoben werden. Im Nachhinein stellte sich dies Unglück allerdings als Glück heraus. Das Nachholspiel gegen die Münchner wurde auf diese Weise zur ersten Bundesliga-Live-Übertragung in der Geschichte des deutschen Fernsehens. Borussia gewann dies historische Duell mit 3:2. ➔ Live

Neonazis. Rechtsradikale Fans machten auch der Borussia im Laufe der Jahre immer wieder zu schaffen. Verein und Fanprojekt allerdings taten sich zuweilen schwer damit, sich im Umgang mit Anhängern aus dem rechten Spektrum vernünftig zu positionieren. 1991 etwa beschloss der Vorstand des Fanprojekts, einen von politischen Fans erstellten Aufkleber „Gladbach-Fans gegen Rechts!“ nicht mehr am Infostand zu vertreiben. Und als die gesamte Bundesliga im Dezember 1993 zu einem „Aktionstag gegen Rassismus“ aufrief und an einem Spieltag sämtliche Mannschaften ihre üblichen Trikot-Werbebotschaften gegen den Slogan „Mein Freund ist Ausländer“ auf den Hemden eintauschten, stellte sich ausgerechnet Gladbachs damaliger Trikotsponsor „Trigema“ lange Zeit quer. Dass Manager Rüssmann für eine derart verstockte Haltung auch noch verständnisvolle Worte fand, missfiel Amtskollegen wie Anhängern gleichermaßen.

Netzer, Günter. „Rebell am Ball“, „Fußballgott“, „Bester Fußballer aller Zeiten“, „Blonder Engel mit dem schwarzen Schuh“: Muss man mehr Worte machen um Gladbachs Größten? Das sagenhafte 7:1 über Inter Mailand, das 2:1 im Pokalfinale gegen den 1. FC Köln wären ohne den langen Blonden mit den großen Füßen nicht möglich gewesen. Netzer war der erste Popstar der damals noch ausgesprochen biederen Kickerzunft und erregte mit langen Haaren, exotischer Freundin und Sportwagen einiges Aufsehen. Dass er Deutschland verließ und als erster Bundesligaprofi (und als erster für eine Ablöse jenseits der Millionengrenze) zu Real Madrid ging (und dort

prompt zweimal Meister wurde), passte ins Bild des eigenwilligen Individualisten. Diese Eigenschaft brachte ihn um einige Triumphe im Nationaldress. Trotz seiner genialen Regie beim EM-Gewinn 1972 bootete ihn Beckenbauer bei der WM '74 aus: Er bevorzugte den Kölner Overath als gefügigen Mittelfeldakteur. Nach seinem Karriereende war Netzer Manager des HSV, Co-Kommentator der längst entschlafenen RTL-Fußballsendung „Anpfiff“ und zuletzt als öffentlich-rechtlicher Experte mit NDR-Moderator Gerhard Delling derart erfolgreich, dass man ihn sogar mit dem renommierten Adolf-Grimme-Fernsehpreis ausgezeichnet hat.

★ *14.9.1944. 1963-73. 230 BL-Spiele, 82 Tore. 1970, 1971 Deutscher Meister, 1973 DFB-Pokalsieger. Deutscher Nationalspieler, 37 Länderspiele (31 für Borussia), 6 Tore. Weltmeister 1974, Europameister 1972. 1972, 1973 Fußballer des Jahres.*

Neun, Jörg. Mitunter schien es so, als spiele der Defensivler an der linken Außenseite, was er eigentlich gelernt hat: Metzger. In späteren Jahren wurde Neun jedoch einer der faireren Abwehrspieler der Liga – und einer der konstanteren dazu. Seinen Abgang zum MSV Duisburg hat die Mannschaft bis heute nicht richtig verkraftet – die linke Abwehrseite gilt als notorischer Schwachpunkt der Borussia.

★ *7.5.1966. 1987-97. 257 BL-Spiele, 12 Tore. 1995 DFB-Pokalsieger.*

90 Minuten und mehr. Zwischen 1994 und 1998 herausgegebenes „Magazin rund um den Bökelberg". Die vierteljährlich erschienene und von kritischen Gladbachfans vollgeschriebene Zeitschrift erschien unabhängig vom Verein und schoss sich bisweilen derart scharf auf den damaligen Manager Rolf Rüssmann ein, dass dieser Vertrieb, Verkauf und Finanzierung des Heftes mit diversen Maßnahmen zumindest zu stören versuchte. Mitte 1998 hatte er sein Ziel erreicht: Finanziell ausgeblutet und von Presseinformationen abgeschnitten, musste die ehrenamtliche Redaktion die Herausgabe der Zeitschrift einstellen.

Nickel, Harald. Den Internationalisten mit ausgeprägtem Weltenbummler-Drang hielt es in Gladbach ganze zwei Jahre. Die allerdings hatten es in sich. Er katapultierte sich in die Spitze der Torjägerliste, durfte folgerichtig für die Nationalelf ran, schoss ein sagenumwobenes ➔ „Tor des Jahres" aus 40 Metern gegen Inter Mailand und kreierte ein in der Bundesliga bis dato nicht gesehenes Kunststück: den ohne Anlauf, allein aus dem Stand verwandelten Elfmeter.

★ *21.7.1953. 1979-81. 65 BL-Spiele, 32 Tore. Deutscher Nationalspieler, 3 Länderspiele (3 für Borussia), kein Tor.*

Nielsen, Carsten. Ein würdiger Nachfolger von Le Fèvre und Jensen, eine gute Ergänzung zu Simonsen: Der dänische Elektriker führte die Reihe skandinavischer Glückseinkäufe fort. Wenngleich es ihm an der Genialität seiner Landsleute sicherlich gebrach.

★ *12.8.1955. 1976-81. 109 BL-Spiele, 23 Tore. 1977 Deutscher Meister, 1979 UEFA-Cup-Sieger. Dänischer Nationalspieler.*

Nielsen, Peter. Stets ein technisch hochklassiger Spieler – mit zwei Problemen allerdings. Erstens: Er wusste nie so recht, wie man Tore schießt. Zweitens: Er spielte genau die Position von Karlheinz Pflipsen. Nachdem er den Sprung ganz nach vorne nicht schaffte und sich beim Fernsehgucken den Arm auskugelte (➔ Fernbedienung), ging er frustriert nach Dänemark zurück. Zwei Jahre später aber war er wieder da, um der inzwischen zweitklassigen Borussia wieder auf die Beine und zurück ins Oberhaus zu helfen.

★ *3.6.1968. 1992-97 und seit 1999. 101 BL-Spiele/4 Tore; 63 Zweitliga-Spiele/4 Tore. 1995 DFB-Pokalsieger. Dänischer Nationalspieler. 1992 Fußballer des Jahres in Dänemark.*

Niveau. „Bei der Sportberichterstattung im Fernsehen nimmt das Niveau in jedem Monat mehr ab. Da laufen Leute rum, mit denen kann ich mich als Fachmann nicht unterhalten.“ Trainer Hans Meyer im März 2001 im Interview mit der „Süddeutschen Zeitung“

Nordkurve. Zum einen unter der Anzeigetafel befindlicher Stehplatz-Bereich des Bökelberg-Stadions, der traditionell das Revier der treuesten Gladbach-Fans ist. Zum anderen Titel einer gleichnamigen Zeitschrift, die seit November 1996 in unregelmäßigen Abständen als Mitteilungsorgan des Mönchengladbacher Fanprojekts erscheint.

Nordpark. Dort liegt die neue Heimat der Borussia, wenn sie nach mehr als 80 Jahren den Bökelberg räumen muss. Die neue „Area of Sport“, die 155 Mio. DM kosten soll, verfügt über 45.000 überdachte Sitzplätze (Gesamtkapazität: 56.000 Steh- und Sitzplätze) und beherbergt auch ein Jugendleistungszentrum mit Internat sowie Museum, Fanshop und Logen. Im Frühjahr 2004 soll das reine Fußball-Stadion eröffnet werden. Baubeginn an der Aachener Straße soll Mai 2002 sein.

Eines der Modelle für das neue Stadion.

O

Oberhausen. In der zweiten Liga tat sich die Borussia gegen den Niederrhein-Rivalen Rot-Weiß Oberhausen häufig schwer. In der ersten Liga indes waren die Kleeblätter der absolute Lieblingsgegner der Gladbacher: Zwischen 1969 und 1973 entschied die Borussia die fälligen acht Partien ausnahmslos für sich.

Oberliga West. Zwischen 1947 und 1963 existierende Spielklasse, in der sich die Borussia als höchst bewegliche Fahrstuhlmannschaft präsentierte. Sie stieg 1950 aus der 2. Liga West auf, 1951 gleich wieder ab, 1952 wieder auf, 1957 abermals ab, 1958 erneut auf. Die beste Platzierung in all den Jahren war ein sechster Rang in der Spielzeit 1960/61. Ansonsten tummelten sich die Gladbacher ausnahmslos zwischen den Plätzen 11 und 16.

Oles, Bernd. Als Nachfolger des zu Fortuna Düsseldorf entschwundenen Fritz Pliska übernahm der zuvor bei der Borussia aus Neunkirchen tätige einstige Hamborner Oberligaspieler 1960 das Traineramt bei der Borussia. Wenige Monate später durfte er sich rühmen, Coach des frisch gebackenen Deutschen Pokalsiegers zu sein.

Olympia. Dass Uwe Kamps 1988 mit der deutschen Olympia-Auswahl → Bronze gewann, hat sich inzwischen ja herumgesprochen. Weit weniger bekannt dürfte sein, dass die Borussia in den Sechzigern und Siebzigern sogar einen Goldmedaillengewinner beschäftigte. Der frühere Turn-Olympiasieger Helmut Bantz nämlich war in der Ära Weisweiler zeitweise für das Gymnastik-Training der Gladbacher zuständig.

Orzessek, Manfred. Der untersetzte Keeper wechselte 1961 aus dem Ruhrgebiet an den Bökelberg. Er hielt seinen Kasten in der Oberliga, der Regionalliga und der Aufstiegsrunde derart sauber, dass Borussia erstklassig wurde. Den dortigen Ansprüchen genügte er nach Meinung der Gladbacher Verantwortlichen jedoch nicht mehr: Nach nur einer Saison wurde Orzessek im Tor von Volker Danner abgelöst. Dennoch hat der spätere Jugendtrainer Vereinsgeschichte geschrieben. Als einziger Spieler der Aufstiegsmannschaft von 1965 war er zuvor bereits einmal Deutscher Meister gewesen – 1958 mit dem FC Schalke 04.
★ *30.6.1933. 1961-67. 29 BL-Spiele, kein Tor.*

Osram. Wenn Mill überhastet eine Chance versemmelte, Sude elegant am Ball vorbeisegelte oder Hannes die Kugel planlos ins Nirgendwo drosch, pflegte Trainer Heynckes seiner Wut mit einer puterroten Einfärbung seines Gesichts Ausdruck zu verleihen. Was Wolfram Wuttke, dem Coach seit eh und je in tiefer Hassliebe verbunden, dazu bewog, den Übungsleiter öffentlich und despektierlich „Osram" zu nennen.

Osten. „In Westdeutschland kennt mich niemand, im Osten sind es schon ein paar Leute mehr. Aber die sterben langsam weg."
Trainer Hans Meyer im September 1999 über seinen Bekanntheitsgrad.

Osthoff, Markus. Vom MSV Duisburg gekommener Linksfuß mit der Empfehlung von 130 Bundesligaspielen. Blieb allerdings hinter den Erwartungen zurück. Seine Einsatzbereitschaft indes war vorbildlich – in der Aufstiegssaison kassierte der Saarländer stolze 11 gelbe Karten.
★ *19.11.1968. Seit 2000. 30 Zweitliga-Spiele, 4 Tore.*

Otto. Bis heute gültiger Spitzname Wolfgang ➔ Kleffs, der von seiner frappanten Ähnlichkeit mit dem ostfriesischen TV- und Kino-Blödler Otto Waalkes herrührt.

P

Paßlack, Stephan. Offensivverteidiger mit großen Hoffnungen und jähem Absturz. Nach zwei herausragenden Europacup-Partien gegen Arsenal London berief Teamchef Vogts den torhungrigen Abwehrmann gleich ins Nationalteam. Danach hat Paßlack nichts mehr auf die Reihe gekriegt – zuletzt gab er den Reservisten bei 1860 München.

★ *24.8. 1970. 1996-99. 67 BL-Spiele, 7 Tore. Deutscher Nationalspieler. 4 Länderspiele (4 für Borussia), 1 Tor.*

Pech. Ist seit dem Bundesliga-Aufstieg 1965 ständiger Begleiter der Gladbacher. Wie kein anderer Verein in Deutschland wurde die Borussia durch verlorene Elfmeterschießen, gebrochene Torpfosten, fliegende Blechbüchsen, flugverhindernden Nebel, niederländische Schiedsrichter oder verräterische Zu-den-Bayern-Wechsler vom Schicksal gebeutelt. Charakteristisch vielleicht jenes unvergessene Solo von Hans-Günter Bruns in München, an dessen Ende der Ball zwei Pfosten küsste, die Linie entlanghoppelte, aber natürlich nicht hineinging.

Pete's Inn. Jahrelang Vereinsgaststätte des Gladbachers Fanprojekts, wo sich auch der dem Alkohol nicht unbedingt abholde Wolfgang Kleff nach Karriereende das ein oder andere Bier genehmigte. Die Kneipe des Wirts Peter Rathmann wurde 1995 ein Opfer der Flammen. Aus Solidarität veranstalteten 1996 Borussia-Fanclubs in einer Viersener Sporthalle ein großes Fanclub-Turnier und ließen den gesamten Erlös dem abgebrannten Pete zugute kommen.

Persönlichkeit. „In mir wächst eine Persönlichkeit heran." Stefan Effenberg über sich selbst.

Pettersson, Jörgen. Gleich im ersten Spiel das erste Tor – das ließ hoffen. Doch so stark der junge Schwede in Gladbach begann, so stark fiel er am Ende ab. Noch heute gibt es Fans am Bökelberg, die den 99er-Abstieg der Borussia zu 75 Prozent dem mal rothaarigen, mal schneeweißen Skandinavier in die Schuhe schieben. Und wenn man sich mal per Video ansieht, was der Junge alles neben statt in das Tor geschossen hat in jenen Wochen und Monaten, dann haben sie auch ein kleines bisschen Recht…

★ *29.9. 1975. 95-99. 114 BL-Spiele, 32 Tore. Schwedischer Nationalspieler. EM-Teilnehmer 2000.*

Pflippen, Norbert. Träger einer extrem hohen Stirn, der schon in jungen Jahren stets um Weisweiler oder Netzer herumschwirrte und seine guten Kontakte später dahingehend nutzte, dass er in die oberste Liga der Spielerberater aufstieg. Von Matthäus bis Villa, von Pflipsen bis Deisler ließen Dutzende Gladbacher Profis (und im Lauf der Jahre vermehrt auch Balltreter anderer Clubs) den „Flippi" gerufenen Verhandlungskünstler Verträge und Tantiemen aushandeln.

Pflipsen, Karlheinz. „Kalla" wurde schon früh als neuer Netzer gepriesen, war aber von der Spielanlage her ein völlig anderer Typ. Der vortreffliche Techniker wurde 1994 durch einen Tritt des damaligen Schalkers und heutigen Bayern Thomas Linke an der WM-Teilnahme in den USA gehindert und überhaupt aus der Bahn geworfen. Er fand nie mehr zu alter Stärke zurück, pflegte seine Arroganz und provozierte das Gladbacher Publikum dazu, gefälschte 100-Mark-Scheine mit seinem Konterfei auf den Rasen regnen zu lassen, als er sich mit dem Club auf dem Höhepunkt der sportlichen Krise gerichtlich um die Zahlung von ➔ Urlaubsgeld stritt.

★ *31.10.1970. 1989-1999, 197 BL-Spiele, 37 Tore. 1995 DFB-Pokalsieger. Deutscher Nationalspieler, 1 Länderspiel (1 für Borussia), kein Tor.*

Pfostenbruch. Kuriosität aus der Frühzeit der Bundesliga, die sich anno 2001 bereits zum 30. Mal jährte. Beim Spiel der Borussia gegen Werder Bremen am 3. April 1971 gedachte Herbert Laumen zwei Minuten vor Schluss den 2:1-Siegtreffer regelrecht zu erzwingen und warf sich mit ungeheurer Wucht in eine Flanke. Doch statt den Ball ins Netz zu befördern, katapultierte er sich selbst hinein. Der Stürmer landete mit solcher Vehemenz in den Maschen das Netzes,

3. April 1971: Der Pfosten bricht.

dass erstmals in der Ligageschichte ein damals noch hölzerner Torpfosten unmittelbar über der Grasnarbe wegknickte, weshalb Schiedsrichter Neuser die Partie in der 88. Minute abbrach. Doch statt des allseits erwarteten Wiederholungsspiels wertete das angerufene DFB-Sportgericht die Partie mit 2:0 Punkten und 2:0 Toren für Werder Bremen, was für die Borussia im Kopf-an-Kopf-Rennen um die Meisterschaft einen üblen Rückschlag bedeutete. Zum Schluss allerdings siegte doch die Gerechtigkeit – dank eines 4:1-Siegs am letzten Spieltag bei Eintracht Frankfurt wurden die Gladbacher vor den bis dato führenden Bayern zum zweiten Mal Deutscher Meister.

Pinkall, Kurt. Der ➔ „fliegende Postbote" traf zeitweise derart konstant, dass er sogar ins vorläufige 40-köpfige Aufgebot für die WM 1982 rutschte. Jupp Derwalls Interesse indes bekam dem Stürmer nicht gut: Wie weiland Ikarus schmierte Pinkall ab und wurde, nachdem er leistungsmäßig den Anschluss gegenüber Mill oder Wuttke verpasst hatte, ein unsteter Wanderer zwischen den Fußball-Welten.
★ *25.6.1955. 1981-84 und 1985-86. 82 BL-Spiele, 21 Tore.*

Platzverweise. Wer auf dem Rasen seinen Gegner fällt wie ein Holzhacker, ihn bespuckt wie ein Lama, den Ball mit der Hand spielt wie Stefan Kretzschmar oder den Schiri beschimpft wie ein Basler, wird vom Unparteiischen seit jeher vom weiteren Mitwirken ausgeschlossen, was einst durch einen waagerecht ausgestreckten Zeigefinger, seit den Siebzigern durch einen roten Karton angezeigt wird. Erster Sünder der Borussia war gleich im allerersten Bundesligaspiel Kapitän Albert Jansen, der gleich mehrmals den Ball mit der Hand spielte. Unverbesserlichster Sünder der Borussia war 1979 Christian Kulik, der am 7. Spieltag in Kaiserslautern vom Platz flog und, kaum hatte er die Strafe abgebrummt, am 13. Spieltag bei Borussia Dortmund schon wieder frühzeitig runter musste. Und Rekordsünder der Borussia ist für alle Zeiten Stefan Effenberg: Den leicht unbeherrschten „Tiger" stellten die Referees während seiner zwei Gladbacher Gastspiele insgesamt fünfmal vom Platz.

Pletsch, Marcelo. Der weiße Brasilianer stakste zu Beginn seiner Zeit bei Borussia derart stadlermäßig durch die Hintermannschaft, dass Hans Meyer sich wenig optimistisch zeigte, ihm jemals das Fußballspielen beibringen zu können. Zwar wird „Pletscher" immer mehr Grobmotoriker denn Feintechniker bleiben – doch seine Leistungen als Vorstopper und Zerstörer konnten sich im zweiten Zweitliga-Jahr durchweg sehen lassen. Die Fans jedenfalls haben die Bonhof-Entdeckung längst zum Kult erklärt.

★ *13.5.1976. Seit 1999. 54 Zweitliga-Spiele, kein Tor.*

Pliska, Fritz. Der einzige Trainer, der die Borussia im Lauf ihrer Geschichte gleich zweimal trainieren sollte, brachte sich selbst um den Eintrag in die deutschen Fußball-Annalen. Nur wenige Wochen, bevor Borussia im Jahr 1960 den deutschen Pokal gewinnen sollte, überließ er die Mannschaft seinem Nachfolger Bernd Oles und suchte bei Fortuna Düsseldorf eine neue Herausforderung.

Pöggeler, Rudolf. In Regional- wie Bundesliga war er die Zuverlässigkeit in Person – aber an dem gewissen Etwas, das einen wirklich großen Spieler ausmacht, gebrach es ihm. Später kehrte er als Amateurtrainer nochmals zu den Borussen zurück.

★ *12.4.1939. 1963-69. 76 BL-Spiele, 3 Tore.*

Pohl, Paul. Noch vor dem späteren Nationalspieler Heinz Ditgens erste bestimmende Spielerpersönlichkeit bei der Borussia. Der zurückgezogene Mittelstürmer mit Spielmacherqualitäten galt spätestens seit jenem 3:1-Sieg über den Kölner BC im Finale um die ➔ Westdeutsche Meisterschaft 1920 als fußballerischer Wundertäter. Vor allem über seinen berühmten Fingerzeig von 1920 reden die Leute noch heute. Im bereits erwähnten Finale gegen den Kölner BC musste Pohl auf Geheiß des Schiedsrichters seinen verwandelten Elfmeter gleich dreimal wiederholen. Aber der Mann hatte Nerven wie Drahtseile. Er setzte den Ball jedesmal wieder ins Tor, nicht ohne dem gegnerischen Torwart mit ausgestrecktem Finger vorher angezeigt zu haben, in welche Ecke er schießen werde. Gemeinsam mit Heinz Ditgens trainierte er 1950 jene Borussen-Mannschaft, die erstmals in der Vereinsgeschichte in die Oberliga West aufstieg.

Ehrung von Paul Pohl, in den zwanziger Jahren die wichtigste Spielerpersönlichkeit der Borussen.

Pokalpleiten. Dreimal hat die Borussia den DFB-Pokal gewonnen, fünfmal hat sie im Finale gestanden, drei weitere Male wurde sie erst im Halbfinale ausgebremst.

P

Doch all diesen Erfolgen stehen auch eine ganze Reihe von Pleiten gegenüber. 1989 war Drittligist Kickers Offenbach eine Nummer zu groß, 1990 war bei Amateurligist FC Remscheid Endstation, 1992 kamen sie bei Zweitligist VfL Osnabrück mit 1:4 unter die Räder, 1997 gingen sie beim Drittligisten Hannover 96 abermals im Elfmeterschießen baden, 1999 war Regionalligist SC Verl im Elfmeterschießen besser. Die vielleicht größte Enttäuschung bereitete die Borussia ihren Anhängern im Februar 2001: Im Halbfinale beim Drittligisten Union Berlin verspielte die Mannschaft eine 2:1-Führung, versagte im Elfmeterschießen und verpasste den Einzug ins Finale gegen den FC Schalke 04. Das hätte im Jahr der Bundesliga-Rückkehr gleich noch die Teilnahme am internationalen Wettbewerb bedeutet.

Pokalschreck. Einen schier unüberwindbaren Angstgegner gibt es für die Borussia im DFB-Pokal – es ist der FC Bayern. Viermal trafen beide Teams aufeinander, viermal siegten die Münchner: 1984 im Finale (1:1 n.V., 7:6 nach Elfmeterschießen), 1985 im Halbfinale (1:0 n.V.), 1987 in der 2. Runde (2:2 n.V., Wiederholungsspiel in München 3:2 n.V.) und 1996 in der 2. Runde (2:1).

Pokalsiege. Dreimal in ihrer Vereinsgeschichte holte sich Borussia den so genannten „Pott". 1960 schlug sie im Finale den Karlsruher SC mit 3:2 (Tore: Mühlhausen, Kohn, Brülls), 1973 besiegte sie den 1. FC Köln nach Verlängerung mit 2:1 (Tore: Wimmer, Netzer), 1995 gewann sie gegen den VfL Wolfsburg mit 3:0 (Tore: Dahlin, Effenberg, Herrlich). Zwei weitere Endspiele verlor die Borussia dagegen jeweils im Elfmeterschießen: 1984 gegen den FC Bayern München und 1992 gegen Hannover 96.

Kamps mit Pokal, 1995.

Polizei. Nachdem er die Borussia im April 1974 im Halbfinal-Rückspiel des europäischen Pokalsieger-Cups schrecklich verpfiffen und statt ihrer dem AC Mailand die Finalteilnahme ermöglicht hatte, fürchtete der spanische Schiedsrichter Franco-Martinez um seine körperliche Unversehrtheit. Aus Angst, einer der empörten 68.000 Zuschauer im Düsseldorfer Rheinstadion könne ihm beim Verlassen der Arena an die Wäsche gehen, stahl sich der Referee in Verkleidung aus dem Stadion – er trug, um unerkannt zu bleiben, die Uniform eines Polizisten.

Polster, Anton. Die abgestiegenen Kölner sollen vor Freude ein Fass aufgemacht haben, als sie den Transfer des alternden Österreichers nach Gladbach unter Dach und Fach hatten. Zwar ließ es der Toni auch im Trikot mit der Raute noch das eine oder andere Mal polstern, doch den Abstieg verhindern konnte er nicht. In der ersten Zweitliga-Saison der Borussia wurde er von Neu-Trainer Meyer endgültig aufs Altenteil gesetzt. Heute ist der nach Chapuisat (Schweiz), Bum Kun Cha (Südkorea) und Lippens (Niederlande) treffsicherste Ausländer der Bundesligageschichte (90 Tore) wieder am Bökelberg und zieht mit seinem Wiener Schmäh für die Borussia so manchen Sponsoren an Land.

★ *10.3.1964. 1998-2000. 31 BL-Spiele/11 Tore; 7 Zweitliga-Spiele/4 Tore. Österreichischer Rekordnationalspieler. WM-Teilnehmer 1990 und 1998. Österreichischer Fußballer des Jahres 1986.*

Popstars. Eine eher vom Dunst frisch gezapften Altbiers als vom Glamour der großen weiten Welt geschwängerte Provinzstadt wie Mönchengladbach tut sich verständlicherweise schwer damit, so etwas wie Popstars zu produzieren. Dreimal indes ist dies der Borussia seit dem Bundesliga-Aufstieg 1965 gelungen. Günter Netzer galt Ende der Sechziger wahlweise als Mick Jagger oder Rudi Dutschke der Liga. Stefan Effenberg machte sich Mitte der Neunziger mit losem Mundwerk und Tiger-Frisur Gottschalk- bzw. Talkshow-kompatibel. Und Toni Polster gelangte Ende der Neunziger dank seiner musikalischen Kooperation mit den „Fabulösen Thekenschlampen" und der Single „Toni, lass es polstern" sogar in die unteren Ränge der Charts. Ein vierter möglicher Kandidat lehnte die ihm angetragene Rolle indes dankend ab. „Manche wollen aus mir einen Popstar machen", sagte Sebastian Deisler bereits zu Gladbacher Zeiten über den Rummel um seine Person, „aber ich will Fußballer sein."

Post, Jürgen. Leider weitgehend unbekannt gebliebener Vertreter deutscher Sangeskunst, der seinen vermeintlichen Welthit „Tiger" nicht in den Schlager-Charts zu platzieren vermochte. Seine von Country & Western geprägte musikalische Hommage an Stefan Effenberg ließ der Wirt der Altstadt-

P

Kneipe „Markt 26“ nicht über Bertelsmann oder Warner Brothers, sondern über das nicht ganz so weltumspannende Plattenlabel „Haiko-Records“ aus Viersen vertreiben. Der Refrain der CD aus dem Jahr 1996 ging so: „Tiger gibt's nur einen: Stefan Effenberg / Jeden Samstag Mittag ist er da / Er schärft seine Krallen und putzt sich so richtig raus / Und will vor einem Sieg nicht mehr nach Haus.“

Präsidenten. Ihre Zahl hielt sich in der Nachkriegszeit in erstaunlich engen Grenzen. Mit Edmund Pulheim, Theo Grams, Paul Wernecke, Dr. Udo Schulten, Dr. Helmut Beyer, Karl-Heinz Drygalsky, Wilfried Jacobs und Dr. Adalbert Jordan saßen in mehr als 50 Jahren ganze acht Herren dem Verein vor. Den Rekord hält – vermutlich für immer und ewig – Dr. Helmut Beyer mit genau 30 Dienstjahren.

Preußen. Wären 1899 nicht latinophile Fußlümmler am Werk gewesen – der Verein hieße heute statt „Borussia Mönchengladbach“ schnöde „Preußen Mönchengladbach“.

Promis. In Ermangelung einer ordentlichen Schickeria vor Ort sind prominente Gladbach-Fans relativ rar. Da gibt es den Schriftsteller Jakob Arjouni, den Formel-1-Fahrer Heinz-Harald Frenzen, die NRW-Ministerin Hannelore Kraft, den Bundestagspräsidenten Wolfgang ➔ Thierse – das war's auch schon.

Puma. Lange Zeit bevorzugtes Schuhwerk der Gladbacher Meistermannschaften. Die brüderliche Konkurrenz des Herzogenauracher Drei-Streifen-Imperiums benannte zwei Sportschuh-Modelle sogar nach Gladbachs Nr. 10: „Netzer Super“ und „Netzer Star“. So gut wie mit dieser fränkischen Fußbekleidung spielten die Fohlen in späteren Jahren nie mehr.

Q

Querpass. Sportsendung im dritten Fernsehprogramm des WDR, die sich am 20. März 1995 weit aus dem Fenster lehnte. In einer TED-Umfrage tippte mit 41,4 Prozent die überwiegende Mehrheit der Anrufer auf die Borussia als neuen Deutschen Meister. Eine krasse Fehleinschätzung. Meister wurde zwar die Borussia – allerdings jene aus Dortmund. Die Gladbacher wurden schließlich Fünfter, gewannen zum Trost aber den DFB-Pokal. Immerhin.

Quito. Die Hauptstadt Ecuadors war mit ihrer Lage von 2.850 Metern über dem Meeresspiegel die höchstgelegene Stadt, die Borussenprofis je betreten haben. Der Aufenthalt dort war Teil einer dreieinhalbwöchigen Südamerikareise, die die Borussia im Juni 1967 im Auftrag der Bundesregierung unternahm. In dieser Zeit bereisten die Weisweilerschen Fohlen mit Venezuela, Kolumbien, Ecuador, Chile und Brasilien fünf Länder. Von sieben Partien gegen einheimische Spitzenclubs gewannen die Borussen vier, verloren zwei und erreichten einmal ein Remis.

R

Rahn, Uwe. Selten hat ein Spieler sein Talent derart verschludert wie der blonde Torjäger, der in seinen besten Tagen 1987 Bundesliga-Torschützenkönig und „Fußballer des Jahres" wurde. Nach dem Weggang von Lothar Matthäus schwang sich Rahn zum Lenker, zur Leitfigur, zum Motor der Borussen-Mannschaft auf, schoss in seinem ersten Länderspiel gleich das entscheidende Tor zur WM-Qualifikation und nahm 1986 an der WM teil, wenn auch als Bankdrücker. Doch nachdem Helmut Grashoff ein Millionenangebot aus Eindhoven abgelehnt und dem Star die Freigabe verweigert hatte, wurde in Nullkommanichts aus einem Volltreffer ein Versager. Borussia schob Rahn schließlich für einen Bruchteil dessen ab, was sie zwei Jahre zuvor noch bekommen hätte. ★ *21.5.1962. 1980-89, 227 BL-Spiele, 81 Tore. Deutscher Nationalspieler, 14 Länderspiele (14 für Borussia), 5 Tore. WM-Teilnehmer 1986. 1987 Torschützenkönig der Bundesliga (24 Tore), 1987 Fußballer des Jahres.*

Rausch, Friedel. In höchster Abstiegsnot am 1. April 1998 verpflichteter Trainer, der als dritter Übungsleiter der Saison nach den in den Vormonaten bereits gescheiterten wie geschassten Herren Bongartz und Meier die bereits verloren geglaubte Mannschaft doch noch auf den rettenden 15. Platz hievte. Doch der Abstieg war nur aufgeschoben, nicht aufgehoben. In der Effenberg-losen Folgesaison wurde die Borussia mit gerade mal vier Siegen und kümmerlichen 21 Punkten Tabellenletzter. Rausch wurde am 9. November 1998 nach einer 1:7-Pleite in Wolfsburg und der erschütternden Serie von zehn sieglosen Spielen hintereinander entlassen. Sein Retterbonus war damit für immer dahin: 1999 führte der vermeintliche Heilsbringer den 1. FC Nürnberg, 2001 die Frankfurter Eintracht schnurstracks in die zweite Liga.

Raute. Nachdem als Wappen des 1899 gegründeten Vereins in den ersten Jahren die stark ver-

schnörkelte Buchstaben-Kombination „FCB“ herhalten musste, wurde die frisch angeschaffte Vereinsstandarte schon 1906 mit einem neuen Logo verziert – einer quer gestreiften, mit Goldstreifen abgesetzten schwarz-weißen Raute. Das Vereinsemblem ist damit schon früh gefunden und wird in den kommenden Jahrzehnten, dem jeweiligen Zeitgeist folgend, allenfalls minimal verändert. Zwar tauchen, bis in Deutschland 1949 der Vertragsspieler eingeführt wird, auf den Trikots der Borussen im Laufe der Jahre noch unterschiedliche „B“-Varianten auf. Doch von 1950 an schmückt nur noch die bekannte Raute die Hemdenbrust der Gladbacher Kicker.

Rebell am Ball. Titel einer 1971 im Frankfurter Limpert-Verlag veröffentlichten Netzer-Biografie von Peter Bizer, die Borussias Nummer 10 zum Popstar stilisierte.

Regionalliga West. Bundesliga-Unterbau, in den die Gladbacher nach Gründung der höchsten deutschen Spielklasse im Jahr 1963 eingestuft wurden. Die Borussia nutzte die durchaus gut besetzte Liga als Sprungbrett ganz nach oben. Die Saison 1963/64 beendete die Mannschaft als Tabellenachter, die Saison 1964/65 als Meister und Bundesliga-Aufsteiger.

Reich, Siegfried. Im Frühjahr 1983, die Borussia taumelte abstiegsbedroht am Rande des Abgrunds, platzte der unbekannte Stürmer wie ein Deus ex machina in die Szenerie. In sieben Spielen schoss er sieben Tore – Borussia war aus dem Gröbsten raus. Der Erfolg stieg ihm zu Kopf – seine finanziellen Erwartungen stiegen in derartige Höhen, dass die Borussia ihn trotz seiner Treffsicherheit freigab. Es folgten etliche Stationen, bei denen er gut traf, noch besser kassierte und mehrmals abstieg. Ein richtig Großer wurde er nirgendwo. ★ *29.9.1959. 1981-83. 17 BL-Spiele, 8 Tore.*

Rekordschützen. Die meisten Pflichtspieltore im Trikot der Borussia erzielte bis heute Jupp Heynckes. Der Weltmeister von 1974 traf zwischen 1964 und 1978 insgesamt 300-mal ins Schwarze – 195-mal in der Bundesliga, 47-mal im Europapokal, 23-mal im DFB-Pokal, 23-mal in der Regionalliga, sechsmal in der Aufstiegsrunde und sechsmal im nur 1972/73 ausgetragenen Liga-Pokal. Auf den Plätzen folgen Herbert Laumen (134) und Günter Netzer (132).

Bis heute Rekordschütze der Borussen: Jupp Heynckes.

Rekordspieler. Die meisten Pflichtspiele im Trikot der Borussia absolvierte bis heute Berti Vogts. Der Weltmeister von 1974 trug zwischen 1965 und 1979 insgesamt 537-mal das Trikot der Gladbacher – 419-mal in der Bundesliga, 65-mal im Europacup, 42-mal im DFB-Pokal und elfmal im nur 1972/73 ausgetragenen Liga-Pokal. Auf den Plätzen folgen Uwe Kamps (516) und Herbert Wimmer (469).

Rheydter SV ➔ Lokalderby

Ribbeck, Erich. Noch nicht durch das vorangestellte „Sir" zum Grand Seigneur der deutschen Trainer-Zunft geadelt, verdiente er sich in jungen Jahren seine ersten Meriten als Übungsleiter am Bökelberg. Hennes Weisweiler hatte ihn nach dem Bundesliga-Aufstieg 1965 als Amateurcoach und ➔ Assistenztrainer verpflichtet.

Ringels, Norbert. Die beiden Meisterschaften 1976 und 1977 erlebte er weitgehend als Reservist, den UEFA-Cup-Sieg 1979 jedoch als Stammspieler. Gegen Ende seiner Karriere wurde Ringels zur unglücklichen Figur: Ausgerechnet er scheiterte 1984 im Elfmeterschießen des DFB-Pokalfinales am gegnerischen Pfosten – statt Borussia holte Bayern den Pott.
★ *16.9.1956. 1975-85. 163 BL-Spiele, 6 Tore. 1976, 1977 Deutscher Meister, 1979 UEFA-Cup-Sieger.*

Ri-Ra-Ro. „Ri-Ra-Ro – Netzer, Vogts und Co!" Slogan, mit dem der seinerzeit 21-jährige Tiefdrucker Walter Kohlen aus dem Mönchengladbacher Stadtteil Rheindahlen im April 1970 einen bundesweiten „Borussia-Schlachtruf-Wettbewerb“ gewann. Mit seinem brachialen Zweizeiler obsiegte der Hobby-Poet über solch lyrische Perlen wie „He, he, he, Borussia ist okay“, „Borussia ist Meister – alles andere Scheibenkleister“ oder „Wollt Ihr Deutscher Meister sein – Tore rein, Tore rein“.

Rivalen. Seit eh und je hat die Borussia in Deutschland zwei große Rivalen – die eher sportlichen von ➔ Bayern München (➔ Lederhose) und die eher geografischen vom 1. FC ➔ Köln.

Rollstuhlfahrer. Seit Jahren haben Rollstuhlfahrer und ihre Begleiter an Bökelberg Ehrenplätze – direkt am Spielfeldrand vor der Südkurve ist ihr Revier. Seit dem 13. Oktober 2000 haben sich die behinderten Gladbachfans nun zu einem Fanclub zusammengeschlossen: die „Fohlenrollis 2000“.

Rosenthal, Shmuel. Der Mann mit dem Walrossbart war der erste Israeli, der je in der Bundesliga kickte. Die 42 Länderspiele, die er bei Dienstantritt in Gladbach vorweisen konnte, nutzten ihm nicht viel: Der begnadete Techniker war vor allem in puncto Schnelligkeit und Robustheit den Anforderungen der Bundesliga nicht gewachsen. Ohne großen Groll kehrte Rosenthal nach einem gescheiterten Fußball-Experiment zu seinem Stammverein zurück. Später muss in seinem Leben irgendwas arg schief gelaufen sein – im Jahr 2000 war seine Adresse die des Hochsicherheitsgefängnisses Nitsan im Städtchen Ramla bei Tel Aviv... ➔ Gefängnis

★ *22.4.1947. 1972-73. 13 BL-Spiele, 1 Tor. Israelischer Nationalspieler. WM-Teilnehmer 1970.*

Rote Laterne. Nach fast 25 Jahren Bundesliga-Zugehörigkeit geschah am 18. November 1989 das Unfassbare: Nach der 0:1-Heimpleite gegen Bayer Uerdingen stand die Borussia erstmals in ihrer Geschichte auf dem letzten Tabellenplatz im Fußball-Oberhaus – nach 17 Spielen hatte sie ganze drei Siege, ganze elf Punkte und ganze 13 Tore vorzuweisen. Der Verein zog die Notbremse, schmiss daraufhin erstmals in seiner Geschichte einen Trainer (➔ Trainerrauswurf) und konnte sich am 34. Spieltag tatsächlich noch retten. Im Spieljahr 1998/99 war solcher Aktionismus vergebens – vom 9. bis zum 34. Spieltag behielt die Borussia ununterbrochen die rote Laterne.

Rückennummern. Seit der DFB 1995/96 für jeweils eine ganze Saison geltende, personengebundene Rückennummern einführte, taten sich für die Merchandising-Abteilung der Borussia ganz neue Geschäftsfelder auf. Erwartungsgemäß verkauften sich in den Folgejahren die Effenberg-Leibchen mit der beflockten 10 am besten. Auch die Andersson-4, die Pflipsen-7 oder die Dahlin-9 gingen mehr als ordentlich. Sensationell allerdings war der Abverkauf der Trikots mit der 18 – Reservist Joachim ➔ Stadler war bei den Fans beliebter als viele vermeintliche Stars.

Rückkehrer. ➔ Comeback

Rupp, Bernd. Mit Heynckes, Laumen und Netzer bildete er den gefürchteten Sturm, der schon zu Regionalligazeiten den Ruf der ➔ „Torfabrik" begründete und ihm dort 1965 mit 25 Treffern den Titel des Schützenkönigs der West-Staffel bescherte. Bevor die Borussia die ganz großen Erfolge einheimsen konnte, wechselte er zur Konkurrenz aus Bremen und Köln. Erst nach seiner Rückkehr zum Bökelberg durfte Rupp den einzigen Titel seiner Karriere bejubeln: Er gehörte zur Pokalsiegermannschaft 1973.

★ *24.2.1942. 1964-67 und 1972-74. 119 BL-Spiele, 50 Tore. 1973 DFB-Pokalsieger. Deutscher Nationalspieler, 1 Länderspiel (1 für Borussia), 1 Tor.*

Rüssmann, Rolf. 1990 als Nachfolger von Helmut Grashoff an den Bökelberg geholter Manager. Der einstige Nationalspieler machte am Anfang so gut wie alles richtig. Er griff sich Kastenmaier von der Bayern-Bank, verpflichtete Andersson aus Blackburn, entdeckte Dahlin in Malmö, lockte Herrlich aus Leverkusen weg, holte den verlorenen Sohn Effenberg an den Niederrhein zurück. Er verpasste dem Club zudem professionellere Strukturen, intensivierte das Sponsorengeschäft, vervielfachte die Werbeeinnahmen, brachte den Merchandising-Umsatz auf Touren. Nach dem Pokalsieg 1995 jedoch verlor er zunehmend die Bodenhaftung und gerierte sich mehr und mehr als omnipotenter ➔ Alleinherrscher, was ihm unter kritischen Fans den wenig geschmackvollen Spitznamen ➔ „Bokassa" eintrug. So viel der einstige Schalker und Dortmunder Profi anfangs in die richtige Richtung bewegt hatte, so viel setzte er jetzt in den Sand. Er vergraulte Heiko Herrlich, leistete sich einen Transfer-Flop nach dem anderen, zahlte Effenberg und anderen Hochkarätern horrende Jahresgehälter von mehreren Millionen, entließ langjähriges Geschäftsstellen-Personal, zankte sich mit nicht linientreuen Anhängern, prozessierte gegen Ex-Spieler, betrieb eine Dauerfehde mit Präsident Drygalsky, feuerte im Turnus von jeweils einem Jahr die Trainer und träumte den utopischen Traum einer bis dato unerreichten Luxus-Arena. Als er aus seinen Fantasien erwachte, war es zu spät. Binnen weniger Jahre hatte er aus einer hoffnungsvollen Mannschaft einen Abstiegskandidaten gemacht, aus einem stets seriösen Verein einen Skandalclub, aus einem gesunden Unternehmen eine

Beinahe-Bankrottfirma mit geschätzten 30 Millionen Mark Schulden. Auf dem Höhepunkt der sportlichen Krise im November 1998 kam er seinem Rausschmiss zuvor, verließ den Verein und hinterließ eine perspektivlose Mannschaft, verbrannte Erde und einen beinahe ruinierten Traditionsclub.

S

Salou, Bachirou. Der erste Afrikaner in Reihen der Borussia war zeitweise der Publikumsliebling am Bökelberg. Wäre der schwergewichtige Stürmer, der vor seinem Wechsel nach Deutschland in Kamerun kickte, ein wenig torgefährlicher gewesen – die langgezogenen „Salou"-Rufe hätten sicherlich noch lauter geklungen und die Borussia hätte ihn nicht gehen lassen. Aus Frust, an Herrlich und Dahlin nicht vorbeizukommen, verließ er den Verein. Es sollte eine Odyssee mit den Stationen Duisburg, Dortmund, Frankfurt und Rostock folgen.

★ *15.9.1970. 1990-95. 86 BL-Spiele, 13 Tore. 1995 DFB-Pokalsieger. Togolesischer Nationalspieler.*

Schäfer, Winfried. Auch wenn man ihn eher als langjähriges Hampelmännchen neben der Trainerbank des Karlsruher SC in Erinnerung hat – in Gladbach war „Winni" eher ein ruhiger Vertreter. Während Netzers Regentschaft kam Mittelfeldmann Schäfer über die Rolle des 12. Mannes nicht hinaus – nach seiner Rückkehr wurde er als Antreiber und Libero wichtiger Bestandteil des Teams, mit dem er 1979 den UEFA-Cup holte.

★ *10.1.1950. 1968-70 und 1977-85. 210 BL-Spiele, 15 Tore. 1970 Deutscher Meister, 1979 UEFA-Cup-Sieger.*

Schäffer, Frank. „Mister Zuverlässig" war stets ein unauffälliger Zeitgenosse. Der Vorstopper stand jedoch über neun Jahre im Deckungszentrum seinen Mann und erlebte zwei UEFA-Cup-Trium-

phe und drei Meisterschaften mit.
★ *6.7.1952. 1974-83. 229 BL-Spiele, 6 Tore. 1975, 1976, 1977 Deutscher Meister, 1975 und 1979 UEFA-Cup-Sieger.*

Schaub, Fred. Weitgehend ungefährlicher Frankfurter Stürmer, der für die Borussia am 21. Mai 1980 indes zum Alptraum wurde. Im zweiten UEFA-Cup-Finalspiel in der 77. Minute eingewechselt, glückte Schaub vier Minuten später das entscheidende Stochertor zum 1:0-Sieg seines Teams. Das 3:2 aus dem Hinspiel nutzte Vorjahressieger Borussia nichts – der UEFA-Pokal wanderte aus der Gladbacher Vitrine in die von Eintracht Frankfurt.

Schlachtruf. Seit jeher ist die durch reichlich Zigaretten-, Alkohol- oder Bratwurst-Genuss angeraute Stimme des gemeinen Stehplatz-Besuchers des Publikums stärkste Waffe, wenn's um die Unterstützung der eigenen Mannschaft geht. Am Bökelberg hörte man in den Neunzigern bevorzugt das durch seine Deutlichkeit bestechende „VfL!! VfL!!“, in den Achtzigern das nicht minder originelle „Gladbach! Gladbach!“, in den Siebzigern das geradezu poetische „Netzer, Vogts und Heynckes Jupp / Holen den Europa-Cup!“. Bis heute unerreicht jedoch bleibt allerdings der im Frühjahr 1970 zu Recht prämierte Slogan ➔ „Ri-Ra-Ro – Netzer, Vogts und Co.“

Schneider, Martin. Ein echter Allrounder – Libero, Außenverteidiger, Mittelfeldspieler, Manndecker hat er in Gladbach gespielt. Sein Wert für die Mannschaft wurde häufig unterschätzt. Schneider war, obwohl so häufig ein- und ausgewechselt wie kaum ein anderer, für die Borussia aufgrund seiner Vielseitigkeit zeitweise unersetzlich.
★ *24.11.1968. 1990-99. 266 Spiele, 8 Tore. 1995 DFB-Pokalsieger.*

Schnecke. „Wenn wir mit Demo, Nielsen und ter Avest auflaufen, haben wir ein Schneckenmittelfeld.“
Trainer Hans Meyer im Februar 2001 über seine Mittelfeldachse

Schommen, Gerd. Zwischen 1955 und 1965 Mittelläufer der Borussia, spielte er in den folgenden 35 Jahren im Verein das Mädchen für alles. Mal trainierte er die Amateure, mal coachte er die Jugend, mal organisierte er Trainingslager, mal betreute er die Mannschaft als Obmann. Und mal führte er der Borussia junge Talente zu. Im Keller seines Hauses hat er voller Stolz ein Foto mit Widmung aufgehängt: „Für meinen Entdecker – von Stefan Effenberg“.

Schulden. Als die Borussia im Sommer 1999 nicht nur Rolf Rüssmann, sondern auch die erste Liga los war, überkam die Verantwortlichen beim Blick in die Bücher das kalte Grausen. Der Schuldenberg hatte sich auf 30 Millionen Mark angehäuft, der Verein stand vor dem absoluten Nichts. Also verkauften sie alle ertragsverdächtigen Spieler (Andersson, Pettersson, Deisler, Pflipsen, Paßlack, Enke), verpflichteten fast nur ablösefreie Kicker, fuhren einen rigiden Sparkurs und können sich nach zwei Zweitliga-Spielzeiten darüber freuen, die Höhe der Verbindlichkeiten auf nur noch vier Millionen Mark gedrückt zu haben.

Schulz, Frank. Der Mann mit der langen Matte, dem Schnauz und dem Mantafahrer-Image wurde von den Fans geliebt. Schon wenn er sich warmlief, hallte es laut „Schuuuuulz!" durchs Stadion: Schulz mit mindestens fünf U. Der einstige Stürmer spielte wahlweise Libero, Arbeitsbiene, Stopper alter Schule oder – wie im Mai 1991 – Torschütze des Monats. Beim 92er-Pokalfinale ließ ihn Gelsdorf trotz vorher guter Leistungen draußen. Mit einem unermüdlichen Kämpfer wie ihm, so schimpften hinterher zahlreiche Anhänger, hätte die Borussia möglicherweise nicht verloren...

★ *18.2.1961. 1990-93. 47 BL-Spiele, 4 Tore.*

Schwarz. Bis in die frühen Sechziger war Schwarz jahrzehntelang die Farbe der Borussen-Trikots. Erst Lilo Weisweiler, Gemahlin des frisch verpflichteten Hennes, wusste ihren Gatten bei dessen Dienstantritt 1964 zu überreden, dem Verein einen Farbwechsel zu empfehlen. Die traditionelle „preußische Tracht" erinnere in ihrer tiefen Schwärze zu sehr an Trauerspiel und wirke sich negativ auf die Psyche der Spieler aus. Hennes tat, wie seine Frau ihm geheißen, und steckte die Spieler fortan in blütenweiße Leibchen. „Ganz in Weiß" wirkte Wunder: Binnen weniger Jahre wurde aus einer mittelmäßigen Regionalliga-Truppe eine der besten Fußballmannschaften der Welt.

Schwarz war bis in die sechziger Jahre hinein die Trikotfarbe der Borussen (hier: „Kaschi" Mühlhausen).

Sechzehn. Sechzehn Sekunden brauchte am 22. März 1997 Martin Dahlin, um beim 3:1-Sieg im Dortmunder Westfalenstadion das 1:0 für die Gladbacher zu schießen. Das Blitztor des Schweden war der drittschnellste Treffer der Bundesligageschichte.

Serie. Zwei Serien werden in Mönchengladbach ewig unvergessen bleiben. In der Spielzeit 1986/87, als noch die Zwei-Punkte-Regelung galt, gewann die Borussia die letzten zehn Saisonspiele in Folge und katapultierte sich mit 20:0 Punkten von Rang 11 auf Platz 3. Am Ende stand der Einzug in den UEFA-Cup. Dieser angenehmen Serie steht aus der Saison 1998/99 eine höchst unangenehme gegenüber: Zwischen dem 22. August und dem 22. November blieb die Borussia in elf Spielen sieglos, kassierte dabei acht Niederlagen und 35 Gegentreffer. Am Ende stand der Abstieg.

Sieloff, Klaus-Dieter. Gemeinsam mit Luggi Müller stopfte der einstige Bundesbahnangestellte die Abwehrlöcher – Borussia wurde mit ihm und dank ihm 1970 erstmals Meister. Der Lohn: Nach Jahren Pause wurde der aus Alters- und Gewichtsgründen in Stuttgart Ausgemusterte wieder Nationalspieler.
★ *27.2.1942. 1969-74. 123 BL-Spiele, 15 Tore. 1970, 1971 Deutscher Meister, 1973 DFB-Pokalsieger. Deutscher Nationalspieler, 14 Länderspiele (6 für Borussia), 5 Tore. WM-Telnehmer 1966, 1970.*

Simonsen, Allan. Weisweiler wollte den kleinen schmächtigen Stürmer, der er billig eingekauft hatte, schon wieder loswerden – der wird nie einer, dachte er. Irrtum! Nach einer ungeheuren Leistungsexplosion wurde der 56fache dänische Nationalspieler zentrale Figur jener Mannschaft, die drei Meisterschaften und zwei UEFA-Cup-Finals gewann – nicht zuletzt dank seiner Tore. 1977 wurde er als bisher einziger Borusse Europas Fußballer des Jahres. Anschließend erlag Simonsen dem Liebeswerben des FC Barcelona, mit dem er 1982 den Europapokal der Pokalsieger gewann. Heute verdient er sein Geld als Nationaltrainer der Färöer-Inseln.
★ *15.12.1952. 1972-79. 178 BL-Spiele, 76 Tore. 1975, 1976, 1977 Deutscher Meister, 1973 DFB-Pokalsieger, 1975 und 1979 UEFA-Cup-Sieger. Dänischer Nationalspieler. EM-Teilnehmer 1984, WM-Teilnehmer 1986. 1972 Dänemarks Fußballer des Jahres, 1977 Europas Fußballer des Jahres.*

Sitzstreik. Weil die venezelonischen Gastgeber das vereinbarte Honorar für ein Gastspiel in Barquisemeto noch nicht bezahlt hatten, trat die Gladbacher Delegation auf der Südamerika-Reise 1967 statt zu spielen in einen Sitzstreik. „Wir haben in Caracas auf der Hoteltreppe gesessen und auf unser versprochenes Geld gewartet", erinnerte sich später Präsident Beyer an diese geradezu klassenkämpferische Aktion. Am Ende tauchte das Geld doch noch auf, die Spieler zogen sich um und gewannen mit 4:2.

Spinnler, Erwin. Der gelernte Maler, der heute noch das väterliche Geschäft in Eicken führt, entstammte dem erfolgreichen Borussen-Nachwuchs. Leider schaffte er weder bei der Borussia noch später in Offenbach den großen Sprung. In den Achtzigern betreute er zeitweilig Borussias zweite Amateurmannschaft.

★ *11.4.1947. 1965-70. 45 BL-Spiele, kein Tor. 1970 Deutscher Meister.*

Sponsoren. Geldgeber, die aus Sympathie oder Imagegründen die Borussia mit mehr oder minder namhaften Beträgen unterstützen. Eher kleine oder sparsame Firmen – derzeit rund 90 an der Zahl von „Fleischwaren Abbelen" bis zur „Langbäckerei Stinges" – sind im so genannten „Business Club" zusammengefasst. Etwas potentere Geschäftspartner – etwa die Gladbacher DaimerChrysler-Niederlassung oder die lokale Filiale der Deutschen Bank – werden zum „Premium Partner" geadelt. „Co-Sponsoren" heißen die Brauereien, die gegen entsprechendes Entgelt ihre Flüssigprodukte im Stadion vertreiben dürfen. Und als „Hauptsponsor" wirkt seit nunmehr vier Jahren die Hardware-Schmiede „Maxdata" aus Marl.

Sportwelt. Dr. Michael Kölmel, Chef des Münchner Filmverleih-Unternehmens „Kinowelt", trat als bekennender Fußballfan Ende der Neunziger auf den Plan, um Not leidende Traditionsclubs vor dem Ableben zu bewahren. Mit seiner eigens gegründeten Firma „Sportwelt" griff er auch den Gladbachern mit etlichen Millionen finanziell unter die Arme. Als Gegenleistung hat er sich für die fernere Fernsehzukunft einen Anteil bei der Vermarktung möglicher Übertragungsrechte der Borussia gesichert.

Stadion. ➔ Bökelberg, ➔ Nordpark

Stadionsprecher. Rolf Göttel war über die Jahrzehnte die Stimme des Vereins. Sein obligatorisches „Tor für die Borussia" ist heute Legende. Unvergessen aber auch sein Rettungsversuch im September 1968. Stammtorhüter Volker Danner hatte sich unmittelbar vor dem Spiel gegen den Tabellenzweiten Alemannia Aachen verletzt, der junge Ersatzmann Wolfgang Kleff war noch ohne jeden Profieinsatz. Also rief Göttel übers Stadionmikro Ex-Reservekeeper Manfred Orzessek aus und bat ihn zur kurzfristigen Trikotprobe in die Kabine. Aber der Torwart der 65er-Aufstiegsmannschaft war ausnahmsweise mal nicht im Stadion – so kam Wolfgang Kleff zu seinem ersten Bundesligaspiel. Es endete übrigens 2:2.

Stadionzeitung. ➔ Fohlenecho

Stadler, Joachim. Der lange Vorstopper spielte hinter Klinkert stets nur die zweite Geige. Groß allerdings sein Auftritt 1993 im Achtelfinal-Pokalspiel gegen seinen alten Club aus der Pfalz. Da gelang ihm gleich in der ersten Minute ein per Hacken-Bogenlampe erzieltes Eigentor. Borussia schied mit 2:3 aus – und Stadler war am Bökelberg unten durch. Aber nicht für lange. Durch seinen engen Kontakt

zu den Fans erwarb sich der ungelenk wirkende Abwehrmann derartig viele Sympathien, dass er in seiner Abschiedssaison zur Kultfigur aufgestiegen war. Trikots mit der ➔ Rückennummer 18 und seinem Namen drauf verkauften sich unter den Anhängern wie geschnitten Brot.

★ *15.1.1970. 1991-97. 79 BL-Spiele, 1 Tor. 1995 DFB-Pokalsieger.*

Starschnitt. Eigentlich aus der Teenie-Postille „Bravo" bekannte Art Fototapete, mittels deren die Käufer ihre musikalischen Idole in Lebensgröße auf der heimischen Raufaserwand auftreten lassen konnten. Auch das Fachmagazin „Kicker" frönt seit Ende der Sechziger dieser Mode und beschert Fußballfans täuschend echte Helden für Zuhause. Neben „Uns Uwe" oder „Kaiser Franz" wurden im Laufe der Jahre auch drei Gladbacher in die Galerie der Starschnitte aufgenommen: Rainer Bonhof, Berti Vogts und Günter Netzer.

Staub. „Ich bin es leid, nur einen wunderschönen Namen zu verwalten, auf dem dick nostalgischer Staub liegt."
Ex-Manager Rolf Rüssmann laut „Spiegel" über seine Mönchengladbacher Visionen

Stassin, Stéphane. Belgischer Defensivler, den Meyer auf Grund mangelnder Dynamik eine „lahme ➔ Ente" hieß und entsprechend selten einsetzte. Wenn er indes ran durfte, überzeugte er durch millimetergenaue Pässe und großartige Technik. Die Fans wussten das zu honorieren und riefen den Mann aus Anderlecht – wenn in der Regel auch ein wenig kleinlaut – „Fußballgott".

★ *8.10.1976. Seit 2000. 16 Zweitliga-Spiele, 1 Tor.*

Steinbrecher, Michael. Der aus dem Ruhrgebiet stammende ZDF-Moderator des „Aktuellen Sportstudios" wird gemeinhin als überzeugter Fan der Dortmunder Borussia gehandelt. Dabei sind auch seine Drähte an den Bökelberg nicht schlecht – schließlich spielte Steinbrecher Anfang der Achtziger für eine Saison in der Gladbacher A-Jugend.

S

Steinwegs Mam. Weiblicher Mega-Fan aus der Zeit der Ober- und Regionalliga. Mit einer dicken Trommel bewaffnet stand die fußballverrückte Dame seinerzeit am Eickener Markt und paukte die Leute bei Heimspielen ins Stadion oder bei Auswärtsspielen in die wartenden Busse.

Steinigung. „Ich stelle ihn nicht auf – und wenn sie mich morgen steinigen!"
Trainer Hennes Weisweiler zu seinem Entschluss, Günter Netzer im DFB-Pokal-Finale 1973 gegen den 1. FC Köln auf der Bank sitzen zu lassen. Netzer stellte sich dann nach 90 Minuten selbst auf und schoss das entscheidende Tor zum 2:1.

Sternkopf, Michael. Die Bayern hatten ihn seinerzeit wohl seiner Wirkung auf Frauen wegen verpflichtet. Auch in Gladbach kann es keinen anderen Grund gegeben haben. Der sonnenstudiogebräunte „Sterni" machte zwei gute Spiele für seinen neuen Club und sicherte der Borussia damit einen UEFA-Cup-Rang. Der Rest seiner Fußballversuche grenzte bisweilen an Dilettantismus. Heute ärgern sich über ihn die Bielefelder.
★ *21.4.1970. 1995-97. 34 BL-Spiele, 5 Tore.*

Stielike, Ulrich. In 15 Profijahren sollte der badische Schnauzbartträger in drei verschiedenen Ländern acht nationale Meistertitel gewinnen: drei in Gladbach, drei in Madrid, zwei in Neuchatel. Dazu wurde er 1975 mit Borussia und 1985 mit Real UEFA-Cup-Sieger, 1973 mit Borussia und 1980 sowie 1982 mit Real nationaler Pokalsieger. Stielike, der Netzer-Nachfolger am Bökelberg, kam als filigraner Mittelfeldregisseur und späterer Libero schon 1975 zu seinem ersten Länderspiel – eine Traumkarriere, wie sie nur wenige vorzuweisen haben. Stielike, den Helmut Grashoff gern als seinen Nachfolger am Bökelberg gesehen hätte, steht heute als Trainer in Diensten des DFB.
★ *15.11.1954. 1972-77. 109 BL-Spiele, 12 Tore. 1975, 1976, 1977 Deutscher Meister, 1973 DFB-Pokalsieger, 1975 UEFA-Cup-Sieger. Deutscher Nationalspieler, 42 Länderspiele (6 für Borussia), 3 Tore. WM-Teilnehmer 1982. Europameister 1980, EM-Teilnehmer 1984. 1981 Spanischer Fußballer des Jahres.*

Stinkefinger. Eregiertes Körperteil, das Stefan Effenberg bei einem WM-Spiel 1994 in den USA den pfeifenden deutschen Fans entgegenreckte. Bundesberti Vogts eliminierte den bösen Buben darob umgehend aus dem nationalen Kader, auch Arbeitgeber AC Florenz aus der italienischen Liga legte nach dieser körpersprachlichen Entgleisung keinen Wert mehr auf Effes Dienste. Borussia nutzte die Gunst der Stunde und holte den seinerzeit meistgehassten bundesdeutschen Balltreter auf Leihbasis zurück an den Bökelberg. Das Risiko sollte sich schon wenige Monate später auszahlen: Gladbach gewann mit einem überragenden und stinkefingerfreien Stefan Effenberg den DFB-Pokal.

Stock, Charly. Der Mann mit dem markanten Schnäuzer und der nicht minder auffälligen Brille ist in Gladbach so etwas wie lebendes Inventar. 1962, als noch Fritz Langner den Oberliga-Borussen Beine machte, knetete er erstmals Waden- und Rückenmuskulatur des kickenden Personals. Er walkte insgesamt 28 Jahre und hörte erst 1990 damit auf, nachdem die Borussia ihre Unschuld verloren und den ersten Trainer vorzeitig entlassen hatte. Der Borussia wurde er allerdings nicht untreu. Er arbeitete fortan in der Verwaltung, bekleidete das Amt eines Dopingbeauftragten, kümmerte sich um die ➔ „Weisweiler-Elf" genannte Traditionsmannschaft und war maßgeblich an der Ausstellung im Schloss Rheydt zu Borussias 100. Geburtstag beteiligt.

Straka, Frantisek. Der Tscheche verlieh zu Beginn der Neunziger der Abwehr die nötige Stabilität im Abstiegskampf. Kaum war die Zweitklassigkeit in Gladbach vermieden, nahm „Franz" an der WM in Italien teil.
★ *21.5.1958. 1988-91. 81 BL-Spiele, 1 Tor. Tschechischer Nationalspieler. WM-Teilnehmer 1990.*

Sude, Ulrich. Allzu oft verletzter Torwart – ungemein beliebt, aber trotz beeindruckender Elfmeter-Quote kein Denkmal im Tor. Nach dem Karriereende trainierte er etliche Vereine – darunter den VfL Osnabrück, Borussia Fulda, den FC Homburg und den 1. FC Saarbrücken. Im Jahr 2000 kehrte er als Jugendkoordinator an den Bökelberg zurück.
★ *19.4.1956. 1980-86. 126 BL-Spiele, kein Tor.*

Supercup. 1977 wurde zwischen dem deutschen Meister und dem deutschen Pokalsieger der so genannte „Supercup" noch auf freiwilliger Basis ausgespielt, seit 1987 ist es ein offizieller Wettbewerb des DFB. Die Borussia gelangte in dieses sportlich bedeutungslose Duell zweimal – und verließ den Platz einmal als Sieger und einmal als Verlierer. 1977 gewann sie in Hamburg als Meister gegen Cupsieger Hamburger SV mit 3:2, 1995 unterlag sie in Düsseldorf als Pokalsieger dem Meister aus Dortmund mit 0:1.

Surau, Ulrich. Der Vorstopper wurde bei der Borussia zur tragischen Figur: Ausgerechnet beim 5:1-UEFA-Cup-Triumph in Enschede 1975 musste Surau nach 13 Minuten verletzt ausscheiden und Schäffer Platz machen. Kleiner Trost: Zu diesem Zeitpunkt führte die Borussia mit ihm schon 2:0...
★ *19.8.1952. 1971-76. 57 BL-Spiele, 3 Tore. 1975, 1976 Deutscher Meister, 1973 DFB-Pokalsieger, 1975 UEFA-Cup-Sieger.*

Szordykowski, Zenon. Der seit Mitte der Neunziger bei Borussia beschäftigte Pole ist vermutlich der einzige Masseur der Welt mit einer eigenen Anhängerschaft. Seit der Begegnung gegen Ahlen im Oktober 2000 pflegen Fans ihrer Verehrung für den Meister der helfenden Hände Ausdruck zu verleihen, indem sie Transparente und das Konterfei des Angebeteten in Übergröße in TV-Kameras halten oder ganze Werbebanden damit dekorieren.

T

Tabellenführer. War die Borussia seit dem Bundesligaaufstieg 1965 genau 127-mal. Das erste Mal am 31. Oktober 1969 nach genau 147 Spielen im Fußballoberhaus und einem 5:1 über Alemannia Aachen. Das bisher letzte Mal am 15. August 1998 nach dem ersten Spieltag der Abstiegssaison und einem 3:0 über den FC Schalke 04. In der zweiten Liga gelang es ihr in zwei Spielzeiten ein einziges Mal – am 23. April 2001 nach einem 2:0 beim MSV Duisburg.

Tabellenletzter. ➔ Rote Laterne

Tante Titti. Spitzname von Mathilde Brückmann, die von Mitte der Sechziger bis Ende der Achtziger in ihrem „Profi-Internat" in der Mönchengladbacher Karstraße jungen Fohlen die Ersatz-Mutti machte. Bonhof oder Effenberg gehörten zu den Borussen-Kindern im Teenie-Alter, die sich in die Obhut der kinderlosen Fabrikanten-Witwe begaben. Alle Untermieter hatten sich ihrem strengen Regiment bedingungslos unterzuordnen – wer um 23 Uhr noch nicht im Bett war, konnte mit der rührigen und dennoch resoluten Dame reichlich Ärger bekommen.

ter Avest, Berthil. Weil er anfangs viele Fehler machte und kaum Akzente setzte, hatten die Fans den linksfüßigen Niederländer schnell auf dem Kieker. Trotz Rückendeckung Meyers, der ihn schon in Enschede trainiert hatte, dachte der Mittelfeldmann ob der ständigen Schmährufe an Aufgabe, Resignation, Flucht. Doch als es dann plötzlich besser lief und er sogar mal ein Spiel entschied, hatten sich alle ganz schnell wieder lieb.
★ *19.11.1970. Seit 2000. 20 Zweitliga-Spiele, 1 Tor.*

Terrier. Spitzname des „Wachhundes" Berti ➔ Vogts, bis er nach seinem Karriereende Trainer wurde und bald nur noch „Bundesberti" hieß.

Thiele, Günter. Den „Schädel" (Spitzname) hielt der Mittelstürmer in Gladbach längst nicht so erfolgreich hin wie zu seinen Düsseldorfer Zeiten. Nach drei Jahren verließ er den Bökelberg und zog über Duisburg und Berlin hinaus in die weite Welt Lateinamerikas.
★ *7.11.1961. 1986-89. 63 BL-Spiele, 14 Tore.*

Thierse, Wolfgang. Ostdeutscher SPD-Politiker, Bundestagspräsident und bekennender Gladbach-Fan. Weil er unter Zeugen Gladbacher Mannschaftsaufstellungen aus den Siebzigern fehlerfrei herunterbeten konnte, bekam er zum 50. Geburtstag vom damaligen Manager Rüssmann ein Originalfoto der Meistermannschaft von 1975 überreicht.

Tiefe des Raumes. Mystisch-mirakulöses Fußballfeld-Nirwana, aus dem bekanntlich Günter Netzer zu kommen pflegte.

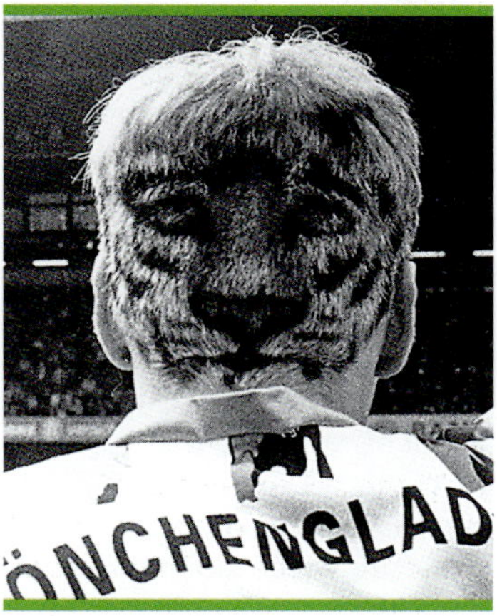

Tiger. Spitzname von Stefan Effenberg, nachdem er sich im Anschluss an eine verlorene TV-Wette vom Friseur seines Vertrauens das Gesicht eines Tigers in sein Haupthaar einarbeiten ließ. Der gefährlich klingende Name verhalf Effenberg zu merklich besseren Leistungen, zu größerem Respekt seitens seiner Mit- bzw. Gegenspieler und zu gewisser musikalischer Prominenz.
➔ Haare ➔ Post

Titel. Holte Borussia in 101 Jahren so einige. Als da wären: Deutscher Meister (5x), Deutscher Pokalsieger (3x), UEFA-Cup-Sieger (2x), Deutscher Supercup-Sieger (1x), Westdeutscher Meister (1x), Westdeutscher Pokalsieger (1x), Regionalligameister (1x), Niederrheinmeister (1x), Rheinbezirksligameister (5x), Europas Mannschaft des Jahres (1x), Deutschlands Mannschaft des Jahres (2x).

Titel-Hattrick. Seit dem Jahr 1903, als mit dem VfB Leipzig der erste Deutsche Meister ermittelt wurde, ist es erst zwei Vereinen gelungen, die Schale dreimal hintereinander zu gewinnen – dem FC Bayern (1972-74, 1985-87, 1999-2001) und der Borussia (1975-77).

Titelverteidigung I. 1970 und 1971 gewann Gladbach die ersten beiden Deutschen Meisterschaften. Die Borussia war damit in der Geschichte der Bundesliga die erste Mannschaft, die ihren Titel erfolgreich verteidigte.

Titelverteidigung II. 1972 und 1973 wurde Günter Netzer jeweils zum „Fußballer des Jahres" gewählt. Seit Gründung des Wettbewerbs 1960 war er damit der erste Spieler, der seinen Titel erfolgreich verteidigte.

Titelverteidigung III. Im September und Oktober 1973 wurde jeweils Bernd Rupp von den Zuschauern der ARD-„Sportschau" zum „Torschützen des Monats" gewählt. Der Stürmer war damit der erste Spieler, der seinen Titel von einem Monat zum anderen erfolgreich verteidigte. Nach ihm schafften das bis heute gerade mal vier andere: Gerd Müller (1976), Allan Simonsen (1977), Stefan Kuntz (1993) und Jürgen Klinsmann (1994).

Tod. Fünf der seit dem Bundesligaaufstieg bei der Borussia zum Einsatz gekommenen Spieler weilen längst nicht mehr unter den Lebenden: Heinz Lowin, Vladimir Durkovic, Klaus Winkler, Egon Milder und Albert Jansen.

Töpperwien, Rolf. TV-Knautschgesicht aus Mainz, den man seit dem 7. April 1992 am Bökelberg stets mitleidig mit Kupfergeld bewirft. Der ZDF-Reporter mischte sich an jenem Abend, da Uwe Kamps im Elfmeterschießen des DFB-Pokal-Halbfinales gegen Leverkusen alle vier Strafstöße hielt, nach dem Abpfiff todesmutig unter die enthusiasmierten Fans. Bei seinem Bemühen, als erster mit dem Helden des Abends zu sprechen, wurde „Töppi“ von Taschendieben das prall gefüllte Portemonnaie geklaut. Die Borussenfans zahlen dem notorischen Vielredner den verschwundenen Betrag seither pfennigweise zurück.

Tor des Jahres. 1971 erstmals ausgelobt, holten sich die Borussen die Auszeichnung der ARD gleich dreimal hintereinander. 1971 gewann Ulrik Le Fèvre den Wettbewerb, 1972 und 1973 jeweils Günter Netzer. Seither ist noch ein „Tor des Jahres“ hinzugekommen – Harald Nickels 40-Meter-Hammer 1979 gegen Inter Mailand.

Tor des Monats. Bei dem von der ARD-„Sportschau“ 1971 erfundene Spielchen wurden in 30 Wettbewerbs-Jahren Borussen-Spieler genau 32-mal zu Torschützen des Monats gewählt. Das erfolgreichste Jahr war 1973: Von zwölf Toren entfielen auf Gladbacher Spieler gleich sechs (je zweimal Netzer, Heynckes, Rupp). Der erfolgreichste Spieler der Borussia war dabei Günter Netzer: Er gewann die Plakette im April 1971, November 1972, März 1973 und Juni 1973 gleich viermal.

Torfabrik. Ende der Sechziger und Anfang der Siebziger respektvolle Ehrenbezeichnung für die Gladbacher, die als erste in der Liga zweistellige Siege herausschossen und durch imposante Trefferquoten auffielen. 1967/68 waren es 77, 1969/70 71, 1970/71 77, 1971/72 82, 1972/73 82, 1973/74 93, 1974/75 86 Tore. Unter Lattek wurde schon Kurzarbeit eingeführt (1976/77: 58, 1978/79: 50) – und unter Jürgen Gelsdorf (1991/92: 37) wurde die Fabrik endgültig geschlossen.

Torflut. Eine ebensolche brach über die Borussia in der Oberliga-Saison 1956/57 herein. Am Ende der Spielzeit hatte die Mannschaft in 30 Begegnungen satte 112 Treffer kassiert. Bei 23 Niederlagen, vier Remis und nur drei Siegen bedeutete dies zwingend den letzten Tabellenplatz und den Abstieg in die Bedeutungslosigkeit der 2. Liga West.

Torhagel. Nachdem Borussia am 29. April 1978 mit 12:0 gegen Borussia Dortmund den bis heute höchsten Sieg der Bundesliga-Geschichte herausgeschossen hatte, wurde der damalige Coach des BVB mit einer neuen Ehrenbezeich-

29. April 1978: Torflut im Rheinstadion.

nung geschmückt – er hieß statt Otto Rehhagel nur noch Otto Torhagel…

Torschützenkönig. Insgesamt viermal durften sich in 34 Erstligajahren Spieler der Borussia mit dem Titel des Bundesliga-Torschützenkönigs schmücken. Jupp Heynckes holte sich die vom Sportmagazin „Kicker" gestiftete Kanone für den besten Goalgetter gleich zweimal – 1974 (30 Tore, gemeinsam mit Gerd Müller) und 1975 (27 Tore). Uwe Rahn (1987, 24 Tore) und Heiko Herrlich (1995, 20 Tore, gemeinsam mit Mario Basler) durften sich je einmal freuen.

Torverhältnis. Zweimal vereitelte ein vergleichsweise schlechtes Torverhältnis eine Deutsche Meisterschaft der Borussia. 1978 wurden die Gladbacher mit 48:20 Punkten Vizemeister hinter dem punktgleichen 1. FC Köln – das um drei Treffer bessere Torverhältnis der Kölner (86:41) gegenüber dem der Borussia (86:44) verhinderte Gladbachs vierten Meistertitel in Folge. 1983/84 blieb gar trotz Punktegleichheit (48:20) mit dem Meister nur der dritte Rang hinter dem VfB Stuttgart und dem Hamburger SV. Stuttgart verbuchte ein Torverhältnis von 79:33, Hamburg eines von 75:36. Borussia hatte zwar 81 Tore geschossen, aber auch 48 kassiert.

Torwandschießen. Noch hat niemand alle Sechse verwandelt im „Aktuellen Sport-Studio" des ZDF. Deshalb hält Günter Netzer – gemeinsam mit solch Granaten wie Günter Hermann oder Reinhold Saftig – noch immer die Bestmarke von fünf Treffern. Ob drei unten und zwei oben oder zwei unten und drei oben? Sie können vielleicht Fragen stellen…

Torwart-Tore. Ob sie Kleff oder Kneib, Sude oder Kamps hießen:

Ein Tor haben Borussias Bundesliga-Keeper nie geschossen. Dafür hat sich 1950 Oberliga-Torwart Josef Köhnen für immer in die Vereinshistorie geschossen. Am 19. November verwandelte der Mann zwischen den Pfosten drei Minuten vor dem Ende einen Elfmeter gegen die SpVgg Erkenschwick zum Sieg bringenden 2:1. Es sollte bis zum heutigen Tag das einzige Pflichtspieltor eines Borussen-Torwarts bleiben.

Trabrennsport I. Auf der Gladbacher Trabrennbahn an der Niersbrücke wurde am 10. April 1994 ein großer „Borussia-Renntag" ausgetragen. Pferde und Jockeys wetteiferten beim „Karlheinz-Pflipsen-Rennen", beim „Martin-Dahlin-Preis" oder beim „Großen Preis der Borussia" um insgesamt 130.000 Mark.

Trabrennsport II. Als Borussen-Trainer war er allenfalls zweite Garnitur, als Trabrennsportler jedoch erste Sahne. Mit seinem Hengst „Andy Diamond" gewann Gladbachs Trainer Hannes Bongartz am 19. Mai 1997 die Deutsche Amateur-Meisterschaft der Trabrennfahrer in Hamburg-Bahrenfeld.

Trainer. Verschliss die Borussia in 34 Erstligajahren ganze elf, was im Durchschnitt eine Verweildauer von 3,09 Jahren ergibt. Die Ahnengalerie im Einzelnen: Hans Krätschmer (1946-1950), Werner Sottong (1950-1951), Heinz Ditgens und Paul Pohl (1951-1952), Fritz Pliska (1952-1954), Fritz Silken (1954-1955), Klaus Dondorf (1955-1957), Fritz Pliska (1957-1960), Bernd Oles (1960-1962), Fritz Langner (1962-1964), Hennes Weisweiler (1.7.1964-30.6.1975), Udo Lattek (1.7.1975-30.6.1979), Jupp Heynckes (1.7.1979-30.6. 1987), Wolf Werner (1.7.1987-21.11.1989), Gerd vom Bruch (22.11.1989-5.9.1991), Jürgen Gelsdorf (3.10.1991-6.11.1992), Bernd Krauss (7.11.1992-7.12.1996), Hannes Bongartz (19.12.1996-29.11. 1997), Norbert Meier (1.12.1997-31.3.1998), Friedel Rausch (1.4. 1998-9.11.1998), Rainer Bonhof (10.11.1998-31.8.1999), Hans Meyer (seit 7.9.1999).

Trainer-Examen. Seit Klaus-Dieter Sieloff am 5. März 1970 als erster Borussenspieler sein Trainerexamen bestand, haben Dutzende von Gladbacher Spielern nach dem Karriereende auf Fußballlehrer umgeschult. Als Coaches zu Bundesligateams wie Nationalmannschaften verschlug es im Laufe der Jahre die Herren Bonhof, Heynckes, Köppel, Köstner, Krauss, Lienen, Meier, Schäfer, Simonsen, Stielike, Vogts und Wohlers. Zählt man die ganzen Zweitliga-, Regionalliga-, Oberliga- und Co-Trainer hinzu, kommt man locker auf 50 Fußball-Lehrer mit Gladbacher Vergangenheit.

Trainerrauswurf. Galt in Mönchengladbach 25 Jahre lang als unfein, unseriös und unvorstellbar. Seit die Borussia allerdings im November 1989 erstmals Tabellenletzter war und mit Wolf Werner den ersten Coach vorzeitig entließ, ist

Trainingsfrei. „Der Arie hat so viel gearbeitet, der kriegt trainingsfrei. Der soll sich ins Bett legen, und wir werden ihm Luft zufächeln."
Trainer Hans Meyer im März 2001 über seinen körperlich ausgelaugten Mittelstürmer Arie van Lent

der Bann gebrochen. Unter der Herrschaft von Rolf Rüssmann wurde das Fußball-Lehrer-Rauswerfen am Bökelberg sogar zu einer Art Königsdisziplin: In nicht ganz zehn Jahren sahen die Fans in Mönchengladbach neun verschiedene Trainer.

Transferrekord. Als Heiko Herrlich im Sommer 1995 nach großem juristischen Hickhack für eine Ablöse von rund 11 Millionen Mark von Gladbach nach Dortmund rübermachte, war ein Bann gebrochen: Erstmals in der Geschichte der höchsten deutschen Spielklasse wechselte ein Spieler innerhalb der Liga für einen zweistelligen Millionenbetrag den Verein. Fünf Jahre später stellte Borussia dann selbst einen Transferrekord auf: Die drei Millionen Mark für Peter van Houdt waren die bis dato höchste Ablösesumme, die ein Zweitligist für einen neuen Spieler je auf den Tisch gelegt hatte.

Trikotwerbung. ➔ Erdgas

Turek, Toni. Hielt bei der WM 1954 derart großartig, dass ihn Radioreporter Herbert Zimmermann in unvergesslicher Weise zum „Fußballgott" ausrief. Nur zwei Jahre nach seinen legendären Darbietungen und inzwischen 37 Jahre alt, beendete der Weltmeister seine Karriere im Kasten des Oberligisten Borussia Mönchengladbach. Es wurde dafür auch allerhöchste Zeit: In vier Einsätzen kassierte der einstige Weltstar satte 17 Tore und ward fortan nie mehr zwischen den Pfosten gesehen.

U

UEFA-CUP. Gewann die Borussia im Laufe ihrer Geschichte zweimal: 1975 gegen Twente Enschede, 1979 gegen Roter Stern Belgrad. Zwei weitere Finalteilnahmen endeten mit einer Enttäuschung: 1973 scheiterten die Gladbacher in den beiden Endspielen am FC Liverpool, 1980 an Eintracht Frankfurt. ➔ Liverpool ➔ Schaub

Berti Vogts mit der UEFA-Trophäe, 1979.

Uhse, Beate. Die Zuschauer auf dem Bökelberg staunten am 14. Februar 1970 nicht schlecht: Den Ball für das Bundesligaspiel zwischen den Borussen aus Gladbach und Dortmund hatte die bekannte Erotik-Tante aus Flensburg gespendet. Ob sie die Kugel zuvor mit Gleitcreme eingerieben hatte, entzieht sich unserer Kenntnis. Sie flutschte jedenfalls recht ordentlich: Gladbach schoss vier Tore, Dortmund zwei.

Unentschieden. In 309 von insgesamt 1.160 Erstligaspielen zwischen 1965 und 1999 spielte die Borussia gegen ihren jeweiligen Gegner unentschieden – 156-mal daheim, 153-mal auf fremden Plätzen. Im Jahr 1990/91 trieben es die Gladbacher besonders toll: In 17 von 34 Saisonspielen (also genau in jedem zweiten) gab es weder Sieger noch Verlierer.

Urlaubsgeld. Am 15. März 1997 regnete es gefälschte Geldscheine aus der Nordkurve am Bökelberg. Mit den 100-Mark-Noten, die das stets sonnenstudiogebräunte Antlitz Kalla ➔ Pflipsens zierte, protestierten die Fans gegen einen gelungenen Coup des Kickers, der die Borussia vors Arbeitsgericht gezerrt und dort ein nachträgliches Urlaubsgeld von 85.000 Mark erstritten hatte. Eine Aktion mit Langzeitwirkung: Die Borussen-Anhänger sollten Pflipsen bis zu seinem Abschied vom Bökelberg 1999 nie mehr richtig in ihr Herz schließen.

V

van der Kroft, Leo. Niederländischer Schiedsrichter, der sich durch schlimme Fehlpfiffe einen Spitzenplatz in der Hitliste der Gladbacher Hassfiguren zu sichern vermochte. Im Viertelfinale des Europapokals hatte die Borussia am 17. März 1976 bei Real Madrid anzutreten, das im Hinspiel zwei Wochen zuvor ein günstiges 2:2-Remis erkämpft hatte. Doch die Königlichen mit ihren deutschen Spielern Netzer und Breitner wurden vor heimischer Kulisse von den Gästen regelrecht vorgeführt. Dennoch erreichten sie nach 90 Minuten die nächste Runde, weil der holländische Pfeifenmann aus unerfindlichen Gründen zwei Treffer der Gladbacher nicht geben wollte. Das Spiel endete offiziell 1:1, Gladbach war draußen und Fußball-Deutschland außer sich vor Empörung. TV-Showmaster Rudi Carell blies daraufhin zur besten Sendezeit zur symbolischen Racheattacke. In seiner großen Samstagabend-Sendung hatte er Plakate von unbeliebten Persönlichkeiten aufgehängt und die Kandidaten gebeten, ihren bevorzugten Unsympathen mit rohen Eiern zu bewerfen. Mijnheer van der Kroft gewann diesen ungewöhnlichen Volksentscheid mit großem Vorsprung.

van Houdt, Peter. Der belgische Neuzugang von Roda Kerkrade brauchte eine lange Anlaufzeit, um sich in der zweiten deutschen Liga halbwegs zurechtzufinden. Vielleicht lastete auf ihm auch der

Druck der Zweitliga-Rekordablöse von rund 3 Millionen Mark. Wie auch immer: Irgendwann warf er einfach alle Hemmungen über Bord und den Turbo an. Im Laufe der Saison 2000/01 entpuppte er sich als Mann der entscheidenden Tore – sie brachen entweder den Widerstand des Gegners oder brachten drei Punkte.

★ *4.11.1976. Seit 2000. 33 Zweitliga-Spiele, 12 Tore. Belgischer Nationalspieler.*

van Lent, Arie. Als Bonhof den Torschützenkönig 1999 aus Fürth an den Bökelberg lockte, überwog bei Fans und Mitspielern die Skepsis. Die Mannschaft aus Franken war schließlich nie mehr als gediegenes Mittelmaß. Und die Bundesliga-Gehversuche des Deutsch-Niederländers bei Werder Bremen waren eher ungelenker Natur gewesen. Doch die Kritiker verstummten schnell. Der Mittelstürmer war in beiden Zweitliga-Spielzeiten der beste Stürmer bei der Borussia.

★ *31.8.1970. Seit 1999. 68 Zweitliga-Spiele, 33 Tore.*

Vater & Sohn. Ob Justin Vogts dermaleinst im Borussendress die Strafräume durchpflügen wird wie weiland sein Alter, weiß man nicht. Keinen Zweifel gibt es jedoch daran, dass in der Borussen-Historie zweimal Senior und Junior für die Gladbacher vor den Ball getreten haben. Zum einen die Herren Friedhelm (1959-1963) und Michael Frontzeck (1983-2000), zum anderen das Gespann Paul (1950-1953) und Klaus Winkler (1967-1969).

Vereinsfarben. Gemäß Paragraf 1, Absatz 1 der Satzung „grün weiß schwarz".

Vertrag. Vereinbarung zwischen Verein und Spieler, in dem u.a. die Art der Leistung, ihre zeitliche Dauer und ihre Vergütung festgelegt sind. Seit Heiko Herrlich 1995 trotz rechtskräftigen Vertrages mit Borussia Mönchengladbach seinen Wechsel nach Dortmund gerichtlich durchzusetzen vermochte, sind derartige Papiere eigentlich nur noch Makulatur. Wie gern denkt man bei derartigem Verfall der Sitten doch an die Anfänge des Profifußballs zurück. Da unterschrieb etwa Günter Netzer 1963 einen Lizenzspielervertrag, der ihm monatlich stolze 160 DM einbrachte und zusätzlich 10 DM für jeden Einsatz in Borussias erster Mannschaft.

Videocassette. Die Ansicht einer solchen genügte 1995 Trainer Krauss und Manager Rüssmann, um den australischen Angreifer Damian Mori als vermeintliche Verstärkung für die Borussia zu verpflichten. Hätten sie ihn nur einmal live in Augenschein genommen, wären sie vermutlich zu einem anderen Ergebnis gekommen. Der „Best-of"-Zusammenschnitt vieler schöner Tore aus der Gurkenliga „down under" täuschte nämlich gewaltig – nach nur sechs erfolglosen Einsätzen im Gladbacher Trikot flog der bundesligauntaugliche Stürmer zurück nach Adelaide ans andere Ende der Welt.

Vier. Zu vier Strafstößen traten die Leverkusener an im DFB-Pokal-Halbfinale 1992, Uwe Kamps hielt alle vier. Die Fehlversuche der Herren Jorginho, Herrlich, Lupescu und Kree brachte die Borussia nicht nur ins (dann allerdings verlorene) Pokalfinale gegen Hannover 96. Sie brachten auch dem deutschen Fußball einen neuen Fabelrekord. Dass nämlich ein Torhüter beim Elfmeterschießen sämtliche Bälle des Gegners hält, das hatte es bis zu jenem Abend am Bökelberg noch nicht gegeben.

Viererkette. Keine teuren Klunker vom Juwelier, sondern ein taktischer Kniff, den in deutschen Landen erstmals Gladbachs Trainer Bernd Krauss praktizieren ließ. Der Gelsdorf-Nachfolger löste den klassischen Libero auf, emanzipierte den tumben Vorstopper und ließ seine Defensivler stattdessen auf einer Linie spielen. Das war, da Neuland für sämtliche Beteiligte, nicht ohne Risiko, ging aber mehr als gut. Kastenmaier, Klinkert, Andersson und Neun hatten das Ganze irgendwann derart verinnerlicht, dass Borussia 1995 Pokalsieger wurde und 1996 den UEFA-Cup erreichte.

Vitus. Um das Jahr 300 herum gestorbener Märtyrer, seit dem Mittelalter einer der 14 Nothelfer, Patron gegen den Veitstanz und Schutzheiliger der Stadt Mönchengladbach. Einer seiner Nachfahren versuchte sich später auch in der hohen Kunst der Balltreterei. Doch Manfred Vitus, der zwischen 1965 und 1967 im Kader von Borussias Bundesligamannschaft auftauchte, brachte es trotz kurzen Drahtes nach ganz oben zu keinem einzigen Pflichtspieleinsatz.

Vize-Meister. Bundesliga-Zweiter wurde die Borussia zweimal in ihrer Geschichte: 1974 hinter den Bayern, 1978 hinter dem 1. FC Köln.

Vogts, Hans-Hubert. Als Weisweiler den Waisen 1965 zum Bökelberg holte, war der ein talentierter Klopper. Als er 14 Jahre später abtrat, war er ein Defensiv-Ass und Borussias Rekordspieler geworden und hatte alles erreicht, was man als Spieler hätte erreichen können. Als Trainer tat sich der ehemalige „Terrier“ weitaus schwerer. Sechs Jahre nach seinem Dienstantritt als Teamchef der deutschen Fußball-Nationalmannschaft wurde er 1996 zwar Europameister. Doch zwei Jahre später, nach einer missratenen WM, wurde „Bundesberti“ erfolgreich aus dem Amt gemobbt. Ende 2000 trat er das erste Vereins-Traineramt seines Lebens an. Bayer Leverkusen wollte mit ihm unbedingt einmal Deutscher Meister werden – es ging daneben...

★ *30.12.1946. 1965-79. 419 BL-Spiele, 33 Tore. 1970, 1971, 1975, 1976, 1977 Deutscher Meister, 1973 DFB-Pokalsieger, 1975 und 1979 UEFA-Cup-Sieger. Deutscher Nationalspieler, 96 Länderspiele (96 für Borussia), 1 Tor. Weltmeister 1974, WM-Teilnehmer 1970 und 1978, EM-Teilnehmer 1976. 1971 und 1979 Deutschlands Fußballer des Jahres.*

vom Bruch, Gerd. Als nach einer bespiellosen Negativserie das Unmögliche geschah und Trainer Werner im November 1989 achtkantig flog, rutschte sein unscheinbarer Assistent plötzlich auf den Cheftrainer-Sessel. Gerd vom Bruch konnte entgegen allen Prognosen zwar den Abstieg der Borussia verhindern, nicht aber langfristig für Besserung sorgen. Am 5. September 1991 wurde auch er als zweiter Trainer der Vereinsgeschichte gefeuert.

Vulkanausbruch. Auf Island kickte sich die Borussia zum höchsten Auswärtssieg ihrer Europapokal-Geschichte. Am 20. September 1973 gewann die Mannschaft bei IBV Vestmannaeyar mit 7:0. Wegen eines Vulkanausbruchs musste das Spiel allerdings statt in Vestmannaeyar in der Hauptstadt Reykjavik ausgetragen werden. Ob die Gastgeber auf vertrautem heimischen Platz wohl wesentlich besser ausgesehen hätten...?

W

Waddey, Werner. In der Regionalliga wirbelte er Mitte der Sechziger noch wunderbar – in der Bundesliga war er nur noch Reserve. Waddey war der erste dunkelhäutige Spieler im Borussen-Dress.

★ *22.3.1946. 1964-68. 22 BL-Spiele, kein Tor.*

Was bin ich? Jahrzehntelang riet Fernseh-Deutschland unter Robert Lembkes sachkundiger Anleitung heiter Berufe, füllten sich Schweinderl mit Heiermännern und machten unbekannte Menschen typische Handbewegungen. Da das vierköpfige Rateteam am Ende jeder Sendung verbundenen Auges einen Promi zu ermitteln hatte, verirrte sich im Frühjahr 1971 auch einmal Günter Netzer ins ARD-Studio. Nachdem der Guido, die Anette und der Hans ziemlich ahnungslos herumgefragt und sich so sechs bis sieben Neins abgeholt hatten, kam dem Gesuchten schließlich Marianne Koch auf die Schliche. Wie sie am Ende mit belegter Stimme die Lösung „Günter Netzer" hauchte – da hätte sich der Bayrische Rundfunk aus Gründen des Jugendschutzes eigentlich sofort ausklinken müssen...

Weisweiler, Hennes. Erfolgreichster Trainer der Gladbacher Vereinsgeschichte. 1964 noch zu Regionalligazeiten verpflichtet, verjüngte der gebürtige Kölsche Jong (*5.12.1919) die Borussen-Mannschaft radikal und verordnete ihr hemmungslosen Offensivfußball. Der Erfolg ließ nicht lange auf sich warten. In den elf Jahren seines Schaffens stieg er sensationell in die Bundesliga auf, gewann er drei Deutsche Meisterschaften, einen DFB-Pokal und einen UEFA-Pokal, machte er Borussia zweimal zu Deutschlands und einmal zu Europas Mannschaft des Jahres. Als ihn 1975 eine neue Herausforderung in Barcelona lockte, ging eine Ära zu Ende, und mit der Borussia ging es unter Nachfolger Lattek langsam bergab. Die Mönchengladbacher liebten ihren Hennes so sehr, dass sie ihm sogar verziehen, 1977 seinen Stammverein 1. FC Köln übernommen und mit diesem 1978 der Borussia die Meisterschaft gemopst zu haben. Hennes Weisweiler starb – nachdem er noch Cosmos New York und Grashoppers Zürich zu nationalen Meisterehren geführt hatte – am 5. Juli 1983 im schweizerischen Aesch. Zu seiner Trauerfeier im Kölner Dom kamen 20.000 Menschen.

Weisweiler-Elf. Neun Jahre nach dem Tod von Hennes Weisweiler gründeten Charly Stock und der einstige Netzer-Mitarbeiter Hans Davids die so genannte „Weisweiler-Elf". Ehemalige Borussen-Stars finden sich in ihr zusammen, um bei Hallenturnieren oder Freundschaftsspielen Geld für einen guten Zweck zusammenzuspielen und die Erinnerung an die goldenen Zeiten der Fohlen-Elf lebendig zu erhalten.

Weltpokal. Offizieller Pokalwettbewerb zwischen dem Sieger des Europapokals der Landesmeister und dem Südamerika-Pokalsieger der Landesmeister. Wiewohl die Borussia die begehrte europäische Trophäe nie errang, wetteiferte sie 1978 gegen Boca Juniors Buenos Aires einmal um den Weltpokal – der FC Liverpool hatte wegen Terminschwierigkeiten abgesagt und an seiner Stelle die Borussia ins Duell geschickt. Erfolg war den Gladbachern nicht beschieden – gegen die Argentinier gab es auswärts zwar ein 2:2, daheim allerdings eine derbe 0:3-Pleite.

Werner, Wolf. Nachfolger von Jupp Heynckes als Borussen-Coach und erster Trainer, der in Mönchengladbach vorzeitig seines Amtes enthoben wurde. Der gelernte Lehrer mit dem Esprit eines Ärmelschoners war für eine im Umbruch befindliche Mannschaft der falsche Mann zur falschen Zeit. Nachdem die Borussia 0:14 Punkte in Serie hingelegt hatte und durch ein 0:1 gegen Bayer Uerdingen zur Halbzeit der Saison 1989/90 erstmals in der Vereinsgeschichte auf den letzten Tabellenplatz gerutscht war, zog der Vorstand nach heftigen internen Querelen die Konsequenzen. Wolf Werner wurde am 21. November 1989 seines Amtes enthoben und durch seinen Assistenten Gerd vom Bruch ersetzt.

Westdeutscher Meister. Den für die damalige Zeit bedeutenden Titel gewann die Borussia am 24. April 1920 im Stadion an der Hammersteinstraße in Neuss durch ein 3:1 über den Kölner BC. Gegen den gleichen Gegner waren die Gladbacher acht Jahre zuvor noch gescheitert – im Finale 1912 siegten die favorisierten Kölner mit 4:2.

Westdeutsches Stadion. Offizieller und stets ungeliebter Name des 1919 eingeweihten neuen Stadions der Borussia, das die Einheimischen jedoch – der ursprünglichen Funktion des Platzes wegen – weiterhin „Kull" nannten und das heutzutage unter dem Namen → „Bökelberg" europaweit bekannt ist.

Wichtig. „Meistens verstehen die wichtigsten Leute im Club nichts vom Fußball."
Trainer Hans Meyer im März 2001 im Interview mit der „Süddeutschen Zeitung"

Wimmer, Herbert. Schwarzenbeck war in München der Putzer vom Kaiser – Wimmer in Gladbach der Wasserträger vom König. Aus der Helfershelfer-Rolle für Netzer ist „Hacki" nie so recht herausgekommen – obwohl die Titelsammlung ohne Netzer (drei Meisterschaften, 1 UEFA-Cup-Sieg) umfangreicher ist als die mit ihm (zwei Meisterschaften, ein DFB-Pokalsieg). Wimmer, später Kapitän in Gladbach, galt als konditionsstarkes „Laufwunder".
★ *9.11.1944. 1966-78. 366 BL-Spiele, 51 Tore. 1970, 1971, 1975, 1976, 1977 Deutscher Meister, 1973 DFB-Pokalsieger, 1975 UEFA-Cup-Sieger. Deutscher Nationalspieler, 36 Länderspiele (36 für Borussia), 4 Tore. 1974 Weltmeister, 1972 Europameister, 1976 EM-Teilnehmer.*

W

Wimmer, Walter. Nicht verwandt und nicht verschwägert mit Herbert – und nicht so gut. Entstammte der Borussia-Jugend, die 1962 Westdeutscher Meister geworden war. Absolvierte insgesamt zehn Spiele gemeinsam mit seinem Namensvetter.
★ *30.11.1943. 1962-67. 33 BL-Spiele, ein Tor.*

Winkhold, André. Ein gutklassiger Verteidiger, der 1990 seinen Stammplatz verlor und seine Zukunft fortan in der zweiten, mit Düsseldorf teilweise sogar in der dritten Liga suchte.
★ *4.3.1962. 1985-90. 128 BL-Spiele, 3 Tore.*

Witeczek, Marcel. In Kaiserslautern war er mal ein Star. Bei Bayern noch ein brauchbarer zwölfter Mann. Und in Gladbach nur noch Kapitän einer Zweitliga-Mannschaft. Die Torgefährlichkeit des Stürmers, für den die Bayern mal 5 Mio. DM bezahlt hatten, blitzte in Gladbach nur selten auf, dafür bewährte er sich als erfahrener Mittelfeldmann.
★ *18.10.1968. Seit 1997. 62 BL-Spiele / 3 Tore; 64 Zweitliga-Spiele / 9 Tore.*

Wittkamp, Hans-Jürgen. Wittkamp holte mit der Borussia drei Meisterschaften – beim DFB-Pokal-Triumph 1973 war er wegen Beteiligung am Bundesligaskandal gesperrt. Ein wunderbarer Libero mit torgefährlicher Stirn, der auch international Karriere hätte machen können, wenn Franz Beckenbauer nicht gewesen wäre…
★ *23.7.1947. 1971-1978. 179 BL-Spiele, 29 Tore. 1975, 1976, 1977 Deutscher Meister, 1975 UEFA-Cup-Sieger.*

Wittmann, Heinz. War drei Spielzeiten lang Stammverteidiger – als dann Bleidick, Bonhof und arge Verletzungen kamen, saß er meist nur noch auf der Bank. Immerhin: Beim Gladbacher Europapokal-Debüt gegen Larnaca war der gelernte Kaufmann mit von der Partie.
★ *12.9.1943. 1965-72. 124 BL-Spiele, kein Tor. 1970, 1971 mit Borussia Deutscher Meister.*

WM-Teilnehmer. Während sie das Gladbacher Trikot trugen, nahmen insgesamt 13 Borussen an einer Weltmeisterschaft teil: Andersson (1994), Bonhof (1974, 1978), Brülls (1962), Dahlin (1994), Dietrich (1970), Hannes (1982), Heynckes (1974), Kleff (1974), Matthäus (1982), Rahn (1986), Sieloff (1970), Vogts (1970, 1974, 1978) und Wimmer (1974).

Wohlers, Horst. Der ausgebildete Lehrer spielte in Borussias letzten Meisterjahren im Mittelfeld oder als Libero – ein technisch starker Mann ohne großen Tordrang. Und mit einem B-Länderspiel in den Annalen.

★ *6.8.1949. 1975-80. 95 BL-Spiele, 7 Tore. 1976, 1977 Deutscher Meister, 1979 UEFA-Cup-Sieger.*

Wuttke, Wolfram. Ein superber Fußballer – aber ein schwieriger Fall. Er kam auf vier Länderspiele, aber nirgendwo richtig zurecht. Mit Pinkall und Mill bildete er ein schwer ausrechenbares Sturmtrio, mit Jupp Heynckes, den er bissig „Osram“ nannte, verband ihn eine Hassliebe. Wuttke war ein Fall wie Uwe Rahn: sinnlos vergeudetes Talent.

★ *17.11.1961. 1980-83. 58 BL-Spiele, 9 Tore. Deutscher Nationalspieler, 4 Länderspiele (keines für Borussia), 1 Tor.*

Wynhoff, Peter. Einst ein Zappelphilipp ohne Aussicht auf Besserung, stand „Glatze“, ein guter Techniker und exzellenter Mannschaftsspieler, später kurz vor dem Sprung ins Nationalteam. In der Abstiegssaison tauchte er endgültig in die Bedeutungslosigkeit ab – wie so viele.

★ *29.10.1968. 1989-99. 240 BL-Spiele, 34 Tore. 1995 DFB-Pokalsieger.*

Z

Zauberer am Ball. Gibt es nur alle paar Jahre mal einen: Pelé, Beckenbauer, Maradona. Gladbach hatte in 35 Bundesliga-Jahren mit Günter Netzer zumindest einen. Wenn auch die gleichnamige Schriftenreihe aus den frühen Siebzigern auch Berti Vogts mit diesem Attribut schmückte.

Zuschauer. „Volles Haus“ – das hieß in Superarenen wie München oder Düsseldorf oder Frankfurt stets gute 60.000 Zuschauer. Wenn in Gladbach nur halb so viel Leute kamen, war der Bökelberg mit seinem Fassungsvermögen von nicht mal 35.000 Zuschauern bereits knallvoll. Entsprechend bescheiden nahmen sich im Laufe der Jahre die Zuschauerzahlen am Bökelberg aus. Das Spieljahr mit dem besten Besuch aller Zeiten war das 1994/95. 533.900 Besucher passierten in jener Saison die Stadiontore – ein Schnitt von 31.406 pro Heimspiel. Dahingegen war die schwächste Saison die aus dem Jahr 1988/89 – keine 233.200 Zuschauer pilgerten seinerzeit zum Bökelberg, was gerade mal 13.647 Personen pro Partie entsprach. Wenn das alles schon nicht rekordverdächtig klingt, so sei doch zumindest vermerkt, dass die Borussia an derjenigen Bundes-

Zehn. „Die haben für zehn Jahre genug.“
Gladbachs Ersatzkeeper Manfred Orzessek am 7. Januar 1967 nach dem Gladbacher 11:0 über seinen Ex-Club Schalke 04

ligabegegnung mit dem miserabelsten Zuschauerzuspruch aller Zeiten maßgeblich beteiligt war. Zum Gastspiel der Fohlen bei Tasmania Berlin kamen am 15. Januar 1966 genau 827 zahlende Zuschauer. Die Kicker passten sich diesem schier ununterbietbaren Minusrekord an und trennten sich 0:0.

Zweistelligkeit. Die Borussia feierte in 34 Spieljahren in der Fußball-Bundesliga viermal Siege in zweistelliger Höhe. Gegen Borussia Neunkirchen (4.11.1967) und Eintracht Braunschweig (11.10.1984) gab es jeweils ein 10:0, gegen Schalke 04 (7.1.1967) ein 11:0 und gegen Borussia Dortmund (29.4.1978) gar ein 12:0. Es ist bis heute der höchste Sieg in der Ligageschichte geblieben.

Zweite Bundesliga. Der Abstieg in die Zweitklassigkeit 1999 war bitter für alle Fans der Borussia. Nachdem es im ersten Anlauf mit der sofortigen Rückkehr ins Oberhaus nicht geklappt hatte (5. Platz), ist die Mannschaft von Hans Meyer im Sommer 2001 nach zweijähriger Abstinenz in Deutschlands höchste Spielklasse zurückgekehrt (2. Platz).

Zweite Liga West. Unterbau der Oberliga West, in der die Borussen die Spielzeiten 1949/50, 1951/52 und 1957/58 verbringen mussten.

Zwillinge. Gleich zwei Zwillingspärchen hatte die Borussia seit Einführung der Bundesliga unter Vertrag. Heinz und Dieter Baumanns (1967/68) kamen nie zum Einsatz, Helmut und Erwin Kremers (1967-1969) dagegen sehr wohl. Am 18. Januar 1969 standen sie zum ersten Mal zusammen auf dem Feld – als Außenverteidiger der eine, als Außenstürmer der andere. Die Gegner des 1. FC Köln schien der Trick mit dem Doppel-Kremers ordentlich verwirrt zu haben – die Domstädter verloren vor heimischer Kulisse gegen entfesselte Gladbacher mit 1:4.

Who is who? Die Kremers-Zwillinge 1967. Rechts: Erwin, links: Helmut. Oder andersrum…?

Statistik

Hindenburgstraße 170 • Im Vitus Center am Hbf • Info-Tel.: 0 21 61/ 17 83 22
tickets
& more
Konzerte • Musicals • Sportevents • Theater
www.ticketsandmore.de
Info-Tel.:
0 21 61 / 17 83 22
jazz
klassik
schlager
musical
rock
volksmusik
electronic
open air
rave
and more:
• Poster
• CDs
• ...
Egerstraße 2-4 • 41236 Mönchengladbach • Tel.: 02166 / 92 40 92 • Fax: 02166/2 03 27 • E-Mail: MGMedien@aol.com
stadtmagazin
Mönchengladbach
Kostenlos!
An über 400
Verteilstellen
im Stadtgebiet
Jeden Monat:
Die aktuelle Borussia-
Berichterstattung
Und sonst:
• Tipps und alle Termine
• Partyrama - Was geht wo weshalb?
• Film-, CD-, Buchkritiken
• Politik, Kultur, Live-Musik
Im Netz:
www.bewegungsmelder.de/moenchengladbach
stadtmagazin
Das Bökelberg-Imperium schlägt zurück
Outlet-Special
Pornographie?
Open Airs
Crocodile Dundee in Los Angeles
AB 21. JUNI NUR IM KINO

Daten zum Verein

Name: Borussia VfL 1900 Mönchengladbach
Gründung: 17. November 1899 (offiziell: 1. August 1900)

Titel:
Meister der 2. Klasse II. Bezirk Niederrhein 1907
Meister der B-Klasse II. Bezirk Niederrhein 1909
Meister des Rheinischen Südkreises 1912
Kriegspokalsieger des rheinischen Nordkreises 1915
Westdeutscher Meister 1920
Rheinbezirksligameister 1929, 1939, 1940, 1941, 1944
Niederrheinmeister 1935
Mönchengladbacher Kreismeister 1946
Meister der 2. Liga West 1952
Westdeutscher Pokalsieger 1960
Meister der Regionalliga West 1965
Deutscher Pokalsieger 1960, 1973, 1995
Deutscher Meister 1970, 1971, 1975, 1976, 1977
UEFA-Cup-Sieger 1975, 1979
Deutscher Supercup-Sieger 1977
Deutschlands Mannschaft des Jahres 1971, 1975
Europas Mannschaft des Jahres 1975

Sportarten: Fußball, Handball, Tischtennis

Mitglieder: 6.800

Präsident: Dr. Adalbert Jordan
Vizepräsident: Rolf Königs
Präsidiumsmitglied: Siegfried Söllner
Manager: Christian Hochstätter

Adresse:
Borussia VfL 1900 Mönchengladbach
Bökelstraße 165
41063 Mönchengladbach
Telefon: 02161 / 92 93-0
Telefax: 02161 / 92 93 19
Hotline: 02161 / 93 90
Internet: www.borussia.de

Borussias Präsidenten von damals bis heute

Bertrams 1901
Christoph Schnock 1903
Ernst Lehmann 1909
Heinz Körstgens 1912
Wilhelm Hollendung 1920
Johann Dietzler 1938
Matthias Contze 1946
Edmund Pulheim 1949
Theo Grams 1953
Edmund Pulheim 1954
Paul Wernecke 1957
Dr. Udo Schulten 1961
Dr. Helmut Beyer 1962
Karl-Heinz Drygalsky 1992
Wilfried Jacobs 1997
Dr. Adalbert Jordan 1999

Borussias Trainer seit 1945

Hans Krätschmer (1946-1950)
Werner Sottong (1950-1951)
Heinz Ditgens und Paul Pohl (1951-1952)
Fritz Pliska (1952-1954)
Fritz Silken (1954-1955)
Klaus Dondorf (1955-1957)
Fritz Pliska (1957-1960)
Bernd Oles (1960-1962)
Fritz Langner (1962-1964)
Hennes Weisweiler (1.7.1964-30.6.1975)
Udo Lattek (1.7.1975-30.6.1979)
Jupp Heynckes (1.7.1979-30.6.1987)
Wolf Werner (1.7.1987-21.11.1989)
Gerd v. Bruch (22.11.1989-5.9.1991)
Jürgen Gelsdorf (3.10.1991-6.11.1992)
Bernd Krauss (7.11.1992-7.12.1996)
Hans Bongartz (19.12.1996-29.11.1997)
Norbert Meier (1.12.1997-31.3.1998)
Friedel Rausch (1.4.1998-9.11.1998)
Rainer Bonhof (10.11.1998-31.8.1999)
Hans Meyer (seit 7.9.1999)

Die meisten Bundesligaeinsätze (in der 1. und 2. Bundesliga)

1. Uwe Kamps 456
2. Berti Vogts 419
3. Herbert Wimmer 366
4. Christian Hochstätter 339
5. Hans-Günter Bruns 331
6. Wolfgang Kleff 321
7. Jörg Criens 290
8. Jupp Heynckes 283
9. Michael Klinkert 281
10. Martin Schneider 266
11. Wilfried Hannes 261
12. Jörg Neun 257
13. Ewald Lienen 244
14. Peter Wynhoff 240
15. Rainer Bonhof 231
16. Günter Netzer 230

Borussias Rekordschützen (in der 1. und 2. Bundesliga)

1. Jupp Heynckes 195
2. Herbert Laumen 97
3. Jörg Criens 92
4. Günter Netzer 82
5. Uwe Rahn 81
6. Allan Simonsen 76
7. Frank Mill 71
8. Hans-Günter Bruns 61
9. Martin Dahlin 60
10. Wilfried Hannes 58
11. Christian Hochstätter 52
12. Herbert Wimmer 51
13. Bernd Rupp 50
14. Henning Jensen 44
15. Rainer Bonhof 42

Borussen im deutschen Nationaltrikot

Berti Vogts 96
Rainer Bonhof 40
Jupp Heynckes 38
Herbert Wimmer 36
Günter Netzer 31
Lothar Matthäus 26
Albert Brülls 22
Michael Frontzeck 16
Uwe Rahn 14
Frank Mill 9
Wilfried Hannes 8
Uli Stielike 6
Wolfgang Kleff 6
Dietmar Danner 6
Klaus-Dieter Sieloff 6
Horst Köppel 4
Hans-Günter Bruns 4
Stephan Paßlack 4
Heinz Ditgens 3
Heiko Herrlich 3
Harald Nickel 3
Karl Del'Haye 2
Hartwig Bleidick 2
Christian Hochstätter 2
Herbert Laumen 2
Peter Dietrich 1
Bernd Rupp 1
Peter Meyer 1
Ludwig Müller 1
Karlheinz Pflipsen 1

Borussias Rekord-Nationalspieler: Berti Vogts.

Ausländische Nationalspieler im Borussen-Trikot

Patrik Andersson: Schweden
Igor Belanow: Sowjetunion
Martin Dahlin: Schweden
Igor Demo: Slowakei
Vladimir Durkovic: Jugoslawien
Ulrik Le Fèvre: Dänemark
Kai-Erik Herlovsen: Norwegen
Peter van Houdt: Belgien
Vladimir Ivanov: Bulgarien
Henning Jensen: Dänemark
Andrzej Juskowiak: Polen
Bernd Krauss: Österreich
Robert Langers: Luxemburg
Ioan Lupescu: Rumänien
Johnny Mölby: Dänemark
Damien Mori: Australien
Carsten Nielsen: Dänemark
Peter Nielsen: Dänemark
Per Pedersen: Dänemark
Jörgen Pettersson: Schweden
Toni Polster: Österreich
Kjetil-Andre Rekdal: Norwegen
Shmuel Rosenthal: Israel
Bachirou Salou: Togo
Allan Simonsen: Dänemark
Zeljko Sopic: Kroatien
Göran Sörloth: Norwegen
Frantisek Straka: CSSR
Erik Thorstvedt: Norwegen
Steen Thychosen: Dänemark

Platzierungen der Borussia seit 1899

1899-1902
Keine Ausspielung von Meisterschaften im Rheinisch-Westfälischen Spielverband (RWSV)

1902/03
Borussia wird erst am 23. Februar 1903 in den RWSV aufgenommen

1903/04
Borussia nimmt an den Meisterschaftsspielen nicht teil

1904/05: 3. Klasse
Platz 1 / Punkte 3:1 / Tore: ?
Zuschauerschnitt: unbekannt

1905/06:
Borussia nimmt an den Meisterschaftsspielen nicht teil

1906/07: 2. Klasse
Platz 1 / Punkte 16:0 / Tore 25:8
Zuschauerschnitt: unbekannt

1907/08: 2. Klasse, Gruppe B
Platz 3 / Punkte 11:9 / Tore 19:13
Zuschauerschnitt: unbekannt

1908/09: B-Klasse, Gruppe Süd
Platz 1 / Punkte 9:3 / Tore 10:7
Zuschauerschnitt: unbekannt

1909/10: A-Klasse
Platz 4 / Punkte 12:12 / Tore 28:29
Zuschauerschnitt: unbekannt

1910/11: A-Klasse, Gruppe West
Platz 5 / Punkte 21:15 / Tore 48:31
Zuschauerschnitt: unbekannt

1911/12: A-Klasse, Gruppe Nord
Platz 1 / Punkte 25:3 / Tore 53:10
Zuschauerschnitt: unbekannt

1912/13: Ligaklasse (Zehnerliga)
Platz 6 / Punkte 18:18 / Tore 31:33
Zuschauerschnitt: unbekannt

1913/14: Kreisliga
Platz 3 / Punkte 15:13 / Tore 17:20
Zuschauerschnitt: unbekannt

1914/15: Kreisliga
Die Meisterschaft wird wegen Ausbruch des Krieges abgebrochen

1915/16: Bezirksklasse
Platz 2 / Punkte 14:6 / Tore 31:23
Zuschauerschnitt: unbekannt

1916-1919:
Kein Spielbetrieb wegen des Krieges

1919/20: Kreisliga Rheinischer Westkreis
Platz 2 / Punkte 31:13 / Tore 57:32
Zuschauerschnitt: unbekannt

1920/21: Kreisliga Rheinischer Westkreis
Platz 2 / Punkte 24:12 / Tore 63:33
Zuschauerschnitt: unbekannt

1921/22: Rheingauliga
Platz 3 / Punkte 24:12 / Tore 53:30
Zuschauerschnitt: unbekannt

1922/23: Rheingauliga, Gruppe West
Platz 3 / Punkte 13:7 / Tore 23:12
Zuschauerschnitt: unbekannt

1923/24: Rheingauliga, Gruppe West
Platz 2 / Punkte 14:6 / Tore 38:15
Zuschauerschnitt: unbekannt

1924/25: Rheingauliga, Gruppe West
Platz 5 / Punkte 11:9 / Tore 33:14
Zuschauerschnitt: unbekannt

1925/26: Rheingauliga, Gruppe West
Platz 2 / Punkte 16:4 / Tore 43:18
Zuschauerschnitt: unbekannt

1926/27: Rheinbezirksklasse, Gruppe 1
Platz 2 / Punkte 21:7 / Tore 54:27
Zuschauerschnitt: unbekannt

1927/28: Rheinbezirksklasse, Gruppe 2
Platz 2 / Punkte 25:3 / Tore 61:22
Zuschauerschnitt: unbekannt

1928/29: Rheinbezirksklasse, Gruppe 2
Platz 1 / Punkte: 37:7 / Tore 76:23
Zuschauerschnitt: unbekannt

1929/30: Rheinbezirksliga
Platz 4 / Punkte 30:18 / Tore 68:50
Zuschauerschnitt: unbekannt

1930/31: Rheinbezirksliga, Gruppe 2
Platz 8 / Punkte 16:24 / Tore 31:51
Zuschauerschnitt: unbekannt

1931/32: Rheinbezirksliga, Gruppe 1
Platz 5 / Punkte 18:18 / Tore 45:45
Zuschauerschnitt: unbekannt

1932/33: Rheinbezirksliga, Gruppe 2
Platz 8 / Punkte 22:22 / Tore 45:36
Zuschauerschnitt: unbekannt

1933/34: Gauliga Niederrhein
Platz 5 / Punkte 24:20 / Tore 42:46
Zuschauerschnitt: unbekannt

1934/35: Gauliga Niederrhein
Platz 3 / Punkte 22:18 / Tore 32:24
Zuschauerschnitt: unbekannt

1935/36: Gauliga Niederrhein
Platz 9 / Punkte 12:24 / Tore 24:42
Zuschauerschnitt: unbekannt

1936/37: Bezirksklasse, Gruppe 1
Platz 2 / Punkte 29:11 / Tore 58:22
Zuschauerschnitt: unbekannt

1937/38: Bezirksklasse, Gruppe 1
Platz 3 / Punkte 24:12 / Tore 55:28
Zuschauerschnitt: unbekannt

1938/39: Bezirksklasse, Gruppe 1
Platz 1 / Punkte 35:5 / Tore 66:8
Zuschauerschnitt: unbekannt

1939/40: Bezirksklasse, Gruppe 4
Platz 1 / Punkte 45:7 / Tore 98:31
Zuschauerschnitt: unbekannt

1940/41: Bezirksklasse, Gruppe 3
Platz 1 / Punkte 41:7 / Tore 92:30
Zuschauerschnitt: unbekannt

1941/42: Bezirksklasse, Gruppe 5
Platz 3 / Punkte 28:16 / Tore 70:56
Zuschauerschnitt: unbekannt

1942/43: Bezirksklasse M'gladbach
PLatz 2 / Punkte 27:9 / Tore 56:37
Zuschauerschnitt: unbekannt

1943/44: Bezirksklasse M'gladbach
Platz 1 / Punkte 28:8 / Tore 75:26
Zuschauerschnitt: unbekannt

1944/45: Aufgrund des Krieges keine Meisterschaften

1945/46: Qualifikationsrunde, Gruppe 1
Platz 1 / Punkte 15:5 / Tore 34:16
Zuschauerschnitt: unbekannt

1946/47: Bezirksliga, Gruppe 2
Platz 1 / Punkte 24:8 / Tore 39:27
Zuschauerschnitt: unbekannt

1947/48: Landesliga Niederrhein, Gruppe 3
Platz 6 / Punkte 18:18 / Tore 40:35
Zuschauerschnitt: unbekannt

1948/49: Landesliga Niederrhein, Gruppe 3
Platz 4 / Punkte 25:19 / Tore 47:24
Zuschauerschnitt: unbekannt

1949/1950: Zweite Liga West
Platz 2 / Punkte 40:20 / Tore 80:55
Zuschauerschnitt: unbekannt

1950/51: Oberliga West
Platz 14 / Punkte 25:35 / Tore 47:72
Zuschauerschnitt: 15 167

1951/52: Zweite Liga West
Platz 1 / Punkte 42:14 / Tore 69:35
Zuschauerschnitt: 10 786

1952/53: Oberliga West
Platz 14 / Punkte 21:39 / Tore 31:80
Zuschauerschnitt: 14 667

1953/54: Oberliga West
Platz 12 / Punkte 27:33 / Tore 56:73
Zuschauerschnitt: 15 800

1954/55: Oberliga West
Platz 14 / Punkte 26:34 / Tore 48:65
Zuschauerschnitt: 14 870

1955/56: Oberliga West
Platz 11 / Punkte 26:34 / Tore 60:70
Zuschauerschnitt: 14 470

1956/57: Oberliga West
Platz 16 / Punkte 10:50 / Tore 39:112
Zuschauerschnitt: 7 070

1957/58: Zweite Liga West
Platz 2 / Punkte 43:17 / Tore 75:37
Zuschauerschnitt: 8 800

1958/59: Oberliga West
Platz 13 / Punkte 25:35 / Tore 39:58
Zuschauerschnitt: 13 350

1959/60: Oberliga West
Platz 14 / Punkte 27:33 / Tore 38:52
Zuschauerschnitt: 15 740

1960/61: Oberliga West
Platz 6 / Punkte 31:29 / Tore 58:58
Zuschauerschnitt: 21 940

1961/62: Oberliga West
Platz 13 / Punkte 21:39 / Tore 42:57
Zuschauerschnitt: 14 940

1962/63: Oberliga West
Platz 11 / Punkte 24:36 / Tore 44:60
Zuschauerschnitt: 12 700

1963/64: Regionalliga West
Platz 8 / Punkte 41:35 / Tore 71:47
Zuschauerschnitt: 9 579

1964/65: Regionalliga West
Platz 1 / Punkte 52:16 / Tore 92:39
Zuschauerschnitt: 19 547

1965/66 Bundesliga

1.	München 1860	34	80:40	50:18
2.	Bor. Dortmund	34	70:36	47:21
3.	Bayern München	34	71:38	47:21
4.	Werder Bremen	34	76:40	45:23
5.	1. FC Köln	34	74:41	44:24
6.	1. FC Nürnberg	34	54:43	39:29
7.	Eintracht Frankfurt	34	64:46	38:30
8.	Meidericher SV	34	70:48	36:32
9.	Hamburger SV	34	64:52	34:34
10.	Eintr. Braunschw.	34	49:49	34:34
11.	VfB Stuttgart	34	42:48	32:36
12.	Hannover 96	34	59:57	30:38
13.	**Bor. M'gladbach**	**34**	**57:68**	**29:39**
14.	FC Schalke 04	34	33:55	27:41
15.	1. FC K'lautern	34	42:65	26:42
16.	Karlsruher SC	34	35:71	24:44
17.	Bor. Neunkirchen	34	32:82	22:46
18.	Tasm. 1900 Berlin	34	15:108	8:60

Zuschauerschnitt Borussia: 24.235

1966/67 Bundesliga

1.	Eintr. Braunschw.	34	49:27	43:25
2.	München 1860	34	60:47	41:27
3.	Bor. Dortmund	34	70:41	39:29
4.	Eintracht Frankfurt	34	66:49	39:29
5.	1. FC K'lautern	34	43:42	38:30
6.	Bayern München	34	62:47	37:31
7.	1. FC Köln	34	48:48	37:31
8.	**Bor. M'gladbach**	**34**	**70:49**	**34:34**
9.	Hannover 96	34	40:46	34:34
10.	1. FC Nürnberg	34	43:50	34:34
11.	MSV Duisburg	34	40:42	33:35
12.	VfB Stuttgart	34	48:54	33:35
13.	Karlsruher SC	34	54:62	31:37
14.	Hamburger SV	34	37:53	30:38
15.	FC Schalke 04	34	37:63	30:38
16.	Werder Bremen	34	49:56	29:39
17.	Fortuna Düsseld.	34	44:66	25:43
18.	Rot-WeißEssen	34	35:53	25:43

Zuschauerschnitt Borussia: 24.235

1967/68 Bundesliga

1.	1. FC Nürnberg	34	71:37	47:21
2.	Werder Bremen	34	68:51	44:24
3.	**Bor. M'gladbach**	**34**	**77:45**	**42:26**
4.	1. FC Köln	34	68:52	38:30
5.	Bayern München	34	68:58	38:30
6.	Eintracht Frankfurt	34	58:51	38:30
7.	MSV Duisburg	34	69:58	36:32
8.	VfB Stuttgart	34	65:54	35:33
9.	Eintr. Braunschw.	34	37:39	35:33
10.	Hannover 96	34	48:52	34:34
11.	Alemannia Aachen	34	52:66	34:34
12.	München 1860	34	55:39	33:35
13.	Hamburger SV	34	51:54	33:35
14.	Bor. Dortmund	34	60:59	31:37
15.	FC Schalke 04	34	42:48	30:38
16.	1. FC K'lautern	34	39:67	28:40
17.	Bor. Neunkirchen	34	33:93	19:49
18.	Karlsruher SC	34	32:70	17:51

Zuschauerschnitt Borussia: 22.705

1968/69 Bundesliga

1.	Bayern München	34	61:31	46:22
2.	Alemannia Aachen	34	57:51	38:30
3.	**Bor. M'gladbach**	**34**	**61:46**	**37:31**
4.	Eintr. Braunschw.	34	46:43	37:31
5.	VfB Stuttgart	34	60:54	36:32
6.	Hamburger SV	34	55:55	36:32
7.	FC Schalke 04	34	45:40	35:33
8.	Eintracht Frankfurt	34	46:43	34:34
9.	Werder Bremen	34	59:59	34:34
10.	TSV München 1860	34	44:59	34:34
11.	Hannover 96	34	47:45	32:36
12.	MSV Duisburg	34	33:37	32:36
13.	1. FC Köln	34	47:56	32:36
14.	Hertha BSC Berlin	34	31:39	32:36
15.	1. FC K'lautern	34	45:47	30:38
16.	Bor. Dortmund	34	49:54	30:38
17.	1. FC Nürnberg	34	45:55	29:39
18.	Kickers Offenbach	34	42:59	28:40

Zuschauerschnitt Borussia: 20.647

1969/70 Bundesliga

1.	**Bor. M'gladbach**	**34**	**71:29**	**51:17**
2.	Bayern München	34	88:37	47:21
3.	Hertha BSC Berlin	34	67:41	45:23
4.	1. FC Köln	34	83:38	43:25
5.	Bor. Dortmund	34	60:67	36:32
6.	Hamburger SV	34	57:54	35:33
7.	VfB Stuttgart	34	59:62	35:33
8.	Eintracht Frankfurt	34	54:54	34:34
9.	FC Schalke 04	34	43:54	34:34
10.	1. FC K'lautern	34	44:55	32:36
11.	Werder Bremen	34	38:47	31:37
12.	Rot-WeißEssen	34	41:54	31:37
13.	Hannover 96	34	49:61	30:38
14.	RW Oberhausen	34	50:62	29:39
15.	MSV Duisburg	34	35:48	29:39
16.	Eintr. Braunschw.	34	40:49	28:40
17.	TSV München 1860	34	41:56	25:43
18.	Alemannia Aachen	34	31:83	17:51

Zuschauerschnitt Borussia: 25.000

1970/71 Bundesliga

1.	**Bor. M'gladbach**	**34**	**77:35**	**50:18**
2.	Bayern München	34	74:36	48:20
3.	Hertha BSC Berlin	34	61:43	41:27
4.	Eintr. Braunschw.	34	52:40	39:29
5.	Hamburger SV	34	54:63	37:31
6.	FC Schalke 04	34	44:40	36:32
7.	MSV Duisburg	34	43:47	35:33
8.	1. FC K'lautern	34	54:57	34:34
9.	Hannover 96	34	53:49	33:35
10.	Werder Bremen	34	41:40	33:35
11.	1. FC Köln	34	46:56	33:35
12.	VfB Stuttgart	34	49:49	30:38
13.	Bor. Dortmund	34	54:60	29:39
14.	Arminia Bielefeld	34	34:53	29:39
15.	Eintracht Frankfurt	34	39:56	28:40
16.	RW Oberhausen	34	54:69	27:41
17.	Kickers Offenbach	34	49:65	27:41
18.	Rot-WeißEssen	34	48:68	23:45

Zuschauerschnitt Borussia: 21.030

1971/72 Bundesliga

1.	Bayern München	34	101:38	55:13
2.	FC Schalke 04	34	76:35	52:16
3.	**Bor. M'gladbach**	**34**	**82:40**	**43:25**
4.	1. FC Köln	34	64:44	43:25
5.	Eintracht Frankfurt	34	71:61	39:29
6.	Hertha BSC Berlin	34	46:55	37:31
7.	1. FC K'lautern	34	59:53	35:33
8.	VfB Stuttgart	34	52:56	35:33
9.	VfL Bochum	34	59:69	34:34
10.	Hamburger SV	34	52:52	33:35
11.	Werder Bremen	34	63:58	31:37
12.	Eintr. Braunschw.	34	43:48	31:37
13.	Fortuna Düsseld.	34	40:53	30:38
14.	MSV Duisburg	34	36:51	27:41
15.	RW Oberhausen	34	33:66	25:43
16.	Hannover 96	34	54:69	23:45
17.	Bor. Dortmund	34	34:83	20:48
18.	Arminia Bielefeld	34	0:0	0:0

Zuschauerschnitt Borussia: 16.812

1972/73 Bundesliga

1.	Bayern München	34	93:29	54:14
2.	1. FC Köln	34	66:51	43:25
3.	Fortuna Düsseld.	34	62:45	42:26
4.	Wuppertaler SV	34	62:49	40:28
5.	**Bor. M'gladbach**	**34**	**82:61**	**39:29**
6.	VfB Stuttgart	34	71:65	37:31
7.	Kickers Offenbach	34	61:60	35:33
8.	Eintracht Frankfurt	34	58:54	34:34
9.	1. FC K'lautern	34	58:68	34:34
10.	MSV Duisburg	34	53:54	33:35
11.	Werder Bremen	34	50:52	31:37
12.	VfL Bochum	34	50:68	31:37
13.	Hertha BSC Berlin	34	53:64	30:38
14.	Hamburger SV	34	53:59	28:40
15.	FC Schalke 04	34	46:61	28:40
16.	Hannover 96	34	49:65	26:42
17.	Eintr. Braunschw.	34	33:56	25:43
18.	RW Oberhausen	34	45:84	22:46

Zuschauerschnitt Borussia: 15.200

1973/74 Bundesliga

1.	Bayern München	34	95:53	49:19
2.	**Bor. M'gladbach**	**34**	**93:52**	**48:20**
3.	Fortuna Düsseld.	34	61:47	41:27
4.	Eintracht Frankfurt	34	63:50	41:27
5.	1. FC Köln	34	69:56	39:29
6.	1. FC K'lautern	34	80:69	38:30
7.	FC Schalke 04	34	72:68	37:31
8.	Hertha BSC Berlin	34	56:60	33:35
9.	VfB Stuttgart	34	58:57	31:37
10.	Kickers Offenbach	34	56:62	31:37
11.	Werder Bremen	34	48:56	31:37
12.	Hamburger SV	34	53:62	31:37
13.	Rot-WeißEssen	34	56:70	31:37
14.	VfL Bochum	34	45:57	30:38
15.	MSV Duisburg	34	42:56	29:39
16.	Wuppertaler SV	34	42:65	25:43
17.	Fortuna Köln	34	46:79	25:43
18.	Hannover 96	34	50:66	22:46

Zuschauerschnitt Borussia: 22.324

1974/75 Bundesliga

1.	**Bor. M'gladbach**	**34**	**86:40**	**50:18**
2.	Hertha BSC Berlin	34	61:43	44:24
3.	Eintracht Frankfurt	34	89:49	43:25
4.	Hamburger SV	34	55:38	43:25
5.	1. FC Köln	34	77:51	41:27
6.	Fortuna Düsseld.	34	66:55	41:27
7.	FC Schalke 04	34	52:37	39:29
8.	Kickers Offenbach	34	72:62	38:30
9.	Eintr. Braunschw.	34	52:42	36:32
10.	Bayern München	34	57:63	34:34
11.	VfL Bochum	34	53:53	33:35
12.	Rot-Weiß Essen	34	56:68	32:36
13.	1. FC K'lautern	34	56:55	31:37
14.	MSV Duisburg	34	59:77	30:38
15.	Werder Bremen	34	45:69	25:43
16.	VfB Stuttgart	34	50:79	24:44
17.	Tennis Bor. Berlin	34	38:89	16:52
18.	Wuppertaler SV	34	32:86	12:56

Zuschauerschnitt Borussia: 21.642

1975/76 Bundesliga

1. Bor. M'gladbach	**34**	**66:37**	**45:23**
2. Hamburger SV	34	59:32	41:27
3. Bayern München	34	72:50	40:28
4. 1. FC Köln	34	62:45	39:29
5. Eintr. Braunschw.	34	52:48	39:29
6. FC Schalke 04	34	76:55	37:31
7. 1. FC K'lautern	34	66:60	37:31
8. Rot-WeißEssen	34	61:67	37:31
9. Eintracht Frankfurt	34	79:58	36:32
10. MSV Duisburg	34	55:62	33:35
11. Hertha BSC Berlin	34	59:61	32:36
12. Fortuna Düsseld.	34	47:57	30:38
13. Werder Bremen	34	44:55	30:38
14. VfL Bochum	34	49:62	30:38
15. Karlsruher SC	34	46:59	30:38
16. Hannover 96	34	48:60	27:41
17. Kickers Offenbach	34	40:72	27:41
18. Bayer Uerdingen	34	28:69	22:46

Zuschauerschnitt Borussia: 23.806

1976/77 Bundesliga

1. Bor. M'gladbach	**34**	**58:34**	**44:24**
2. FC Schalke 04	34	77:52	43:25
3. Eintr. Braunschw.	34	56:38	43:25
4. Eintracht Frankfurt	34	86:57	42:26
5. 1. FC Köln	34	83:61	40:28
6. Hamburger SV	34	67:56	38:30
7. Bayern München	34	74:65	37:31
8. Bor. Dortmund	34	73:64	34:34
9. MSV Duisburg	34	60:51	34:34
10. Hertha BSC Berlin	34	55:54	34:34
11. Werder Bremen	34	51:59	33:35
12. Fortuna Düsseld.	34	52:54	31:37
13. 1. FC K'lautern	34	53:59	29:39
14. 1. FC Saarbrücken	34	43:55	29:39
15. VfL Bochum	34	47:62	29:39
16. Karlsruher SC	34	53:75	28:40
17. Tennis Bor. Berlin	34	47:85	22:46
18. Rot-WeißEssen	34	49:103	22:46

Zuschauerschnitt Borussia: 24.541

1977/78 Bundesliga

1. 1. FC Köln	34	86:41	48:20
2. Bor. M'gladbach	**34**	**86:44**	**48:20**
3. Hertha BSC Berlin	34	59:48	40:28
4. VfB Stuttgart	34	58:40	39:29
5. Fortuna Düsseld.	34	49:36	39:29
6. MSV Duisburg	34	62:59	37:31
7. Eintracht Frankfurt	34	59:52	36:32
8. 1. FC K'lautern	34	64:63	36:32
9. FC Schalke 04	34	47:52	34:34
10. Hamburger SV	34	61:67	34:34
11. Bor. Dortmund	34	57:71	33:35
12. Bayern München	34	62:64	32:36
13. Eintr. Braunschw.	34	43:53	32:36
14. VfL Bochum	34	49:51	31:37
15. Werder Bremen	34	48:57	31:37
16. TSV München 1860	34	41:60	22:46
17. 1. FC Saarbrücken	34	39:70	22:46
18. FC St. Pauli	34	44:86	18:50

Zuschauerschnitt Borussia: 25.982

1978/79 Bundesliga

1. Hamburger SV	34	78:32	49:19
2. VfB Stuttgart	34	73:34	48:20
3. 1. FC K'lautern	34	62:47	43:25
4. Bayern München	34	69:46	40:28
5. Eintracht Frankfurt	34	50:49	39:29
6. 1. FC Köln	34	55:47	38:30
7. Fortuna Düsseld.	34	70:59	37:31
8. VfL Bochum	34	47:46	33:35
9. Eintr. Braunschw.	34	50:55	33:35
10. Bor. M'gladbach	**34**	**50:53**	**32:36**
11. Werder Bremen	34	48:60	31:37
12. Bor. Dortmund	34	54:70	31:37
13. MSV Duisburg	34	43:56	30:38
14. Hertha BSC Berlin	34	40:50	29:39
15. FC Schalke 04	34	55:61	28:40
16. Arminia Bielefeld	34	43:56	26:42
17. 1. FC Nürnberg	34	36:67	24:44
18. SV Darmstadt 98	34	40:75	21:47

Zuschauerschnitt Borussia: 19.824

1979/80 Bundesliga

1.	Bayern München	34	84:33	50:18
2.	Hamburger SV	34	86:35	48:20
3.	VfB Stuttgart	34	75:53	41:27
4.	1. FC K'lautern	34	75:53	41:27
5.	1. FC Köln	34	72:55	37:21
6.	Bor. Dortmund	34	64:56	36:32
7.	**Bor. M'gladbach**	**34**	**61:60**	**36:32**
8.	FC Schalke 04	34	40:51	33:35
9.	Eintracht Frankfurt	34	65:61	32:36
10.	VfL Bochum	34	41:44	32:36
11.	Fortuna Düsseld.	34	62:72	32:36
12.	Bayer Leverkusen	34	45:61	32:36
13.	TSV München 1860	34	42:53	30:38
14.	MSV Duisburg	34	43:57	29:39
15.	Bayer Uerdingen	34	43:61	29:39
16.	Hertha BSC Berlin	34	41:61	29:39
17.	Werder Bremen	34	52:93	25:43
18.	Eintr. Braunschw.	34	32:64	20:48

Zuschauerschnitt Borussia: 17.800

1980/81 Bundesliga

1.	Bayern München	34	89:41	53:15
2.	Hamburger SV	34	73:43	49:19
3.	VfB Stuttgart	34	70:44	46:22
4.	1. FC K'lautern	34	60:37	44:24
5.	Eintracht Frankfurt	34	61:57	38:30
6.	**Bor. M'gladbach**	**34**	**68:64**	**37:31**
7.	Bor. Dortmund	34	69:59	35:33
8.	1. FC Köln	34	54:55	34:34
9.	VfL Bochum	34	53:45	33:35
10.	Karlsruher SC	34	56:63	32:36
11.	Bayer Leverkusen	34	52:53	30:38
12.	MSV Duisburg	34	45:58	29:39
13.	Fortuna Düsseld.	34	57:64	28:40
14.	1. FC Nürnberg	34	47:57	28:40
15.	Arminia Bielefeld	34	46:65	26:42
16.	München 1860	34	49:67	25:43
17.	FC Schalke 04	34	43:88	23:45
18.	Bayer Uerdingen	34	47:79	22:46

Zuschauerschnitt Borussia: 18.447

1981/82 Bundesliga

1.	Hamburger SV	34	95:45	48:20
2.	1. FC Köln	34	72:38	45:23
3.	Bayern München	34	77:56	43:25
4.	1. FC K'lautern	34	70:61	42:26
5.	Werder Bremen	34	61:52	42:26
6.	Bor. Dortmund	34	59:40	41:27
7.	**Bor. M'gladbach**	**34**	**61:51**	**40:28**
8.	Eintracht Frankfurt	34	83:72	37:31
9.	VfB Stuttgart	34	62:55	35:33
10.	VfL Bochum	34	52:51	32:36
11.	Eintr. Braunschw.	34	61:66	32:36
12.	Arminia Bielefeld	34	46:50	30:38
13.	1. FC Nürnberg	34	53:72	28:40
14.	Karlsruher SC	34	50:68	27:41
15.	Fortuna Düsseld.	34	48:73	25:43
16.	Bayer Leverkusen	34	45:72	25:43
17.	SV Darmstadt 98	34	46:82	21:47
18.	MSV Duisburg	34	40:77	19:49

Zuschauerschnitt Borussia: 20.642

1982/83 Bundesliga

1.	Hamburger SV	34	79:33	52:16
2.	Werder Bremen	34	76:38	52:16
3.	VfB Stuttgart	34	80:47	48:20
4.	Bayern München	34	74:33	44:24
5.	1. FC Köln	34	69:42	43:25
6.	1. FC K'lautern	34	57:44	41:27
7.	Bor. Dortmund	34	78:62	39:29
8.	Arminia Bielefeld	34	46:71	31:37
9.	Fortuna Düsseld.	34	63:75	30:38
10.	Eintracht Frankfurt	34	48:57	29:39
11.	Bayer Leverkusen	34	43:66	29:39
12.	**Bor. M'gladbach**	**34**	**64:63**	**28:40**
13.	VfL Bochum	34	43:49	28:40
14.	1. FC Nürnberg	34	44:70	28:40
15.	Eintr. Braunschw.	34	42:65	27:41
16.	FC Schalke 04	34	48:68	22:46
17.	Karlsruher SC	34	39:86	21:47
18.	Hertha BSC Berlin	34	43:67	20:48

Zuschauerschnitt Borussia: 16.518

1983/84 Bundesliga

1.	VfB Stuttgart	34	79:33	48:20
2.	Hamburger SV	34	75:36	48:20
3.	**Bor. M'gladbach**	**34**	**81:48**	**48:20**
4.	Bayern München	34	84:41	47:21
5.	Werder Bremen	34	79:46	45:23
6.	1. FC Köln	34	70:57	38:30
7.	Bayer Leverkusen	34	50:50	34:34
8.	Arminia Bielefeld	34	40:49	33:35
9.	Eintr. Braunschw.	34	54:69	32:36
10.	Bayer Uerdingen	34	66:79	31:37
11.	Waldhof Mannh.	34	45:58	31:37
12.	1. FC K'lautern	34	68:69	30:38
13.	Bor. Dortmund	34	54:65	30:38
14.	Fortuna Düsseld.	34	63:75	29:39
15.	VfL Bochum	34	58:70	28:40
16.	Eintracht Frankfurt	34	45:61	27:41
17.	Kickers Offenbach	34	48:106	19:49
18.	1. FC Nürnberg	34	38:85	14:54

Zuschauerschnitt Borussia: 20.671

1984/85 Bundesliga

1.	Bayern München	34	79:38	50:18
2.	Werder Bremen	34	87:51	46:22
3.	1. FC Köln	34	69:66	40:28
4.	**Bor. M'gladbach**	**34**	**77:53**	**39:29**
5.	Hamburger SV	34	58:49	37:31
6.	Waldhof Mannh.	34	47:50	37:31
7.	Bayer Uerdingen	34	57:52	36:32
8.	FC Schalke 04	34	63:62	34:34
9.	VfL Bochum	34	52:54	34:34
10.	VfB Stuttgart	34	79:59	33:35
11.	1. FC K'lautern	34	56:60	33:35
12.	Eintracht Frankfurt	34	62:67	32:36
13.	Bayer Leverkusen	34	52:54	31:37
14.	Bor. Dortmund	34	51:65	30:38
15.	Fortuna Düsseld.	34	53:66	29:39
16.	Arminia Bielefeld	34	46:61	29:39
17.	Karlsruher SC	34	47:88	22:46
18.	Eintr. Braunschw.	34	39:79	20:48

Zuschauerschnitt Borussia: 18.865

1985/86 Bundesliga

1.	Bayern München	34	82:31	49:19
2.	Werder Bremen	34	83:41	49:19
3.	Bayer Uerdingen	34	63:60	45:23
4.	**Bor. M'gladbach**	**34**	**65:51**	**42:26**
5.	VfB Stuttgart	34	69:45	41:27
6.	Bayer Leverkusen	34	63:51	40:28
7.	Hamburger SV	34	52:35	39:29
8.	Waldhof Mannh.	34	41:44	33:35
9.	VfL Bochum	34	55:57	32:36
10.	FC Schalke 04	34	53:58	30:38
11.	1. FC K'lautern	34	49:54	30:38
12.	1. FC Nürnberg	34	51:54	29:39
13.	1. FC Köln	34	46:59	29:39
14.	Fortuna Düsseld.	34	54:78	29:39
15.	Eintracht Frankfurt	34	35:49	28:40
16.	Bor. Dortmund	34	49:65	28:40
17.	1. FC Saarbrücken	34	39:68	21:47
18.	Hannover 96	34	43:92	18:50

Zuschauerschnitt Borussia: 16.294

1986/87 Bundesliga

1.	Bayern München	34	67:31	53:15
2.	Hamburger SV	34	69:37	47:21
3.	**Bor. M'gladbach**	**34**	**74:44**	**43:25**
4.	Bor. Dortmund	34	70:50	40:28
5.	Werder Bremen	34	65:54	40:28
6.	Bayer Leverkusen	34	56:38	39:29
7.	1. FC K'lautern	34	64:51	37:31
8.	Bayer Uerdingen	34	51:49	35:33
9.	1. FC Nürnberg	34	62:62	35:33
10.	1. FC Köln	34	50:53	35:33
11.	VfL Bochum	34	52:44	32:36
12.	VfB Stuttgart	34	55:49	32:36
13.	FC Schalke 04	34	50:58	32:36
14.	Waldhof Mannh.	34	52:71	28:40
15.	Eintracht Frankfurt	34	33:79	25:43
16.	FC Homburg	34	33:79	21:47
17.	Fortuna Düsseld.	34	42:91	20:48
18.	Blau-Weiß Berlin	34	36:76	18:50

Zuschauerschnitt Borussia: 17.441

1987/88 Bundesliga

1.	Werder Bremen	34	61:22	52:16
2.	Bayern München	34	83:45	48:20
3.	1. FC Köln	34	57:28	48:20
4.	VfB Stuttgart	34	69:49	40:28
5.	1. FC Nürnberg	34	44:40	37:31
6.	Hamburger SV	34	63:68	37:31
7.	**Bor. M'gladbach**	**34**	**55:53**	**33:35**
8.	Bayer Leverkusen	34	53:60	32:36
9.	Eintracht Frankfurt	34	51:50	31:37
10.	Hannover 96	34	59:60	31:37
11.	Bayer Uerdingen	34	59:61	31:37
12.	VfL Bochum	34	47:51	30:38
13.	Bor. Dortmund	34	51:54	29:39
14.	1. FC K'lautern	34	53:62	29:39
15.	Karlsruher SC	34	37:55	29:39
16.	Waldhof Mannh.	34	35:50	28:40
17.	FC Homburg	34	37:70	24:44
18.	FC Schalke 04	34	48:84	23:45

Zuschauerschnitt Borussia: 14.406

1988/89 Bundesliga

1.	Bayern München	34	67:26	50:18
2.	1. FC Köln	34	58:30	45:23
3.	Werder Bremen	34	55:32	44:24
4.	Hamburger SV	34	60:36	43:25
5.	VfB Stuttgart	34	58:49	39:29
6.	**Bor. M'gladbach**	**34**	**44:43**	**38:30**
7.	Bor. Dortmund	34	56:40	37:31
8.	Bayer Leverkusen	34	45:44	34:34
9.	1. FC K'lautern	34	47:44	33:35
10.	FC St. Pauli	34	41:42	32:36
11.	Karlsruher SC	34	48:51	32:36
12.	Waldhof Mannh.	34	43:52	31:37
13.	Bayer Uerdingen	34	50:60	31:37
14.	1. FC Nürnberg	34	36:54	26:42
15.	VfL Bochum	34	37:57	26:42
16.	Eintracht Frankfurt	34	30:53	26:42
17.	Stuttgart. Kickers	34	41:68	26:42
18.	Hannover 96	34	36:71	19:49

Zuschauerschnitt Borussia: 13.647

1989/90 Bundesliga

1.	Bayern München	34	64:28	49:19
2.	1. FC Köln	34	54:44	43:25
3.	Eintracht Frankfurt	34	61:40	41:27
4.	Bor. Dortmund	34	51:35	41:27
5.	Bayer Leverkusen	34	40:32	39:29
6.	VfB Stuttgart	34	53:47	36:32
7.	Werder Bremen	34	49:41	34:34
8.	1. FC Nürnberg	34	42:46	33:35
9.	Fortuna Düsseld.	34	41:41	32:36
10.	Karlsruher SC	34	32:39	32:36
11.	Hamburger SV	34	39:46	31:37
12.	1. FC K'lautern	34	42:55	31:37
13.	FC St. Pauli	34	31:46	31:37
14.	Bayer Uerdingen	34	41:48	30:38
15.	**Bor. M'gladbach**	**34**	**37:45**	**30:38**
16.	VfL Bochum	34	44:53	29:39
17.	Waldhof Mannh.	34	36:53	26:42
18.	FC Homburg	34	33:51	24:44

Zuschauerschnitt Borussia: 20.112

1990/91 Bundesliga

1.	1. FC K'lautern	34	72:45	48:20
2.	Bayern München	34	74:41	45:23
3.	Werder Bremen	34	46:29	42:26
4.	Eintracht Frankfurt	34	63:40	40:28
5.	Hamburger SV	34	60:38	40:28
6.	VfB Stuttgart	34	47:44	38:30
7.	1. FC Köln	34	50:43	37:31
8.	Bayer Leverkusen	34	47:46	35:33
9.	**Bor. M'gladbach**	**34**	**49:54**	**35:33**
10.	Bor. Dortmund	34	46:57	34:34
11.	SG Wattenscheid	34	42:51	33:35
12.	Fortuna Düsseld.	34	40:49	32:36
13.	Karlsruher SC	34	46:52	31:37
14.	VfL Bochum	34	50:52	29:39
15.	1. FC Nürnberg	34	40:54	29:39
16.	FC St. Pauli	34	33:53	27:41
17.	Bayer Uerdingen	34	34:54	23:45
18.	Hertha BSC Berlin	34	37:84	14:54

Zuschauerschnitt Borussia: 19.279

1991/92 Bundesliga

1. VfB Stuttgart	38	62:32	52:24
2. Bor. Dortmund	38	66:47	52:24
3. Eintracht Frankfurt	38	76:41	50:26
4. 1. FC Köln	38	58:41	44:32
5. 1. FC K'lautern	38	58:42	44:32
6. Bayer Leverkusen	38	53:39	43:33
7. 1. FC Nürnberg	38	54:51	43:33
8. Karlsruher SC	38	48:50	41:35
9. Werder Bremen	38	44:45	38:38
10. Bayern München	38	59:61	36:40
11. FC Schalke 04	38	45:45	34:42
12. Hamburger SV	38	32:43	34:42
13. Bor. M'gladbach	**38**	**37:49**	**34:42**
14. Dynamo Dresden	38	34:50	34:42
15. VfL Bochum	38	38:55	33:43
16. SG Wattenscheid	38	50:60	32:44
17. Stuttgart. Kickers	38	53:64	31:45
18. Hansa Rostock	38	43:55	31:45
19. MSV Duisburg	38	43:55	30:46
20. Fortuna Düsseld.	38	41:69	24:52

Zuschauerschnitt Borussia: 21.195

1992/93 Bundesliga

1. Werder Bremen	34	63:30	48:20
2. Bayern München	34	74:45	47:21
3. Eintracht Frankfurt	34	56:39	42:26
4. Bor. Dortmund	34	61:43	41:27
5. Bayer Leverkusen	34	64:45	40:28
6. Karlsruher SC	34	60:54	39:29
7. VfB Stuttgart	34	56:50	36:32
8. 1. FC K'lautern	34	50:40	35:33
9. Bor. M'gladbach	**34**	**59:59**	**35:33**
10. FC Schalke 04	34	42:43	34:34
11. Hamburger SV	34	42:44	31:37
12. 1. FC Köln	34	41:51	28:40
13. 1. FC Nürnberg	34	30:47	28:40
14. SG Wattenscheid	34	46:67	28:40
15. Dynamo Dresden	34	32:59	27:41
16. VfL Bochum	34	45:52	26:42
17. Bayer Uerdingen	34	35:64	24:44
18. 1. FC Saarbrücken	34	37:71	23:45

Zuschauerschnitt Borussia: 23.655

1993/94 Bundesliga

1. Bayern München	34	68:37	44:24
2. 1. FC K'lautern	34	64:36	43:25
3. Bayer Leverkusen	34	60:47	39:29
4. Bor. Dortmund	34	49:45	39:29
5. Eintracht Frankfurt	34	57:41	38:30
6. Karlsruher SC	34	46:43	38:30
7. VfB Stuttgart	34	51:43	37:31
8. Werder Bremen	34	51:44	36:32
9. MSV Duisburg	34	41:52	36:32
10. Bor. M'gladbach	**34**	**65:59**	**35:33**
11. 1. FC Köln	34	49:51	34:34
12. Hamburger SV	34	48:52	34:34
13. Dynamo Dresden	34	34:44	30:34
14. FC Schalke 04	34	38:50	29:39
15. SC Freiburg	34	54:57	28:40
16. 1. FC Nürnberg	34	41:55	28:40
17. SG Wattenscheid	34	48:70	23:45
18. VfB Leipzig	34	32:69	17:51

Zuschauerschnitt Borussia: 26.306

1994/95 Bundesliga

1. Bor. Dortmund	34	67:33	49:19
2. Werder Bremen	34	70:39	48:20
3. SC Freiburg	34	66:44	46:22
4. 1. FC K'lautern	34	58:41	46:22
5. Bor. M'gladbach	**34**	**66:41**	**43:25**
6. Bayern München	34	55:41	43:25
7. Bayer Leverkusen	34	62:51	36:32
8. Karlsruher SC	34	51:47	36:32
9. Eintracht Frankfurt	34	41:49	33:35
10. 1. FC Köln	34	54:54	32:36
11. FC Schalke 04	34	48:54	31:37
12. VfB Stuttgart	34	52:66	30:38
13. Hamburger SV	34	43:50	29:39
14. München 1860	34	41:57	27:41
15. Bayer Uerdingen	34	37:52	25:43
16. VfL Bochum	34	43:67	22:46
17. MSV Duisburg	34	31:64	20:48
18. Dynamo Dresden	34	33:68	16:52

Zuschauerschnitt Borussia: 31.406

1995/96 Bundesliga

Ab dieser Saison gibt es drei Punkte für einen Sieg.

1. Bor. Dortmund	34	76:38	68
2. Bayern München	34	66:46	62
3. FC Schalke 04	34	45:36	56
4. Bor. M'gladbach	**34**	**52:51**	**53**
5. Hamburger SV	34	52:47	50
6. Hansa Rostock	34	47:43	49
7. Karlsruher SC	34	53:47	48
8. München 1860	34	52:46	45
9. Werder Bremen	34	39:42	44
10. VfB Stuttgart	34	59:62	43
11. SC Freiburg	34	30:41	42
12. 1. FC Köln	34	33:35	40
13. Fortuna Düsseld.	34	40:47	40
14. Bayer Leverkusen	34	37:38	38
15. FC St. Pauli	34	43:51	38
16. 1. FC K'lautern	34	31:37	36
17. Eintracht Frankfurt	34	43:68	32
18. KFC Uerdingen 05	34	33:56	26

Zuschauerschnitt Borussia: 31.171

1996/97 Bundesliga

1. Bayern München	34	68:34	71
2. Bayer Leverkusen	34	69:41	69
3. Bor. Dortmund	34	63:41	63
4. VfB Stuttgart	34	78:40	61
5. VfL Bochum	34	54:51	53
6. Karlsruher SC	34	55:44	49
7. 1860 München	34	56:56	49
8. Werder Bremen	34	53:52	48
9. MSV Duisburg	34	44:49	45
10. 1. FC Köln	34	62:62	44
11. Bor. M'gladbach	**34**	**46:48**	**43**
12. FC Schalke 04	34	35:40	43
13. Hamburger SV	34	46:60	41
14. Arminia Bielefeld	34	46:54	40
15. FC Hansa Rostock	34	35:46	40
16. Fortuna Düsseld.	34	26:57	33
17. SC Freiburg	34	43:67	29
18. FC St. Pauli	34	32:69	27

Zuschauerschnitt Borussia: 30.065

1997/98 Bundesliga

1. 1. FC K'lautern	34	63:39	68
2. Bayern München	34	69:37	66
3. Bayer Leverkusen	34	66:39	55
4. VfB Stuttgart	34	55:49	52
5. FC Schalke 04	34	38:32	52
6. Hansa Rostock	34	54:46	51
7. Werder Bremen	34	43:47	50
8. MSV Duisburg	34	43:44	44
9. Hamburger SV	34	38:46	44
10. Bor. Dortmund	34	57:55	43
11. Hertha BSC Berlin	34	41:53	43
12. VfL Bochum	34	41:49	41
13. München 1860	34	43:54	41
14. VfL Wolfsburg	34	38:54	39
15. Bor. M'gladbach	**34**	**54:59**	**38**
16. Karlsruher SC	34	48:60	38
17. 1. FC Köln	34	49:64	36
18. Arminia Bielefeld	34	43:56	32

Zuschauerschnitt Borussia: 27.418

1998/99 Bundesliga

1. Bayern München	34	76:28	78
2. Bayer Leverkusen	34	61:30	63
3. Hertha BSC Berlin	34	59:32	62
4. Bor. Dortmund	34	48:34	57
5. 1. FC K'lautern	34	51:47	57
6. VfL Wolfsburg	34	54:49	55
7. Hamburger SV	34	47:46	50
8. MSV Duisburg	34	48:45	49
9. 1860 München	34	49:56	41
10. FC Schalke 04	34	41:54	41
11. VfB Stuttgart	34	41:48	39
12. SC Freiburg	34	36:44	39
13. Werder Bremen	34	41:47	38
14. Hansa Rostock	34	49:58	38
15. Eintracht Frankfurt	34	44:54	37
16. 1. FC Nürnberg	34	40:50	37
17. VfL Bochum	34	40:65	29
18. Bor. M'gladbach	**34**	**41:79**	**21**

Zuschauerschnitt Borussia: 26.335

1999/2000 Zweite Bundesliga

1.	1. FC Köln	34	68:39	65
2.	VfL Bochum	34	67:48	61
3.	Energie Cottbus	34	62:42	58
4.	1. FC Nürnberg	34	54:46	55
5.	**Bor. M'gladbach**	**34**	**60:43**	**54**
6.	RW Oberhausen	34	43:34	49
7.	Greuther Fürth	34	40:39	46
8.	Aleman. Aachen	34	46:54	46
9.	FSV Mainz 05	34	41:42	45
10.	Hannover 96	34	56:56	44
11.	Chemnitzer FC	34	42:49	43
12.	Waldhof Mannh.	34	50:56	42
13.	Tennis Bor. Berlin	34	42:50	40
14.	FC St. Pauli	34	37:45	39
15.	Stuttgart. Kickers	34	49:58	39
16.	Fortuna Köln	34	38:50	35
17.	Kickers Offenbach	34	35:58	35
18.	Karlsruher SC	34	35:56	27

Zuschauerschnitt Borussia: 22.682

2000/01 Zweite Bundesliga

1.	1. FC Nürnberg	34	58:35	65
2.	**Bor. M'gladbach**	**34**	**62:31**	**62**
3.	FC St. Pauli	34	70:52	60
4.	Waldhof Mannh.	34	57:42	59
5.	Greuther Fürth	34	55:38	54
6.	LR Ahlen	34	61:53	54
7.	SSV Reutlingen	34	64:52	53
8.	1. FC Saarbrücken	34	48:59	50
9.	Hannover 96	34	52:45	46
10.	Aleman. Aachen	34	42:60	46
11.	MSV Duisburg	34	46:40	45
12.	RW Oberhausen	34	45:50	45
13.	Arminia Bielefeld	34	53:46	41
14.	FSV Mainz 05	34	37:45	40
15.	VfL Osnabrück	34	40:52	37
16.	SSV Ulm	34	42:58	34
17.	Stuttgart. Kickers	34	31:51	34
18.	Chemnitzer FC	34	24:78	16

Zuschauerschnitt Borussia: 23.455

Borussia im DFB-Pokal

(bis 1944 „Tschammer-Pokal", Wiederaufnahme 1952 unter „DFB-Pokal")

1935:
Nicht dabei

1936:
Vorrunde:
SV Köln-Vingst – Borussia 5:2

1937:
Nicht dabei

1938:
Nicht dabei

1939:
Vorrunde: Borussia – Eintracht Mönchengladbach 2:1
2. Vorrunde:
Alemannia Aachen – Borussia 4:1

1940:
nicht dabei

1941:
nicht dabei

1942:
nicht dabei

1943:
nicht dabei

1952/53:
WFV-Pokal, 1. Runde:
GW Viersen – Borussia 1:3
WFV-Pokal, 2. Runde:
Essen-West 81 – Borussia 3:0

1953/54:
WFV-Pokal, Vorrunde:
Borussia – Vohwinkel 1:3

1954/55:
nicht qualifiziert

1955/56:
nicht qualifiziert

1956/57:
nicht qualifiziert

1957/58:
WFV-Pokal, 2. Runde:
Kleve 63 – Borussia 1:6
WFV-Pokal, 3. Runde:
Fortuna Düsseldorf – Borussia 3:2

1958/59:
WFV-Pokal, 1. Runde:
Borussia – FC Mönchengladbach 2:1
WFV-Pokal, 2. Runde:
SG Eschweiler – Borussia 2:1

1959/60:
WFV-Pokal, 1. Runde:
Germ. Geistenbeck – Borussia 1:6
WFV-Pokal, 2. Runde:
Borussia – Viktoria Köln 3:1
WFV-Pokal, 3. Runde: Germania Datteln – Borussia 2:2 n.V.
Wiederholung:
Borussia – Germania Datteln 8:1
WFV-Pokal, 4. Runde: Borussia – Alemannia Aachen 3:3 n.V.
Wiederholung: Alemannia Aachen - Borussia 3:3 n.V.
Los für Borussia
WFV-Halbfinale:
Borussia Dortmund – Borussia 3:4
WFV-Finale: Borussia – 1. FC Köln 3:1
DFB-Pokal, Halbfinale:
Hamburger SV – Borussia 0:2
DFB-Pokal, Finale:
Borussia – Karlsruher SC 3:2

1960/61:
WFV-Pokal, 1. Runde:
SG Eschweiler – Borussia 3:0

1961/62:
WFV-Pokal, 1. Runde:
Rheydter SV – Borussia 2:2 n.V.
Wiederholung:
Borussia – Rheydter SV 5:1

WFV-Pokal, 2. Runde:
VfL Bochum – Borussia 1:1 n.V.
Wiederholung:
Borussia – VfL Bochum 3:1
WFV-Pokal, 3. Runde:
Borussia – Bayer Leverkusen 1:4

1962/63:
WFV-Pokal, 1. Runde:
Rhenania Würselen – Borussia 2:3
WFV-Pokal, 2. Runde:
SSV Düsseldorf – Borussia 1:2
WFV-Pokal, 3. Runde:
Borussia – Duisburger SV 1:2 n.V.

1963/64:
WFV-Pokal, 1. Runde:
SpVgg Langerfeld – Borussia 0:9
WFV-Pokal, 2. Runde:
SV St. Tönis – Borussia 0:6
WFV-Pokal, 3. Runde:
Borussia – Viktoria Köln 4:2
DFB-Pokal, 1. Hauptrunde:
Altona 93 – Borussia 2:1

1964/65:
WFV-Pokal, 1. Runde: 1. FC Mönchengladbach – Borussia 0:4
WFV-Pokal, 2. Runde:
Düren 99 – Borussia 3:2

1965/66:
Qualifikationsrunde:
Borussia – Opel Rüsselsheim 5:1
DFB-Pokal, 1. Runde:
Borussia – Bor. Neunkirchen 0:1

1966/67:
DFB-Pokal, 1. Runde:
Schalke 04 – Borussia 4:2

1967/68:
DFB-Pokal, 1. Runde:
Bayern Hof – Borussia 0:1
DFB-Pokal, 2. Runde:
1860 München – Borussia 2:4
DFB-Pokal, Viertelfinale:
VfL Bochum – Borussia 2:0

1968/69:
DFB-Pokal, 1. Runde:
Borussia – Hertha BSC 5:2
DFB-Pokal, 2. Runde:
Hamburger SV – Borussia 2:0 n.V.

1969/70:
DFB-Pokal, 1. Runde: Eintracht Gelsenkirchen – Borussia 1:3
DFB-Pokal, 2. Runde:
Hannover 96 – Borussia 1:3
DFB-Pokal, 3. Runde:
Borussia – 1. FC Köln 2:3 n.V.

1970/71:
DFB-Pokal, 1. Runde:
SV Alsenborn – Borussia 1:1 n.V.
Wiederholung:
Borussia – SV Alsenborn 3:1
DFB-Pokal, 2. Runde:
Hertha BSC – Borussia 1:3
DFB-Pokal, 3. Runde:
Fortuna Düsseldorf – Borussia 3:1

1971/72:
DFB-Pokal, 1. Runde, Hinspiel:
Bayer Leverkusen – Borussia 0:3
DFB-Pokal, 1. Runde, Rückspiel:
Borussia – Bayer Leverkusen 4:2
DFB-Pokal, 2. Runde, Hinspiel:
Borussia – Eintracht Frankfurt 4:2
DFB-Pokal, 2. Runde, Rückspiel:
Eintracht Frankfurt – Borussia 3:2
DFB-Pokal, 3. Runde, Hinspiel:
Borussia – Schalke 04 2:2
DFB-Pokal, 3. Runde, Rückspiel:
Schalke 04 – Borussia 1:0

1972/73:
DFB-Pokal, 1. Runde, Hinspiel:
Freiburger FC – Borussia 3:1
DFB-Pokal, 1. Runde, Rückspiel:
Borussia – Freiburger FC 7:1
DFB-Pokal, 2. Runde, Hinspiel:
Schalke 04 – Borussia 0:2
DFB-Pokal, 2. Runde, Rückspiel:
Borussia – Schalke 04 1:1
DFB-Pokal, 3. Runde, Hinspiel:
Borussia – 1. FC Kaiserslautern 2:1
DFB-Pokal, 3. Runde, Rückspiel:
1. FC Kaiserslautern – Borussia 1:3

DFB-Pokal, Halbfinale, Hinspiel:
Werder Bremen – Borussia 1:3
DFB-Pokal-Halbfinale, Rückspiel:
Borussia – Werder Bremen 4:2
DFB-Pokal, Finale:
Borussia – 1. FC Köln 2:1 n.V.

1973/74:
DFB-Pokal, 1. Runde:
VfB Oldenburg – Borussia 0:6
DFB-Pokal, 2. Runde:
Borussia – Hamburger SV 2:2 n.V.
Wiederholung:
Hamburger SV – Borussia 1:1 n.V.,
Elfmeterschießen 3:1 für den HSV

1974/75:
DFB-Pokal, 1. Runde:
TV Gültstein – Borussia 0:5
DFB-Pokal, 2. Runde:
Borussia – 1. FC Köln 3:5

1975/76:
DFB-Pokal, 1. Runde:
Werder Bremen – Borussia 0:3
DFB-Pokal, 2. Runde:
Borussia – SV Hasborn 3:0
DFB-Pokal, 3. Runde:
MSV Duisburg – Borussia 0:1
DFB-Pokal, 4. Runde:
Fortuna Düsseldorf – Borussia 3:2

1976/77:
DFB-Pokal, 1. Runde: Borussia – Eintracht Braunschweig 0:2

1977/78:
DFB-Pokal, 1. Runde:
1. FC Viersen – Borussia 0:8
DFB-Pokal, 2. Runde:
BV 04 Düsseldorf – Borussia 1:4
DFB-Pokal, 3. Runde:
Borussia – Bonner SC 3:0
DFB-Pokal, 4. Runde:
Borussia – VfL Bochum 3:0
DFB-Pokal, Viertelfinale:
Werder Bremen – Borussia 2:1

1978/79:
DFB-Pokal, 1. Runde:
Borussia – Wuppertaler SV 4:2
DFB-Pokal, 2. Runde:
Borussia – Arminia Hannover 6:1
DFB-Pokal, 3. Runde:
Hertha BSC – Borussia 2:0

1979/80:
DFB-Pokal, 1. Runde:
Borussia – FV Biberach 2:1
DFB-Pokal, 2. Runde:
Borussia – Rot-Weiß Essen 4:0
DFB-Pokal, 3. Runde:
Karlsruher SC – Borussia 1:0 n.V.

1980/81:
DFB-Pokal, 1. Runde:
Borussia – OSV Hannover 7:3
DFB-Pokal, 2. Runde:
TuS Langerwehe – Borussia 1:7
DFB-Pokal, 3. Runde:
Bünder SV – Borussia 1:7
DFB-Pokal, 4. Runde:
Borussia – Atlas Delmenhorst 6:1
DFB-Pokal, Viertelfinale:
1. FC Kaiserslautern – Borussia 3:1

1981/82:
DFB-Pokal, 1. Runde:
SSV Dillenburg – Borussia 2:7
DFB-Pokal, 2. Runde:
Borussia – Arminia Hannover 3:1
DFB-Pokal, 3. Runde:
VfB Stuttgart – Borussia 0:2
DFB-Pokal, 4. Runde:
Rot-Weiß Essen – Borussia 0:4
DFB-Pokal, Viertelfinale:
1. FC Nürnberg – Borussia 3:1

1982/83:
DFB-Pokal, 1. Runde:
VfB Wissen – Borussia 0:4
DFB-Pokal, 2. Runde:
Union Solingen – Borussia 0:2
DFB-Pokal, 3. Runde:
Borussia – Waldhof Mannheim 1:0
DFB-Pokal, Viertelfinale:
Borussia – Fortuna Köln 2:2 n.V.
Wiederholung:
Fortuna Köln – Borussia 2:1

1983/84:
DFB-Pokal, 1. Runde:
Fortuna Köln – Borussia 2:3
DFB-Pokal, 2. Runde:
Borussia – Arminia Bielefeld 3:0
DFB-Pokal, 3. Runde:
SpVgg Fürth – Borussia 0:6
DFB-Pokal, Viertelfinale:
Hannover 96 – Borussia 0:1
DFB-Pokal, Halbfinale:
Borussia – Werder Bremen 5:4 n.V.
DFB-Pokal, Finale:
Bayern München – Borussia 1:1 n.V., Elfmeterschießen 7:6 für München

1984/85:
DFB-Pokal, 1. Runde:
Borussia – Blau-Weiß Berlin 4:1
DFB-Pokal, 2. Runde: Borussia – Eintracht Frankfurt 4:2 n.V.
DFB-Pokal, 3. Runde:
Alemannia Aachen – Borussia 0:2
DFB-Pokal, Viertelfinale:
Union Solingen – Borussia 1:2
DFB-Pokal, Halbfinale:
Bayern München – Borussia 1:0 n.V.

1985/86:
DFB-Pokal, 1. Runde:
Wattenscheid 09 – Borussia 2:5
DFB-Pokal, 2. Runde:
Schalke 04 – Borussia 3:1

1986/87:
DFB-Pokal, 1. Runde:
FC Amberg – Borussia 0:7
DFB-Pokal, 2. Runde:
Borussia – Borussia Dortmund 6:1
DFB-Pokal, 3. Runde:
Alemannia Aachen – Borussia 0:2 n.V.
DFB-Pokal, Viertelfinale:
Borussia – Bayer Uerdingen 9:2
DFB-Pokal, Halbfinale:
Hamburger SV – Borussia 1:0

1987/88:
DFB-Pokal, 1. Runde:
Borussia – Bayer Leverkusen 2:1 n.V.
DFB-Pokal, 2. Runde:
Borussia – Bayern München 2:2 n.V.
Wiederholung:
Bayern München – Borussia 3:2 n.V.

1988/89:
DFB-Pokal, 1. Runde:
Schalke 04 – Borussia 1:1 n.V.
Wiederholung:
Borussia – Schalke 04 1:2

1989/90:
DFB-Pokal, 1. Runde:
Hannover 96 – Borussia 0:3
DFB-Pokal, 2. Runde:
Borussia – 1. FC Nürnberg 4:1
DFB-Pokal, 3. Runde:
Kickers Offenbach – Borussia 1:0 n.V.

1990/91:
DFB-Pokal, 1. Runde:
Eintracht Haiger – Borussia 1:2
DFB-Pokal, 2. Runde:
FC Remscheid – Borussia 1:0

1991/92:
DFB-Pokal, 1. Runde:
Borussia – Wattenscheid 09 2:0
DFB-Pokal, 2. Runde:
SC Jülich – Borussia 0:1
DFB-Pokal, 3. Runde:
Borussia – Fortuna Köln 2:0
DFB-Pokal, Viertelfinale:
Borussia – Stuttgarter Kickers 2:0
DFB-Pokal, Halbfinale:
Borussia – Bayer Leverkusen 2:2 n.V., Elfmeterschießen 2:0 für Borussia
DFB-Pokal, Finale:
Hannover 96 – Borussia 0:0 n.V., Elfmeterschießen 4:3 für Hannover

1992/93:
DFB-Pokal, 1. Runde:
Fortuna Düsseldorf (Amat.) – Borussia 1:2
DFB-Pokal, 2. Runde:
Werder Bremen (Amat.) – Borussia 1:2
DFB-Pokal, 3. Runde:
VfL Osnabrück – Borussia 4:1

1993/94:
DFB-Pokal, 1. Runde:
SpVgg Erkenschwick – Borussia 0:2
DFB-Pokal, 2. Runde:
SpVgg Plattling – Borussia 0:3

DFB-Pokal, 3. Runde:
Borussia – Karlsruher SC 1:0
DFB-Pokal, Achtelfinale:
Borussia – 1. FC Kaiserslautern 2:3

1994/95:
DFB-Pokal, 1. Runde:
Greifswalder SC – Borussia 1:4
DFB-Pokal, 2. Runde:
Kickers Offenbach – Borussia 0:1
DFB-Pokal, 3. Runde:
Borussia – Mainz 05 6:4
DFB-Pokal, Viertelfinale:
Borussia – Schalke 04 3:2
DFB-Pokal, Halbfinale:
Borussia – 1. FC Kaiserslautern 1:0 n.V.
DFB-Pokal, Finale:
Borussia – VfL Wolfsburg 3:0

1995/96:
DFB-Pokal, 1. Runde:
1. FC Nürnb. (Amat.) – Borussia 0:3
DFB-Pokal, 2. Runde:
Bayer Leverkusen – Borussia 2:0

1996/97:
DFB-Pokal, 1. Runde:
VfR Mannheim – Borussia 0:2
DFB-Pokal, 2. Runde:
Borussia – Bayern München 1:2

1997/98:
DFB-Pokal, 1. Runde:
Hannover 96 – Borussia 1:1 n.V.
Elfmeterschießen 5:3 für Hannover

1998/99:
DFB-Pokal, 1. Runde:
Waldhof Mannheim – Borussia 1:5
DFB-Pokal, 2. Runde:
Energie Cottbus – Borussia 2:4
DFB-Pokal, Achtelfinale:
VfL Bochum – Borussia 0:1
DFB-Pokal, Viertelfinale:
Rot-Weiß Oberhausen – Borussia 2:0

1999/2000:
DFB-Pokal, 1. Runde:
SC Verl – Borussia 0:0
Elfmeterschießen 6:5 für Verl

2000/01:
DFB-Pokal, 1. Runde:
LR Ahlen – Borussia 1:2
DFB-Pokal, 2. Runde:
Borussia – 1. FC Kaiserslautern 5:1
DFB-Pokal, Achtelfinale:
Borussia – 1. FC Nürnberg 1:0
DFB-Pokal, Viertelfinale:
MSV Duisburg – Borussia 0:1
DFB-Pokal, Halbfinale:
Union Berlin – Borussia 2:2 n.V.,
Elfmeterschießen 4:2 für Berlin

Gegen den 1.FC Kaiserslautern gewann die Borussia 5:1 im DFB-Pokal (1.11.2000, hier van Lent und Korell gegen Klos).

Borussia im Europacup

1960/61, Pokal der Pokalsieger

1. Runde:
Borussia – Glasgow Rangers 0:3
Glasgow Rangers – Borussia 8:0

1970/71, Pokal der Landesmeister

1. Runde:
EPA Larnax – Borussia 0:6
(Tore: 2 Laumen, 2 Köppel, Heynckes, Netzer)
Borussia – EPA Larnax 10:0
(2 Laumen, 2 Köppel, Netzer, Wimmer, Dietrich, Sieloff, Heynckes, Vogts)

Achtelfinale:
Borussia – FC Everton 1:1 (Vogts)
FC Everton – Borussia 1:1 n.V. (Laumen), Elfmeterschießen 4:3 für Everton (Sieloff, Heynckes, Köppel)

1971/72, Pokal der Landesmeister

1. Runde:
Cork Hibernian – Borussia 0:5
(2 Wloka, 2 le Fèvre, Heynckes)
Borussia – Cork Hibernian 2:1
(Sieloff, Wimmer)

Achtelfinale:
Borussia – Inter Mailand 7:1 (2 Heynckes, 2 Le Fèvre, 2 Netzer, Sieloff), wegen Büchsenwurfes annulliert
Inter Mailand – Borussia 4:2
(Le Fèvre, Wittkamp)
Borussia – Inter Mailand 0:0

1972/73, UEFA-Pokal:

1. Runde:
FC Aberdeen – Borussia 2:3
(Kulik, Heynckes, Jensen)
Borussia – FC Aberdeen 6:3
(3 Heynckes, Rupp, Danner, Vogts)

2. Runde:
Borussia – Hvidovre Kopenhagen 3:0
(2 Bonhof, Wimmer)
Hvidovre Kopenhagen – Borussia 1:3
(2 Netzer, Heynckes)

3. Runde:
1. FC Köln – Borussia 0:0
Borussia – 1. FC Köln 5:0
(2 Jensen, Kulik, Vogts, Rupp)

Viertelfinale:
1. FC Kaiserslautern – Borussia 1:2
(Danner, Jensen)
Borussia – 1. FC Kaiserslautern 7:1
(3 Heynckes, 2 Jensen, Netzer, Danner)

Halbfinale:
Borussia – Twente Enschede 3:0
(2 Heynckes, Jensen)
Twente Enschede – Borussia 1:2
(Rupp, Eigentor Drost)

Finale:
FC Liverpool – Borussia 3:0
Borussia – FC Liverpool 2:0
(2 Heynckes)

1973/74, Pokal der Pokalsieger

1. Runde:
Vestmanaeyja – Borussia 0:7
(3 Heynckes, 2 Kulik, je ein Eigentor Sigurgeiersson und Finnbogasson)
Borussia – Vestmanaeyja 9:1
(3 Simonsen, 2 Köppel, 2 Wimmer, Rupp, Eigentor Valtysson)

Achtelfinale:
Borussia – Glasgow Rangers 3:0
(2 Heynckes, Rupp)
Glasgow Rangers – Borussia 3:2
(2 Jensen)

Viertelfinale:
Glentoran Belfast – Borussia 0:2
(Heynckes, Köppel)
Borussia – Glentoran Belfast 5:0
(2 Heynckes, Wimmer, Köppel, Vogts)

Halbfinale:
AC Mailand – Borussia 2:0
Borussia – AC Mailand 1:0
(Eigentor Sabadini)

1974/75, UEFA-Pokal

1. Runde:
Wacker Innsbruck – Borussia 2:1 (Heynckes)
Borussia – Wacker Innsbruck 3:0 (Vogts, Heynckes, Jensen)

2. Runde:
Borussia – Olympique Lyon 1:0 (Simonsen)
Olympique Lyon – Borussia 2:5 (2 Simonsen, 2 Bonhof, Kulik)

3. Runde:
Borussia – Real Saragossa 5:0 (2 Heynckes, 2 Bonhof, Simonsen)
Real Saragossa – Borussia 2:4 (2 Heynckes, Simonsen, Stielike)

Viertelfinale:
Banik Ostrau – Borussia 0:1 (Heynckes)
Borussia – Banik Ostrau 3:1 (Heynckes, Vogts, Eigentor Micka)

Halbfinale:
1. FC Köln – Borussia 1:3 (2 Simonsen, Danner)
Borussia – 1. FC Köln 1:0 (Danner)

Finale:
Borussia – Twente Enschede 0:0
Twente Enschede – Borussia 1:5 (3 Heynckes, 2 Simonsen)

1975/76, Pokal der Landesmeister

1. Runde:
Borussia – Wacker Innsbruck 1:1 (Simonsen)
Wacker Innsbruck – Borussia 1:6 (4 Heynckes, Stielike, Simonsen)

Achtelfinale:
Borussia – Juventus Turin 2:0 (Heynckes, Simonsen)
Juventus Turin – Borussia 2:2 (Danner, Simonsen)

Viertelfinale:
Borussia – Real Madrid 2:2 (Jensen, Wittkamp)
Real Madrid – Borussia 1:1 (Heynckes)

1976/77, Pokal der Landesmeister

1. Runde:
Austria Wien – Borussia 1:0
Borussia – Austria Wien 3:0 (Stielike, Bonhof, Heynckes)

Achtelfinale:
AC Turin – Borussia 1:2 (Vogts, Klinkhammer)
Borussia – AC Turin 0:0

Viertelfinale:
Borussia – FC Brügge 2:2 (Kulik, Simonsen)
FC Brügge – Borussia 0:1 (Hannes)

Halbfinale:
Dynamo Kiew – Borussia 1:0
Borussia – Dynamo Kiew 2:0 (Bonhof, Wittkamp)

Finale:
FC Liverpool – Borussia 3:1 (Simonsen)

1977/78, Pokal der Landesmeister

1. Runde:
Vasas Budapest – Borussia 0:3 (Schäfer, Simonsen, Wohlers)
Borussia – Vasas Budapest 1:1 (Simonsen)

Achtelfinale:
Roter Stern Belgrad – Borussia 0:3 (Schäfer, Heynckes, Simonsen)
Borussia – Roter Stern Belgrad 5:1 (2 Simonsen, Heynckes, Wittkamp, Eigentor Nikolic)

Viertelfinale:
Wacker Innsbruck – Borussia 3:1 (Heynckes)
Borussia – Wacker Innsbruck 2:0 (Bonhof, Heynckes)

Halbfinale:
Borussia – FC Liverpool 2:1 (Hannes, Bonhof)
FC Liverpool – Borussia 3:0

1978/79, UEFA-Pokal

1. Runde:
Borussia – Sturm Graz 5:1
(2 Bruns, Gores, Nielsen, Simonsen)
Sturm Graz – Borussia 1:2
(Simonsen, Bruns)

2. Runde:
Benfica Lissabon – Borussia 0:0
Borussia – Benfica Lissabon 2:0 n.V.
(Bruns, Klinkhammer)

3. Runde:
Borussia – Slask Breslau 1:1 (Kulik)
Slask Breslau – Borussia 2:4
(3 Simonsen, Nielsen)

Viertelfinale:
Manchest. City – Borussia 1:1 (Lienen)
Borussia – Manchester City 3:1
(Kulik, Bruns, Del'Haye)

Halbfinale:
MSV Duisburg – Borussia 2:2
(Simonsen, Lausen)
Borussia – MSV Duisburg 4:1
(2 Simonsen, Kulik, Lienen)

Finale:
Roter Stern Belgrad – Borussia 1:1
(Eigentor Jurisic)
Borussia – Roter Stern Belgrad 1:0
(Simonsen)

1979/80, UEFA-Pokal

1. Runde:
Borussia – Viking Stavanger 3:0
(Lienen, Nickel, Kulik)
Viking Stavanger – Borussia 1:1
(Kulik)

2. Runde:
Borussia – Inter Mailand 1:1 (Hannes)
Inter Mailand – Borussia 2:3 n.V.
(2 Nickel, Ringels)

3. Runde:
Borussia – Universitatea Craiova 2:0
(2 Nickel)
Universitatea Craiova – Borussia 1:0

Viertelfinale:
AS St. Etienne – Borussia 1:4
(2 Nielsen, Nickel, Lienen)
Borussia – AS St. Etienne 2:0
(Thychosen, Hannes)

Halbfinale:
VfB Stuttgart – Borussia 2:1 (Nickel)
Borussia – VfB Stuttgart 2:0
(Matthäus, Schäfer)

Finale:
Borussia – Eintracht Frankfurt 3:2
(2 Kulik, Matthäus)
Eintracht Frankfurt – Borussia 1:0

1981/82, UEFA-Pokal

1. Runde:
1. FC Magdeburg – Borussia 3:1 (Mill)
Borussia – 1. FC Magdeburg 2:0
(Pinkall, Matthäus)

2. Runde:
Borussia – Dundee United 2:0
(Schäffer, Hannes)
Dundee United – Borussia 5:0

1984/85, UEFA-Pokal

1. Runde:
Dukla Banska Bystrica – Borussia 2:3
(Hochstätter, Criens, Lienen)
Borussia – Dukla Banska Bystrica 4:1
(3 Rahn, Herbst)

2. Runde:
Borussia – Widzew Lodz 3:2
(Rahn, Criens, Herbst)
Widzew Lodz – Borussia 1:0

1985/86, UEFA-Pokal

1. Runde:
Borussia – Lech Posen 1:1 (Mill)
Lech Posen – Borussia 0:2
(Lienen, Eigentor Niewiadomski)

2. Runde:
Sparta Rotterdam – Borussia 1:1
(Pinkall)
Borussia – Sparta Rotterdam 5:1
(2 Rahn, Pinkall, Herbst, Criens)

3. Runde:
Borussia – Real Madrid 5:1
(Rahn, Criens, Mill, Lienen, Eigentor Salguero)
Real Madrid – Borussia 4:0

1986/87, UEFA-Pokal

1. Runde:
Borussia – Partizan Belgrad 1:0
(Krauss)
Partizan Belgrad – Borussia 1:3
(Dreßen, Brandts, Lienen)

2. Runde:
Borussia – Feyenoord Rotterdam 5:1
(2 Dreßen, Rahn, Bruns, Thiele)
Feyenoord Rotterdam – Borussia 0:2
(2 Rahn)

3. Runde:
Glasg. Rangers – Borussia 1:1 (Rahn)
Borussia – Glasgow Rangers 0:0

Viertelfinale:
Borussia – Vitoria Guimaraes 3:0
(Criens, Krauss, Eigentor Heitor)
Vitoria Guimaraes – Borussia 2:2
(Bakalorz, Eigentor Heitor)

Halbfinale:
Dundee United – Borussia 0:0
Borussia – Dundee United 0:2

1987/88, UEFA-Pokal

1. Runde:
Borussia – Espanol Barcelona 0:1
Espanol Barcelona – Borussia 4:1
(Rahn)

1995/96, Europapokal der Pokalsieger

1. Runde:
Borussia – FC Sileks Kratovo 3:0
(Pflipsen, Effenberg, Klinkert)
FC Sileks Kratovo – Borussia 2:3
(Effenberg, Dahlin, Nielsen)

Achtelfinale:
Borussia – AEK Athen 4:1
(2 Dahlin, Pflipsen, Wynhoff)
AEK Athen – Borussia 0:1
(Effenberg)

Viertelfinale:
Borussia – Feyenoord Rotterdam 2:2
(Wynhoff, Kastenmaier)
Feyenoord Rotterdam – Borussia 1:0

1996/97, UEFA-Pokal:

1. Runde:
Arsenal London – Borussia 2:3
(Juskowiak, Effenberg, Paßlack)
Borussia – Arsenal London 3:2
(2 Juskowiak, Effenberg)

2. Runde:
Borussia – AS Monaco 2:4
(Hochstätter, Andersson)
AS Monaco – Borussia 0:1
(Klinkert)

Borussias Kader von 1949-2001

Berücksichtigt wurde nur, wer auch zum Einsatz kam.

1949/50, Zweite Liga West:
Köhnen, Klinkhammels, Schiller, Schicks, Laupenmühlen, Stange, Wicken, J. Meulenberg, H. Meulenberg, Greczik, Fischermann, Aben, Houben, Peters, Pohlen, Frings, Tischeru, Indefrey, Schmidt

1950/51, Oberliga West:
Köhnen, Lewandowski, Dohmen, Aben, Laupenmühlen, Schicks, Wicken, Laaser, Fischermann, Lienhardt, P. Winkler, Grunert, J. Meulenberg, H. Meulenberg, Peters, Schiller, Greczek, Jaschak, Palmenstroh

1951/52, Zweite Liga West:
Kirchhoff, Lewandowski, Jedanowski, Schicks, Pliska, P. Winkler, H. Meulenberg, Heine, B. Halvas, R. Halvas, Wicken, Schaffers, Dohmen, Fischermann, Peters, Lienhardt, Greczek, Pohlmanns, Klinkhammels, Schiller, Brack, Liermann, Möller, Lühn

1952/53, Oberliga West:
Kirchhoff, Wiefels, Jedanowski, Schicks, Pliska, Heine, Wicken, H. Jansen, Wichmann, Kablitz, Fischermann, Peters, P. Winkler, Mäurer, Lienhardt, B. Halvas, R. Halvas, Dohmen, Schaffers

1953/54, Oberliga West:
Grunert, Jedanowski, Peters, Schicks, Wiefels, Wichelhaus, Wicken, H. Jansen, Reh, H. Wuttke, Nienhaus, Dohmen, Heine, Kablitz, Fischermann, Mäurer

1954/55, Oberliga West:
Grunert, Dohmen, Fischermann, Schicks, Wichelhaus, H. Wuttke, Göbbels, H. Jansen, Kablitz, Nienhaus, Wicken, Jedanowski, Reh, Heine, Peters, B. Halvas, Wiefels

1955/56, Oberliga West:
Grunert, Wichelhaus, Fischermann, Schicks, Göbbels, Höfer, H. Jansen, Brülls, Pfeiffer, Nienhaus, Wicken, Kubon, Dohmen, Reh, Wiefels, Kablitz, Schommen, H. Wuttke, B. Halvas, Jedanowski, de Lange, Erard

1956/57, Oberliga West:
Turek, Kubon, Fischermann, Schommen, Wichelhaus, Hoßdorf, Wicken, Brülls, Pfeiffer, Höfer, Nienhaus, Reh, Kablitz, B. Halvas, Dohmen, H. Wuttke, Krippendorf, Sieben, Philipsen, Nellen, Heinrichs, Mühlhausen, Steffens, Göbbels, de Lange

1957/58, Zweite Liga West:
G. Jansen, J. Jansen, A. Jansen, Dohmen, Minich, Quarz, Kablitz, Pfeiffer, Brülls, Mühlhausen, Wicken, Schommen, Hoßdorf, Reh, Heinrichs, Göbbels, Fischermann, de Lange, Thommessen

1958/59, Oberliga West:
G. Jansen, Pfeiffer, Minnich, A. Jansen, Quartz, de Lange, Mühlhausen, Sencar, Brülls, Kablitz, Wicken, Göbbels, Niehsen, Heinrichs, Thommessen, Schommen, Lambertin, J. Jansen, Heinke

1959/60, Oberliga West:
G. Jansen, Pfeiffer, Bedürftig, A. Jansen, Quartz, de Lange, Mühlhausen, Kohn, Brülls, Kablitz, J. Jansen, Göbbels, F. Frontzeck, Haag, Wicken, Schommen, Weber, Niehsen, Knops, Minnich

1960/61, Oberliga West:
G. Jansen, Pfeiffer, de Lange, A. Jansen, Schommen, Bedürftig, Brungs, Brülls, Kohn, Mühlhausen, Fendel, F. Frontzeck, Kablitz, Göbbels, Dresbach, Wicken

1961/62, Oberliga West:
Dresbach, Pfeiffer, de Lange, Schommen, Göbbels, A. Jansen, Eicker, Brülls, Brungs, Mühlhausen, Kremer, Kablitz, Memmert, F. Frontzeck, Fendel, Orzessek, Kohn, Weber, Schmitz

1962/63, Oberliga West:
Dresbach, Crawatzo, de Lange, Schommen, Göbbels, Pfeiffer, Lowin, Fendel, Brungs, Kohn, Moldovan, Burkhardt, Mühlhausen, Orzessek, Eicker, W. Wimmer, Laumen, A. Jansen, F. Frontzeck, Crass

1963/64, Regionalliga West:
Orzessek, A. Jansen, Höttges, Lowin, Schommen, Raßmanns, Pöggeler, Mühlhausen, Kohn, Netzer, Weigel, Crawatzo, Laumen, de Lange, Milder, Gollers, W. Wimmer, Ernst

1964/65, Regionalliga West:
Orzessek, A. Jansen, Ernst, Milder, W. Wimmer, Lowin, Pöggeler, Heynckes, Rupp, Netzer, Waddey, Schommen, Laumen, Raßmanns, Krätschmer

1965/66, Bundesliga:
Orzessek, A. Jansen, Vogts, Raßmanns, W. Wimmer, Wittmann, Heynckes, Rupp, Netzer, Elfert, Laumen, Krätschmer, Pöggeler, Milder, Lowin, Waddey, Spinnler, Ernst

1966/67, Bundesliga:
V. Danner, Lowin, Durkovic, Vogts, Milder, Netzer, Elfert, Pöggeler, Laumen, W. Wimmer, H. Wimmer, Wittmann, Heynckes, Rupp, Ernst, Schollbach, Orzessek, Kempers, Spinnler

1967/68, Bundesliga:
V. Danner, Wittmann, Pöggeler, Milder, Vogts, Dietrich, H. Wimmer, Laumen, Meyer, Netzer, Ackermann, H. Kremers, E. Kremers, Spinnler, K. Winkler, Waddey, Kempers

1968/69, Bundesliga:
V. Danner, Bleidick, Vogts, Milder, Wittmann, Dietrich, H. Wimmer, Laumen, E. Kremers, H. Kremers, Netzer, Ackermann, Spinnler, Köppel, Kleff, Pöggeler, Schäfer, K. Winkler, Zimmermann

1969/70, Bundesliga:
Kleff, Vogts, Müller, Sieloff, Bleidick, Dietrich, Laumen, Köppel, Schäfer, Le Fèvre, Netzer, H. Wimmer, Kaiser, Zimmermann, Kracke, Spinnler, Meyer, V. Danner

1970/71, Bundesliga:
Kleff, Vogts, Müller, Bonhof, Köppel, Sieloff, Bleidick, Heynckes, Netzer, H. Wimmer, le Fèvre, Wittmann, Laumen, Wloka, Dietrich

1971/72, Bundesliga:
Kleff, Vogts, Müller, Bonhof, Sieloff, Bleidick, H. Wimmer, Heynckes, Netzer, Le Fèvre, Wittkamp, Wloka, Zoppke, Kulik, Michallik, Surau, D. Danner, Wittmann

1972/73, Bundesliga:
Kleff, Vogts, Bonhof, Rosenthal, Bleidick, Michallik, Kulik, Surau, Rupp, H. Wimmer, Heynckes, D. Danner, Jensen, Netzer, Fuhrmann, Simonsen, Sieloff, Wittkamp, Stielike

1973/74, Bundesliga:
Kleff, D. Danner, Michallik, Sieloff, Bonhof, Kulik, Köppel, Rupp, H. Wimmer, Simonsen, Heynckes, Stielike, Köstner, Jensen, Klinkhammer, Vogts, Wittkamp

1974/75, Bundesliga:
Kleff, Vogts, Klinkhammer, Wittkamp, Bonhof, Stielike, Simonsen, Köppel, Jensen, Hilkes, Köstner, Heynckes, D. Danner, Kulik, Del'Haye, H. Wimmer, Posner, Surau, Schäffer

1975/76, Bundesliga:
Kleff, Vogts, Schäffer, Wittkamp, Klinkhammer, D. Danner, Simonsen, H. Wim-

mer, Wohlers, Jensen, Stielike, Heynckes, Bonhof, Köppel, Hannes, Surau, Kulik, Ringels, Del'Haye

1976/77, Bundesliga:
Kneib, Vogts, Klinkhammer, Wittkamp, Bonhof, D. Danner, H. Wimmer, Schäffer, Heidenreich, Kulik, Heynckes, Simonsen, Ringels, C. Nielsen, Del'Haye, Köppel, Stielike, Wohlers, Hannes

1977/78, Bundesliga:
Kneib, Kleff, Vogts, Klinkhammer, Wittkamp, Bonhof, Wohlers, Simonsen, H. Wimmer, Hannes, Kulik, Schäfer, Lienen, Heidenreich, D. Danner, C. Nielsen, Heynckes, Schäffer, Del'Haye

1978/79, Bundesliga:
Kneib, Hannes, Schäffer, Wohlers, Klinkhammer, Ringels, Bruns, C. Nielsen, Schäfer, Simonsen, Lienen, Gores, Bödeker, Thychosen, Dudek, Amrath, Lausen, Kulik, Del'Haye, D. Danner, Kleff, Köppel, Vogts

1979/80, Bundesliga:
Kneib, Fleer, Schäffer, Wohlers, Ringels, Kulik, C. Nielsen, Thychosen, Gores, Bruns, Nickel, Lienen, Schäfer, Hannes, Wielandt, Lausen, Dudek, D. Danner, Del'Haye, Klinkhammer, Matthäus, Bödeker

1980/81, Bundesliga:
Sude, Fleer, Schäffer, Hannes, Ringels, Kulik, Schuhmacher, Matthäus, Frenken, Bruns, C. Nielsen, Thychosen, Schäfer, Rahn, Nickel, Lienen, Langers, Wielandt, Veh, Loontiens, W. Wuttke, Schmider, Kleff, Bödeker

1981/82, Bundesliga:
Kleff, Fleer, Schäffer, Hannes, Ringels, Mill, Pinkall, Matthäus, Bödeker, Bruns, Schmider, W. Wuttke, Schäfer, Rahn, Veh, Bergfeld, Langers, Loontiens, Frenken, Born, Reich, Borowka, Mohren

1982/83, Bundesliga:
Hesselbach, Sude, Ringels, Schäffer, Hannes, Borowka, Veh, Matthäus, Bruns, Rahn, W. Wuttke, Pinkall, Mohren, Mill, Schmider, Hopfstock, Hochstätter, Criens, Brandts, Pickenäcker, Schäfer, Herlovsen, Reich, Dreßen, Kamps

1983/84, Bundesliga:
Kamps, Krauss, Hannes, Ringels, M. Frontzeck, Bruns, Matthäus, Pinkall, Schäfer, Rahn, Herbst, Criens, Lienen, Mill, Sude, Hochstätter, Herlovsen, Borowka, Fleer

1984/85, Bundesliga:
Sude, Ringels, Dreßen, Bruns, M. Frontzeck, Borowka, Rahn, Veh, Krisp, Hochstätter, Lienen, Mill, Criens, Herlovsen, Krauss, Herbst, Hannes, Schäfer, Hecking

1985/86, Bundesliga:
Sude, Borowka, Bruns, Hannes, M. Frontzeck, Herlovsen, Hochstätter, Dreßen, Krauss, Lienen, Criens, Mill, Rahn, Winkhold, Herbst, Pinkall, Hoffmann, Krisp, Budde, Jung, Thorstvedt, Kamps

1986/87, Bundesliga:
Bruns, Dreßen, Borowka, Krauss, Winkhold, Lienen, Krisp, Brandts, M. Frontzeck, Thiele, Budde, Rahn, Criens, Kamps, Bakalorz, Herlovsen, Hochstätter, Thorstvedt, Eichin, Sieburg

1987/88, Bundesliga:
Kamps, Bruns, Dreßen, Krisp, Herlovsen, Hochstätter, Criens, M. Frontzeck, Rahn, Thiele, Willaarts, Herbst, Bakalorz, Budde, Winkhold, Eichin, Krauss, Effenberg, Neun, Hoffmann, Brandts, Huschbeck

1988/89, Bundesliga:
Kamps, Bruns, Straka, Eichin, Krauss, Effenberg, Winkhold, Hochstätter, Neun, Dreßen, M. Frontzeck, Budde, Rahn, Criens, Lange, Kretzschmar,

Thiele, Herlovsen, Winter, Huschbeck, Rekdal, Kopp, Sörloth, Stefes, Willaarts

1989/90, Bundesliga:
Kamps, Eichin, Klinkert, Straka, Neun, Hochstätter, Winkhold, Effenberg, Spies, Bruns, Max, Bodden, Winter, Criens, Budde, Rekdal, Lange, Krauss, Stefes, Huschbeck, Wynhoff, Belanow, Bierhoff, Meier, Pflipsen

1990/91, Bundesliga:
Kamps, Dreßen, Eichin, Klinkert, Stefes, Schneider, Meier, Neun, Schulz, Belanow, Criens, Marell, Brunn, Wynhoff, Pflipsen, Spies, Max, Straka, Hochstätter, Kastenmaier, Salou, Huschbeck, Winter, Pfannkuch

1991/92, Bundesliga:
Kamps, Fach, Klinkert, Kastenmaier, Schulz, Hochstätter, Steffen, Pflipsen, Schneider, Max, Neun, Wynhoff, Criens, Meier, Eichin, Salou, Stadler, Huschbeck, Stefes, Dahlin, Hoersen

1992/93, Bundesliga:
Heyne, Kastenmaier, Eichin, Stadler, Wynhoff, Schneider, Pflipsen, Neun, Mölby, Kamps, Max, Criens, Dahlin, Hochstätter, Klinkert, Fach, Hoersen, Ertl, Schulz, Salou, P. Nielsen, Steffen, Hock

1993/94, Bundesliga:
Heyne, Hochstätter, Eichin, Klinkert, Wynhoff, Fach, Pflipsen, Schneider, Neun, Dahlin, Criens, Herrlich, Max, Kastenmaier, Mölby, Hoersen, Stadler, P. Nielsen, Salou, Hirsch, Kamps, Beckers, Andersson, Bluhm

1994/95, Bundesliga:
Kamps, Kastenmaier, Klinkert, Andersson, Hochstätter, Neun, Effenberg, Fach, Salou, Wynhoff, Herrlich, Max, Schneider, Hoersen, Pflipsen, Dahlin, Hirsch, Stadler, Bluhm, P. Nielsen

1995/96, Bundesliga:
Kamps, Hoersen, Klinkert, Andersson, Neun, Hochstätter, Sternkopf, Effenberg, Wynhoff, Pflipsen, Dahlin, Huiberts, M. Frontzeck, Kastenmaier, Stadler, Schneider, Kaessmann, Wolf, Eichin, Hausweiler, P. Nielsen, Pettersson, Younga-Mouhani, Schulz-Winge, Krznaric, Ketelaer

1996/97, Bundesliga:
Kamps, Kastenmaier, Fournier, Andersson, Neun, Hochstätter, Lupescu, Effenberg, Wynhoff, Juskowiak, Pettersson, Huiberts, Paßlack, Klinkert, Schneider, Hoersen, Villa, P. Nielsen, Sternkopf, Stadler, Mori, Dahlin, Pflipsen, Ketelaer, Schulz-Winge

1997/98, Bundesliga:
Kamps, Chiquinho, Klinkert, Andersson, Schneider, Lupescu, Witeczek, Effenberg, Pflipsen, Pettersson, Juskowiak, Hochstätter, Wynhoff, Paßlack, Fournier, M. Pedersen, Hausweiler, Hoersen, Anagnostou, Ketelaer, Villa, P. Pedersen, Voronin, Lintjens

1998/99, Bundesliga:
Enke, Schneider, Andersson, Asanin, Paßlack, Sopic, Pflipsen, Wynhoff, Witeczek, Polster, Pettersson, Hagner, Hausweiler, Klinkert, Deisler, Anagnostou, Reiter, Eichin, Eberl, M. Frontzeck, Ketelaer, Villa, Chiquinho, Feldhoff, Göktan, Albustin

1999/2000, Zweite Bundesliga:
Kamps, Asanin, Buric, Chiquinho, Demo, Eberl, Frommer, M. Frontzeck, Grebenozhko, Hagner, Hausweiler, Ketelaer, Klinkert, Korzynietz, Lanzaat, van Lent, P. Nielsen, Pletsch, Polster, Reiter, Sopic, Vogel, Voronin, Witeczek

2000/2001, Zweite Bundesliga:
Kamps, Asanin, Aidoo, Auer, Bäumer, Ben Slimane, Demo, Eberl, Hausweiler, Korell, Korzynietz, Lanzaat, P. Nielsen, Osthoff, Pletsch, Stassin, ter Avest, van Houdt, van Lent, Witeczek

BURKH FRITSCHE
HOLGER JENRICH
PFOSTENBRUCH + FOHLENFIEBER
SZENEN AUS 100 JAHREN
BORUSSIA MÖNCHENGLADBACH
VERLAG DIE WERKSTATT